国家出版基金项目
NATIONAL PUBLICATION FOUNDATION
“十三五”国家重点图书出版规划项目

中国史学思想会通

主编 吴怀祺
副主编 汪高鑫 向燕南 周少川

先秦史学思想卷

吴怀祺 林晓平 著

福建人民出版社
海峡出版发行集团
THE STRAITS PUBLISHING & DISTRIBUTING GROUP

图书在版编目(CIP)数据

中国史学思想会通．先秦史学思想卷/吴怀祺，林晓平著．--福州：福建人民出版社，2018.9（2021.11 重印）

ISBN 978-7-211-07805-9

Ⅰ.①中… Ⅱ.①吴… ②林… Ⅲ.①史学思想—中国 ②史学思想—中国—先秦时代 Ⅳ.①K092

中国版本图书馆 CIP 数据核字（2017）第 239937 号

中国史学思想会通·先秦史学思想卷

ZHONGGUO SHIXUE SIXIANG HUITONG · XIANQIN SHIXUE SIXIANG JUAN

作　　者：吴怀祺　林晓平

责任编辑：陈稚瑶　林丽萍

美术编辑：陈培亮　王　玮

出版发行：福建人民出版社　　**电　　话**：0591-87533169(发行部)

网　　址：http://www.fjpph.com　　**电子邮箱**：fjpph7211@126.com

地　　址：福州市东水路 76 号　　**邮政编码**：350001

印　　刷：深圳市彩美印刷有限公司

地　　址：深圳市龙岗区坪地街道高桥社区盛佳道 2 号

开　　本：700 毫米×1000 毫米　1/16

印　　张：15.5

字　　数：229 千字

版　　次：2018 年 9 月第 1 版　　2021 年 11 月第 2 次印刷

书　　号：ISBN 978-7-211-07805-9

定　　价：68.00 元

本书如有印装质量问题，影响阅读，请直接向承印厂调换。

出版说明

中国是个具有重史传统的国家，史学思想博大精深。纵观史学思想的内涵，主要包括两方面内容，一是对客观历史的认识，二是对史学本身的认识。对客观历史的认识是指历史观，其认识主体主要是史学家和思想家；对史学本身的认识是指史学观，其认识主体主要是史学家。对客观历史的认识主要考察历史的变易过程，以及历史变易的动因；对史学本身的认识则主要包括对于历史理论、历史教育、历史文献学、历史编纂学和历史文学观等的认识，以及对于史学价值论和史学社会功能的认识。

史学思想的发生与发展并不是孤立进行的，史学思想的研究也必须是多维度、多层次的。探讨史学思想，必须要与社会现实相联结，必须考察其与时代哲学思潮的关系，必须考察史学思想本身的渊源流变，必须考察史学思想各部分之间的辩证关系。从学术史的角度而言，史学与经学、玄学、理学、事功之学、经世之学、实学等有着密切的联系，需要具有四部思维意识去进行史学思想的研究，重视探讨经史、子史、文史之间的关系。研究近代史学时，我们还要努力把握近代史学思潮的发展与走向，关注马克思主义在中国的传播及其对近代史学与史学思想发展的影响。

中国史学思想最鲜明的特色是会通精神，这也是中华文化的重要特征。《周易》讲通变精神，所谓“《易》穷则变，变则通，通则久”；司马迁讲“通古今之变”，重视对于历史盛衰之理的探究；《通志·总序》说：“百川异趋，必会于海，然后九州无浸淫之患；万国殊途，必通诸夏，然后八荒无壅滞之忧，会通之义大矣哉！”突显了郑樵对历史与文化会通思考所具有的大视野。

近年来，以吴怀祺教授为代表的学术群体本着会通精神，对中国史学思想史展开了长时段的系统而深入的研究，发掘中华传统史学思想特性，思考传统史学思想的当代价值，展现中国史学优秀的民族精神，取得了一批学术成果，其中最具代表性的，是两套大型系列学术著作的问世：10卷本《中国史学思想通史》和6卷本《中国史学思想通论》，前者时间上跨越了从先秦时期到1949年的漫长历史，后者内容上涵盖了历史思维、经史关系、历史盛衰、历史文献学思想与历史编纂学思想等方面专题。

10卷本《中国史学思想通史》是从纵向对中国史学思想展开的研究，而6卷本《中国史学思想通论》则是从横向来专论中国史学思想的相关问题，这种多维研究恰恰体现了会通的思想与方法。从两套系列著作的整体布局来看，前者作为对史学思想史的贯通研究，主要体现“通”的意识；后者作为对史学思想各类专题的研究，则主要彰显了“会”的思想。然而，这种“会”与“通”又是相互包含的，“会”中有“通”，“通”中有“会”。10卷本《中国史学思想通史》关于每一阶段史学思想的论述，既是中国史学思想通史的重要一环，又有对这一阶段史学思想多维度的探究，体现了“会”的意识；同样，6卷本《中国史学思想通论》虽然是专题式的研究，而其中每一专题的研究，又都是采取贯通的方法，重视溯源探流，重视发展过程，体现了“通”的意识。

为了更好地体现《中国史学思想通史》与《中国史学思想通论》所蕴含的会通思想，我们将两套大型学术著作合编在一起，以“中国史学思想会通”为总书名，进行再版。

这样做首先是满足弘扬中国传统史学、回应西方学人扭曲中国传统史学的需要。中国史学源远流长，史学思想丰富深邃。然而很多西方史家以傲慢的态度鄙薄中国史学，否定中国传统史学的价值。如何回应？我们不能只是简单地去展示中国传统史学，而是要把历时性的研究和共时性的研究结合起来，从理论的高度上，概括出中国传统史学思想的特点与要义，并且结合时代的变化，从振兴中华文化的总目标出发，讨论传统史学如何走向世界，思考传统史学思想在当代的价值。

其次是把握中国史学优良传统与时代性的需要。传统史学有很多精华需要我们去总结，如历史运动的通变观、天人相关的思想、见盛观衰思想、民为邦本与民贵君轻思想、传统历史编纂理论与方法论等。史学的时代性同样不可忽视。当前我们正处在全球化的时代，全球化要求我们必须把中国史学与世界史学联系起来进行思考，讨论中国史学的进程，认识中国史学的发展大趋势，讨论历史学科建设问题。

当然，合编与再版不是简单的重印，而是有内容的提升与结构的整合。从内容来讲，各卷作者对原有内容普遍进行了一定程度的修订和补充，有些卷补充的内容较多，有些卷调整了篇章。从结构来讲，原来两套书各自的总论部分，被整合成一卷新的《总论卷》，起到了对全书的统领作用。

16卷本《中国史学思想会通》大型学术著作的出版，既表达了学人们对于中国史学会通思想的继承，也充分体现了该书纵横论说中国史学思想的会通特点。传承历史文化，建设时代文化，是当今时代的主题和任务。我们希望这套著作的推出，有助于加强人们对于中国传统史学的认识，深入挖掘中华传统史学所蕴含的优秀思想观念、人文精神；有助于学界结合时代要求继承创新，推动当代具有中国特色的马克思主义史学的发展；有助于当前的文化传承与时代文化建设，树立文化自信，推动文化大发展。

2017年10月

本卷作者简介

吴怀祺，安徽庐江人。北京师范大学历史学院教授、博士生导师，享受国务院特殊津贴专家，北京师范大学历史学院“世界一流大学与一流学科”（简称“双一流”）特聘教授。长期从事中国史学史研究，发表学术论文数百篇，主要代表著作有《宋代史学思想史》《中国史学思想史》《史学理论与史学史研究》《易学与史学》《郑樵文集》《郑樵评传》等，主编10卷本《中国史学思想通史》、6卷本《中国史学思想通论》等。

林晓平，江西赣州人，历史学博士。赣南师范大学历史文化与旅游学院教授，博士生导师，江西省高校中青年学科带头人。在《史学理论研究》《史学史研究》《历史文献研究》等学术刊物上发表论文60余篇，出版《先秦诸子与史学》《客家民间信仰与民俗文化》等著作11部，主持完成国家级、省部级研究课题多项。

目　录

题　　记

吴怀祺

“会通之义大矣哉”!

思想是实践的指南，史学思想是史学的灵魂，对史学的研究必究之于史学思想，而追溯史学思想的源起必先溯源于先秦，并会原初观念、史官意识、诸子百家等通而考之，若此，方可得窥中国史学源起时之所以由涓涓细流，历经九弯百折，至后世史海洋洋大观之奥秘。故先秦时代实乃中国文化之源、中国史学思想之基。

从图腾崇拜到祖先崇拜，原始的历史意识开始萌芽，及至王朝的建立、史官的设置及史事的记述，史学思想逐渐产生。

我国古代史官设置得很早，据说在夏代，由于夏桀暴虐无道，“夏太史令终古出其图法……乃出奔如商”[1]。因此有人认为夏王朝已有了史官。在殷商甲骨文中，出现了“史”“作册”“内史”“太史”等名称，参诸其他历史文献资料，我国至迟在商朝已设置了史官，当属确定无疑。

在先秦，史官所担任的职责包括记载史事、编修史册、掌管文献、“宣达王命”、提供咨询、祭祀与卜筮等等。进入春秋战国时期，史官明显有了历史变化的观点、重人轻神的观念以及重民轻君的思想。他们在

[1] 《吕氏春秋·先识》。

著史方面的“直笔”理念、重视史学的教育及借鉴作用的思想等等，对后世史学产生深远的影响。

先秦诸子与史学关系紧密。诸子源出于“史”，刘师培提出了著名的“古学出于史官论”，认为诸子百家都出于史官。他说：

> 儒家出于司徒，然《周史六弢》以及《周制》《周法》，皆入儒家，则儒家出于史官。
>
> 阴阳家出于羲和，然羲和苗裔，为司马氏作史于周（见《太史公自序》），则阴阳家出于史官。
>
> 墨家出于清庙之守，然考之《周官》之制，太史掌祭祀，小史辨昭穆（见《周礼·春官》），有事于庙，非史即巫，则墨家出于史官。
>
> 纵横家出于行人，然会同朝觐，以书协礼事，亦太史之职（见《周礼·春官·太史》），则纵横家出于史官。
>
> 法家出于理官，名家出于礼官，然德刑礼仪，史之所记，即法、名两家亦出于史官。
>
> 杂家出于议官，而孔甲《盘盂》，亦与其列。农家出于农稷之官，而安国书册（汉史孔安国也），参列其中。小说家出于稗官，而虞初周说，杂侗其间。则杂家、农家、小说家，亦莫不出于史官，岂仅道家云乎哉。[1]

刘师培先生在《汉书·艺文志》“诸子出于王官论”的基础上，将诸子“出于王官”，逐一推论为“出于史官”，完成了诸子出于史官的理论建构，揭示出先秦诸子学术渊源与史官的关系。

先秦诸子史学思想包括历史的观念以及对于史学的初步认识。

先秦诸子的关于天人关系的思想，关于历史大势的论述，关于社会关系变化对长治久安作用的观点，关于历史盛衰变动的理论，以及时空观念、民本思想、忧患意识等等，是历史学家写史论史的根本理念。其

[1] 刘师培：《古学出于史官论》，见杜维运、黄进兴编：《中国史学史论文选集》，台北华世出版社1976年版，第44—45页。

中，历史变化的观念，是先秦诸子最具特色的史学思想之一，在历史变化的趋势性、历史变化的方向性、“通变”的历史观、“时”的观念等方面，先秦诸子均有精辟论述。

先秦诸子在历史的观念方面取得重要突破。一是在天人观上，先秦诸子初步完成了从历史是天和神的安排，到历史是人自主的活动这一关键性的认识转变。二是在历史变化观上，先秦诸子认识到历史变化的趋势性，并大大地丰富了历史变化的思想。历史变化观对于史学的创立来说是非常重要的。没有变化就没有历史。而没有变化的历史观，自然也就不会有真正的史学。三是在时空观念上，先秦诸子初步认识到时空的特性及其与历史、史学的关联。

在对于史学的认识方面，先秦诸子初步认识到史学的社会功能等史学相关问题，具有了重“征”的思想；并且，开始敢于对文献资料或历史传说有所怀疑，并产生了“阙疑”的思想；此外，在“直书”及历史人物评价方法方面也有了一定的认识。先秦诸子重视以史为鉴及历史教育，对于历史知识的运用，在理论与实践方面均有创见与特色。

此外，经史关系非常密切，经学思想长期影响了史学思想。例如，《尚书》对于历史盛衰的总结、《周易》的通变历史思想、《春秋》的“史义”等等。其中，“经”的编著、整理，又是与先秦诸子密不可分的。

先秦诸子不仅与先秦史官一道共同初创了中国早期史学，而且，其史学思想还深刻地影响了后世的中国史学。因此，治中国史学思想史尤其是先秦史学思想史者，不可不致力于先秦史官、先秦诸子史学思想的研究。

第一章　从原始的历史意识到史学思想[1]

真正意义上的史学思想是在成熟的历史著作出现以后出现的，它的萌芽形态则是原始人的历史意识。

为了自身的生存，远古的先民从最初仰观俯察自然变化中，产生出经验的观念，这就是原始历史意识。可以说，历史意识是人类所特有的，其他动物是本能适应自然，正是因为缺乏历史意识，他们只能停留在动物状态。历史意识的产生又促进了人类精神的发展和社会的进步。历史意识一开始就带有经验的性质，具有特殊的社会价值。

我们的先祖在发展自身的过程中，为了要在恶劣的自然环境中生存下来，使本部族能够生存并且延续后代，必须要团结起来，和凶猛的野兽、险恶的地形、恶劣的天气等困难进行搏斗，因此，团结部族成员成了不可或缺的工作。也正因为如此，他们十分重视用部族奋斗的英勇经历教育下一代，并且神化、物化这一经历。他们把自己当成是比其他动物和自然力量更有力量的对象，例如动物、植物以及日月星辰等。出于这一基本的要求，讲颂传唱祖先的奋斗业绩成了十分重要的工作。这已经是历史意识的发展形态。历史意识从而具备了二重性的特点，一方面

[1] 本章由吴怀祺教授撰写。

要展示真实的祖武，一方面又通过神化和物化，甚至虚构成并不存在的动物如龙等手段，把祖先化成比周围动物和自然力量更强健的动物或其他对象。图腾意识是历史意识的进一步发展。

及至原始文字出现，传说祖先事迹或是对图腾的解说，得以定型并传承下去。这是历史意识的进一步发展，预示着真正意义上的史学思想即将产生。

第一节　从图腾崇拜到祖先崇拜：原始的历史意识

史学思想的最初形态是原始的历史意识。白寿彝先生说："中国史学的历史，可以从远古的传说说起。所谓远古，是指有文字记载以前的遥远的时期。在这时期，虽还不可能有史学，但追本溯源，还是要从这里说起。"[1] 最初的史学思想的历史，是探讨历史意识发生和发展的历史。

考古材料证明，约170万年前，我国境内出现了原始人群，这就是我们中华民族的先祖。我们的先祖在极其困苦的条件下过着"穴居野处"的生活。在那洪荒岁月里，远古的先民不但要运用原始石器劳动，还要制造、改进那些粗糙的石器。正如恩格斯所说，人们为了能够"创造历史"，必须能够生活。但是为了能够生活，首先就需要满足衣、食、住、行的需要。因此第一个历史活动就是生产满足这些需要的物质。这也是人们仅仅为了能够生活就必须每日每时进行的一种历史活动，我们应当从原始人的物质生产、生活的本身，考察原始历史意识的发生及其特点。

语言在劳动中产生了，意识也产生了。最初的历史意识是在同自然的斗争中、在生产活动中产生的。原始人不但要生存，还要发展，只是消极地适应自然不求发展，人类永远不能脱离动物状态。原始人从过往的行动中，逐渐地明白、总结出自己活动成功的经验。另外，初民对氏族起源的追溯，首先和图腾观念糅合在一起。氏族社会里，个人是无法单独和自然进行斗争以获得生存条件的。当时社会生产力十分低下，这就决定了原始人要结成一定规模的群体进行活动。在一定的地区内活动

[1] 白寿彝：《中国史学史》第一卷，上海人民出版社2006年版，第129页。

着的原始人群，追溯自身的来源，根据自身的生产、生活及环境的特点，加上传说，从崇拜自然物、灵物，逐步发展，最终构造出图腾，作为部族崇拜物。在中国历史上，崇拜的图腾有植物、动物，有自然现象，也有无生命的自然物，如山、川、日、月等。

图腾崇拜中的历史意识既有虚幻的一面，又有真实的一面。原始人拟构幻化的始祖并加以崇拜，通过一种共同的氏族标志演绎成一种世系，把虚幻的始祖和真实的血缘世系结合在一起。随着原始人从群婚向对偶婚、一夫一妻制过渡，血缘的世系越来越明晰，历史意识越来越显现其自身的现实意义。始祖传说和氏族世系结合的原始的历史意识，有了图腾作为自己的标志，形成了一种凝聚力，维系整个氏族从事生产活动，抵抗恶劣的自然环境，同邻近的部族交往、斗争。白寿彝先生总结远古的传说的内容时说："从我们现有的材料来看，远古的传说主要是氏族社会里英雄人物的故事。其中包含两大类：一类是对自然进行斗争、在生产上取得胜利的故事；一类是氏族部落间原始战争的故事。"[1]

历史意识在原始形态时就具有二重性：一方面，它出于维系、发展生产，满足生活需要的现实目的，具有现实经验的成分，包含真实世系的内容；另一方面，它通过图腾和始祖传说，逐渐形成一种传统、一种约束，既增加了氏族成员的信心，又约束成员服从氏族长的管理，从事生产与生活。中国古代传说中的盘古、女娲、伏羲、神农、黄帝以及尧、舜、禹等，既有它的"人"性的一面，又有它的"神"性的一面，就体现出原始的历史意识的二重性特点。

图腾崇拜的进一步发展便是远祖崇拜、近祖崇拜。一些少数民族地区历史文化调查证实了这一点。马学良等在所著的《彝族文化史》中得出这样的认识："由采集狩猎经济向种植经济发展，图腾崇拜向祖先崇拜变化。""图腾崇拜发展为祖先崇拜，是社会生产力发展、社会进步和人类认识发展的产物。""父权制的确立和私有财产的出现，需要确定和巩固血统关系以保证财产继承权。这时图腾崇拜逐渐向祖先崇拜过渡，对'物化的人灵'的崇拜让位于对'人灵'（祖先）的崇拜。""彝族祖先崇拜产生在母系氏族社会的外婚制向父系氏族社会的对偶婚的过渡时代。"

[1] 白寿彝：《中国史学史》第一卷，上海人民出版社2006年版，第129页。

祖先崇拜又由远祖崇拜发展到近祖崇拜，这种变化“在血亲复仇中，若能为离自己时代越久远的祖先复仇，就越被视为英雄。但适应于父系氏族制解体后，父系个体家庭的建立，在宗教信仰方面，由远祖崇拜发展到对个体家庭祖先的近祖崇拜”。[1]

应该说明，由图腾崇拜到远祖崇拜、近祖崇拜是一个过程，原先的崇拜意识可能残留下来，也可能改变形式同新的崇拜结合在一起而被保留。史学思想发展是辩证的发展，不能用形而上学的“消失”的观念说明辩证的发展。图腾崇拜的痕迹一直到后代还随处可见。

从图腾崇拜到远祖崇拜、近祖崇拜，反映出原始历史意识的发展。从虚幻的始祖和真实世系的结合，进而表现为对先祖的“慎终追远”，这本身就是在混沌中挣扎着向前发展的漫长的进程。如果说图腾崇拜还只是以虚构的始祖业绩鼓舞氏族的成员，那么，祖先崇拜则是追念先祖在开拓中创造出的真实业绩，从中汲取智慧和力量。《诗经·公刘》篇记载，周人的先祖公刘千辛万苦带领部族群众，来到豳地进行垦拓，部族群众“君之宗之”，周族由此繁衍壮大。其次，图腾崇拜讴歌的是拟人化的图腾，祖宗崇拜敬奉的是真实的先祖，是“人”，有着真实的历史内容。再次，图腾崇拜物毕竟与现实缺少真实的联结，但是祖先崇拜中的先祖、远祖与子孙的递续关系是活生生的事实，其世系也明白无误地存在于传说之中。先祖意识作为历史意识的内容明显地淡化了虚构的成分，增添了真实人事的内容。应当说明，原始的祖先崇拜和后世的祖先崇拜并不一样，原始祖先崇拜和神的意识并没有隔断，人神不分，人神杂糅，还是其基本的特征。

依据上面所说，原始的历史意识，具有以下几个特点。第一，历史观念与其他意识混杂在一起，它体现在生产、生活的经验中，也体现在通过对自然的观察所获得的认识里。原始人的历史意识明显地与原始的宗教观念混杂在一起。原始人关于灵魂不灭的思想，关于山川日月以及某些动植物具有人格的观念，关于祖先、图腾具有超人的力量的观念，使得原始人的历史意识还沉浸在浓厚的神的虚幻的意念中。第二，随着生产的发展，对自然的征服活动的进展，原始的历史意识逐渐从混沌状

[1] 马学良：《彝族文化史》，上海人民出版社 1989 年版。

态中走出，从虚幻向现实走来。第三，原始的历史意识同样具有二重性的特点。

追溯往迹，追念先祖，是为鼓舞氏族成员在现实中进行奋斗，生产、生活的经验积累孕育着生产力的发展，历史意识中的矛盾导致历史意识的更新。历史意识的发展根源于现实生产、现实社会的变化；而历史意识对社会的发展又起了积极的作用。原始历史意识正是血缘关系维持的反映。法国人类学家雷诺归纳图腾的信条的最后三条是：原始人信仰图腾能够保护和警告它的部族；图腾动物能够对部落的忠贞的人预言未来；图腾部落内的人民常深信他们和图腾动物之间乃是源于共同的祖先。这种信仰把整个部族凝结在一起。

应该看到，原始人的凝聚力的形成，与对部族强制性的约束、禁制是联结在一起的，原始的历史意识在这里同样起了积极的作用。

第二节　从口述史事到记载历史：历史意识的发展

地球上有了人，人类的历史就开始了。原始人在没有文字以前，当然不可能有历史的记载。鲁迅先生说："人类是在未有文字之前，就有了创作的，可惜没有人记下，也没有法子记下。"[1] 这是说文学创作，同样也说明原始人不可能有历史的文字记载。在没有文字以前，口述先祖的业绩要靠年长的人。其中擅长这种工作的人，记忆力强，能说会道。他们热心地传颂先祖的光辉业绩，讲述先辈们同自然斗争的艰辛，其中既有受挫折的教训，也有获得成功的经验。神话的内容和真实经历结合在一起更能鼓舞人心。颂说先祖的事业，成为原始人生产、生活的重要组成部分，几乎是不可或缺的活动。久而久之，逐渐形成专门讲说先祖业绩的职责，履行此类职责的人似乎具有既通神又通人的能力，天和人由他们沟通。民与神相隔，而这些人却是"民神杂糅"。敬神祭祖和鼓舞、凝聚氏族成员的职责合而为一。这种专门的人是"巫"。在生产力极端低下的时代，一切有生产能力的人都要从事采集狩猎活动，年老的

[1] 鲁迅：《且介亭杂文·门外文谈》，人民文学出版社 1973 年版。

“瞽”者承担这种职责是顺理成章的事。所以，毫不奇怪，“巫”和“瞽”往往是连在一起的。《国语·楚语下》中楚国大夫观射父说：

> 古者民神不杂。民之精爽不携贰者，而又能齐肃衷正，其智能上下比义，其圣能光远宣朗，其明能光照之，其聪能听彻之，如是则明神降之，在男曰“觋”，在女曰“巫”。是使制神之处位次主，而为之牲器时服，而后使先圣之后之有光烈，而能知山川之号、高祖之主、宗庙之事、昭穆之世、齐敬之勤、礼节之宜、威仪之则、容貌之崇……上下之神祇、氏族之所出，而心率旧典者为之宗。于是乎有天地神民类物之官，是谓五官，各司其序，不相乱也。

“古者民神不杂”是说司民、司神之官不同，但在“巫”那里司民与司神混一。《楚语》的记载有巫觋颂史的痕迹（“觋”也是巫）。“巫”是神职，也是人职。“制神之处位次主”等，为敬神的需要；知“高祖之主、宗庙之事、昭穆之世”和“氏族之出”，是为敬祖；知“山川之号”则与管理区域事务有关。巫因此在颂史之外，又担任祭祀的工作，成了沟通联系“天”“神”“人”“鬼”的人。巫风在后世仍然可见。

宋兆麟等所著的《中国原始社会史》说：“祭司和巫师是在现实社会中生活的，首先他是氏族公社的成员，是一般的人，这一点使他与人间发生了骨肉联系。但是，他自称能通神，可以同神说话，上达民意，下传神旨，预知吉凶祸福，为人治病，替死人送魂，能够利用巫术、牺牲和法器进行宗教活动。如纳西族的东巴在驱鬼时，实行全副武装，跳战斗舞。于是巫师和祭师又成了人与神的媒介、桥梁，具有半人半神的特点。高山族把‘人’写成‘ᛟ’字，‘鬼’字写成‘♉’字，‘巫’字写成‘ᛝ’字，称‘胡求’，证明巫介于人鬼之间。”[1] 巫有这样崇高的位置，他们宣传历史的某种观念也就具有一种权威性，形成对氏族整体的一种支配思想。

为了便于传颂，口述史往往要用韵语、用整齐的语句来传唱，很多

---

[1] 宋兆麟、黎家芳、杜耀西：《中国原始社会史》，文物出版社 1983 年版，第 496—497 页。

民族的最初的历史都是保存在史诗里。这些史诗流传下来，有的经过后人的加工，保存在民族文化宝库中，成为文学、史学遗产中的瑰宝。希腊的《荷马史诗》，我国汉民族的《诗经》，藏族的英雄史诗《格萨尔王》，云南纳西族的《创世纪》等，就是这样一批作品。在这些史诗里，在神话和图腾传说的外衣下，我们看到先祖的艰难历程，也体察出先民们心目中山川河流、日月星辰、飞鸟走兽都被人格化了，他们在追忆往事中寄托着对未来的追求。这里面融进了巫史主体的见解；后世文化人在加工时又可能增添情节，即“伪”史内容。总之，口述史、史诗表现出先民们的原始的历史意识。具体地说，其意义有以下几个方面：

首先，重视历史的意识。每一篇史诗、每一则口述作品，都把传颂先祖、始祖的业绩作为最主要的内容，其中包含氏族起源的见解，血缘世系的观念。“天命玄鸟，降而生商”，这是说商族的起源。姜嫄“履‘帝武敏’歆”，周族由此诞生、繁衍强大。《彝族文化史》中谈到彝家的口传家谱：“彝族家支民俗发展中一种记忆家支世系的口传谱系，构成方式主要是父子连名。作为家支构成分子的家庭，不论是诺合（黑彝）家庭还是曲诺（白彝）家庭都十分重视自己的家谱。因此家谱既是一个家支的谱系，又是个体家庭的宗谱。”[1] 这种风俗一直保留到后代。口传谱系就是口述史的一种范式。

其次，是氏族凝聚的观念。这是原始历史意识的又一个重要内容。氏族只有凝结成一个整体才能生存下去，才能开拓，才能发展。“族”“类”“种”“方”，最初的人都是在这个群体中把自己的历史延续下去，在艰难困境中发展自身的。圣人贤人是这些群体中有能力的人，是他们带领氏族成员创造那个时期的奇迹。圣人贤人成为群体的骄傲、群体的代表。圣人贤人的事迹成为史诗、口述史中的主要的内容，反映了他们的思想观念。口述史在那个时代也确实起了这样的作用。口述史、史诗受到初民们的重视，其原因也在这里。

最后，口述史传播了带有经验性的认识。这里包括对自然斗争的认识，也包括同其他氏族斗争的看法，也包括维系本氏族团结的经验和认识。《尚书》《诗经》《周易》等许多关于原始部族历史的篇章，提供了不

[1] 马学良：《彝族文化史》，上海人民出版社1989年版，第371页。

少有关这方面的思想。《生民》既有祖先开拓基业的经验，也有后稷种植方面的经验。《周易》的《系辞》叙说伏羲、神农氏、黄帝、尧、舜每一个时代的成功之后，借着解说八卦提出某种认识。如谈到黄帝业绩的取得，是顺应“民”心，以穷通变化的精神治理部族的结果。《系辞下》说：

> 神农氏没，黄帝、尧、舜氏作。通其变，使民不倦；神而化之，使民宜之。易穷则变，变则通，通则久，是以，自天祐之，吉，无不利。黄帝、尧、舜，垂衣裳而天下治，盖取诸《乾》《坤》。

《史记》的《五帝本纪》根据口述史留下来的说法，谈到黄帝与炎帝在阪泉之战的成功经验：“乃修德振兵，治五气，艺五种，抚万民，度四方。”他们还教士卒习战，如猛兽一般勇敢。

由此可见，原始的历史意识成为氏族成员的一种信念，成为氏族战胜自然、保护部族以至拓土开疆的一种推动力量。历史知识、历史观念、历史意识，在人类的历史上是推动社会的积极的力量，尽管历史的观念在一定的条件下，又可能成为一种惰性的力量，导致怀旧、保守以至拒绝接受新的事物的后果。但是，由于生产力的发展不可能中断，也由于历史意识自身的矛盾，历史本身就是新旧联系、过去和现在的结合，因而它蕴含发展的观念。这种惰性的力量迟早会消失，因而历史意识的积极意义始终是主导的方面。

口述史的传播方式、传播范围都受到极大的限制，而且它容纳的信息量很有限，表达的认识随着口述者的变化而有差异，加上人神混杂、虚构的成分的增加，都会削弱它的积极意义。随着社会不断向前发展，这种表述方式已经不能适应需要。文字的产生，不但是历史记载上的进步，也为推动历史意识发展提供了有利条件。“前人之所以垂后，后人之所以识古”，离开文字是难以想象的。

关于“巫”与“史”的联系，鲁迅先生在《门外文谈》中，还有一段话：

> 原始社会里，大约先前只有巫，待到渐次进化，事情繁复了，

有些事情，如祭祀，狩猎，战争……之类，渐有记住的必要，巫就只好在他那本职的“降神”之外，一面也想法子来记事，这就是“史”的开头。况且“升中于天”，他在本职上，也得将记载酋长和他的治下的大事的册子，烧给上帝看，因此一样的要做文章——虽然这大约是后起的事。再后来，职掌分得更清楚了，于是就有专门记事的史官。文字就是史官必要的工具，古人说：“仓颉，黄帝史。”第一句未可信，但指出了史和文字的关系，却是很有意思的。[1]

可见，巫史，或者大体上说，从巫到史，同文字的产生、形成密切相关。最古老的文献，是“史”记载下来的。文献源于史，经籍源于史，中国史家很早就意识到这一点。传说中的上古史官仓颉、沮诵、孔甲、终古、向挚等，都和发明文字、记载大事、保存文献等有关，有的还兼有占卜及观天象的职能。

文字的形成是一个漫长的过程。最初，用结绳、刻木来记事是常见的方法，“刻木为契”，“结绳记事”，在古代的传说中是屡见不鲜的故事。我国的独龙族、景颇族、佤族、怒族等许多民族到后世还保留下这种习俗。佤族还用木刻表达意图，又用结绳的方法记事，依据绳索上下表示时间的先后，绳“结”的大小表示事件的重要程度和量的多寡。绳结上增添别的对象，又可以显示事件的某种内容，这种结绳便成了一种历史的实物载体。他们在每一年吃新米的时候，要召集全村老小一齐尝新，由年长的人口头传述本村历史。这位长者会拿出历代相传的一根木刻。木刻两侧刻着许多刻口，每一刻口代表着一桩事件。刻口深的，表示重大的事件；刻口浅的，表示事件轻小。讲述的老人依据木刻，主要告诉族人某一刻口“记载”着本村某时和某村人结下的仇怨，已经报复过，或未报复过的，其意义要族人记着仇怨，不忘报复。村中其他的事也借着这个机会，口耳相传延续下去。这里的木刻作为引起回忆的对象，可以看成是从口述史向文字记载历史过渡的形式。历史事件的内容，事件发生时间先后的顺序，事件本身的意义、教训，以及对未来的期望统统包括在这根木刻里面。文字发展的过程还需要做进一步的研究，但可以

[1] 鲁迅：《且介亭杂文·门外文谈》，人民文学出版社 1973 年版。

肯定，文字的每一步进展，历史记载的每一种完善，都意味着人类对自身发展过程的认识的演进。

“惟殷先人，有册有典”，册与典是文字记录成熟的标志，考古发现的殷商时代的甲骨卜辞证明当时已出现成熟的文字，历史记载日臻成熟。

其中有采集、狩猎的记载：

> 壬申卜乂贞圃，毕鹿，丙子穽鹿。（《殷虚书契前编》卷四，四，二）
>
> ××王卜×贞田稌往。（《前》二，三三，二）

有畜牧方面的记载：

> 卯卜王牧。（《前》六，二三，五）

有农业生产方面的记载：

> 庚申卜贞我受黍年，三月。（《前》三，三〇，三）
>
> 庚午卜贞禾有及雨，三月。（《前》三，二九，三）

有手工业及赏赐的记录：

> 庚申卜×贞大有其贝。（《前》五，一〇，四）

此外，还有祭祀方面的记录，求年、征伐等各方面的记录。近年，甲骨卜辞的世系、分期的研究已经取得了相当大的进展，对人们认识甲骨卜辞的价值，具有重要的意义。

甲骨卜辞对历史的记载仍然带有原始的性质，但是历史意识有了明显的进步。首先是时间观念、世系观念的进展。侯外庐说：“殷代的世系称号，可以说是意识生产的最特征的符号。”“时间观念的发现，是人类最初的意识生产。”[1] 它说明清晰的历史意识随着时间观念的进步而出现。郭沫若说：“殷之先世，大抵自上甲以下入于有史时代，自上甲以上则为神话传说时代。此在殷时已然。观其祀典之有差异，即可判知。”[2] 其次，重视现实生产生活和部族交往、斗争的记载。另外，现实活动的记载，目的是要占卜未来，关心氏族的命运。但在殷代占支配地位的观念还是原始宗教的意识，是上帝支配社会人事活动，这一点同样在历史观念上反映出来。人间的王是“帝”之子，“帝”根据人间君王的行事，根据君王的“德”，进行赏罚，决定人间的兴衰。因此，历史意识的二重性也在发展，用虚幻的上帝说明自身统治的合理，又密切关注现实的问题，关心未来的命运。在这里，上帝支配整个历史过程，决定历史命运的权杖握在上帝手中。

甲骨文字的记载还比较原始，金文、钟鼎文的记载更臻成熟，这里举两条材料：

> 隹（唯）三月，王令焚眔内史曰：蒦井侯服，易臣三品，州人、重人、庸人。拜稽首，鲁天子造厥顺福，克奔走上下，帝无冬（终）令（命）于右（有）周。终孝，对不敢豕（坠）。卲（昭）朕福血，朕臣天子。用册王令（命），作周公彝。

这是《周公簋》记载征服井侯的事。又《鬲攸从鼎》：

> 隹卅又二年三月初吉壬辰，王在周康宫，遅大室。鬲从以攸卫牧告于王曰：“汝为田牧，弗能许鬲从。”王令省史南以即虢旅。虢旅迺史（使）攸卫牧誓曰：“我弗具付鬲从其租射分田邑，则放。”攸卫牧则誓。从作朕皇祖丁公，皇考惠公尊鼎。鬲攸从其万年子子孙孙永宝用。

从甲骨文到金文，专职记载历史的人逐渐固定下来，殷代的“贞人”

---

[1] 侯外庐：《中国思想通史》第一卷，人民出版社 1957 年版，第 59、61 页。
[2] 郭沫若：《卜辞通纂》，科学出版社 1983 年版，第 362 页。

及拟定鼎彝上文字内容的人就是这样一批人。这说明了对历史记载的重要性的认识提高了，历史的认识由于历史记载的发展而得到较为充分的反映。这里有三点可以提出来：第一，记载的内容相对地扩大了，也更准确了。历史主体认识较好地得到反映。第二，记载历史的目的是要求后代子孙记住先祖，即所谓“子子孙孙永宝用”，继承先祖的事业，巩固先祖的勋业。第三，时间年代的概念在这些记载中比较明确。事件的过程在某些记载中有一个粗略的描述。历史的人物，事件的发生、结局，简单的述评都包括在鼎铭的文字中。当然我们也看到无论是卜辞，还是钟鼎上面的铭文，作为历史的记载又是不充分、不完全的。历史意识逐渐明晰起来，但是，人神杂糅的状况并没有彻底结束。这些都表明这个时候的历史意识仍然具有原始的性质。

第二章　先秦史官文化及史学思想

先秦史官作为一个重要群体，在当时的政治舞台、文化领域和现实生活中非常活跃，承担着多种职责，并且开始产生了对历史以及对史学的初步认识，中国史学的一些优秀传统的开创，也与他们有着密切的关系。

第一节　先秦史官的主要职责

一、释“史”

我国古代史官设置得很早，据说在夏代，由于夏桀暴虐无道，“夏太史令终古出其图法……乃出奔如商。”[1] 似乎夏王朝已有了史官。在殷商甲骨文中，出现了“史”“作册”“内史”“太史”等名称，参诸其他历史文献资料，我国至迟在商朝已设置了史官，当属确定无疑。史官的最初职责是什么？要回答这个问题，就必然要涉及对“史”字原义的解释。

[1]《吕氏春秋·先识》。

许慎的《说文解字》中说："史，记事者也，从右持中，中，正也。"此说得到不少人的赞同，但也有一些著名学者对此进行了补充说明或提出了新的见解。江永说："凡官署簿书谓之中，故诸官言治中受中，小司寇断庶民狱讼之中，皆谓簿书，犹今之案卷也。此中字之本义，故掌文书者谓之史。其字从又，从中，又者右手，以手持簿书也。"[1] 他把"中"释为簿书，"史"则释为"掌文书者"。吴大澂同意许慎释"史"为"记事者"的说法，但认为"中"为册，持中即持册之象。罗振玉指出，"中"象册形，"'史'、'事'等字从之"，但"非'中正'字"[2]。章太炎认为，"中字纯象册形"，"中本册之类"[3]。王国维在其《释史》中，释"中"为盛筭之器，他说：

> 案《周礼》大史职："凡射事，饰中，舍筭。"《大射仪》：司射"命释获者设中"，"大史设获，小臣师执中，先首，坐设之；东面，退。大史实八筭于中，横委其余于中西"。又："释获者坐，取中之八筭，改实八筭，兴，执而俟。乃射。若中，则释获者每一个释一筭，上射于右，下射于左。若有余筭，则反委之。又取中之八筭，改实八筭于中，兴，执而俟"云云。此即大史职所云"饰中，舍筭"之事。是"中"者，盛筭之器也……筭与简策本是一物，又皆为史之所执，则盛筭之中，盖亦用以盛简。简之多者，自当编之为篇。若数在十简左右者，盛之于中，其用较便。《逸周书·尝麦解》："宰乃承王中，升至客阶，作筴，执筴，从中。宰坐，尊中于大正之前。"是中、筴二物相将，其为盛筴之器无疑。故当时簿书亦谓之"中"。《周礼·天府》："凡官府乡、州及都鄙之治中，受而藏之。"《小司寇》："以三刺断庶民狱讼之中。"又："登中于天府。"《乡士》《遂士》《方士》："狱讼成，士师受中。"《楚语》："左执鬼中。"盖均谓此物也。然则"史"字从又持中，义为持书之人，与尹之从又持丨

[1] 江永：《周礼疑义举要》，中华书局 1985 年版。
[2] 罗振玉：《殷墟书契考释三种》，中华书局 2006 年版。
[3] 章炳麟：《章氏丛书·文始》，世界书局 1982 年版。

（象笔形）者同意矣。[1]

王氏的解释可谓是独辟蹊径。沈刚伯依据《曲礼》“史载笔”、《左传》“南史氏执简以往”等语，并旁证以古希腊文字，认定以手持中之中乃象笔与简之形，因释史为载笔执简之人，即能写字之人，他进一步阐释说：

史字的原意只是写字的人，并非“记事者”；这在经、史典籍中可以看出，周官任何机关均设有“史”若干名，其位仅在“胥”“徒”之上，那便是今日抄写公文的书记。汉时，常由“大史试学童能讽书九千字以上，乃得为史”，也只是征求书记的考试。其时有“长史”之官，等于今日之秘书长；他虽位高权大，但仍与记事不相涉也。古人对于创造新体书法之人，亦称之谓史；如史籀、史皇（《淮南子》称仓颉为史皇，即大书家之意），其最显著之例也。由此推衍出去，举凡用笔之人皆可称史，因而画家称为“画史”，刻字的人称为“史匠”。从这些用法来看，更可了然于史字之原始结构和意义了。[2]

劳榦在《史字的结构及史官的原始职务》一文中，别出心裁地将“史”字构想为“从右持钻，钻是象钻龟而卜之事，因为卜筮之事是史官最重要的职务，而记事为后起”。[3]

以上诸种观点，看似众说纷纭，但实际上，除了劳榦先生说法与众不同之外，其余的可谓大同小异，把持中的“中”解释为簿书、册、盛筭之器、简与笔等等，都与写字、记事有关。我们认为，许慎将史释为“记事者”基本上是正确的，史官的原始职责就是“记事”。

---

[1] 王国维：《观堂集林（外二种）》，河北教育出版社 2003 年版，第 139—141 页。

[2] 《说“史”》，见杜维运、黄进兴编：《中国史学史论文选集》，台北华世出版社 1976 年版，第 8—9 页。

[3] 见杜维远、黄进兴编：《中国史学史论文选集》，台北华世出版社 1976 年版，第 40 页。

二、先秦史官的主要职责

史官出现之后，其职责随着时代的变化而发生变化。

在商代，史官所担任的职责至少包括记事、占卜和祭祀。

从20世纪初以来，通过对在河南安阳殷墟出土的十几万片甲骨的研究，学者不仅破译了许多殷商历史之谜，也初步解开了我国有文字记载的最早的史官——商代史官的职责之谜。《礼记·表记》中就记载："殷人尊神，率民以事神。"殷商统治者非常迷信，他们视"帝""天"为自然界和人类社会的最高主宰，同时，也为了给自己的统治涂上一层神意的"金粉"，他们大搞占卜活动，上至军国大事，下至田猎、疾病等日常小事，无不通过占卜来请示上帝，判断吉凶，几乎是遇事必卜。商代统治时间约500年，十几万日，以此除以出土的十五万片甲骨，则可得出当时几乎每日必卜，甚至一日数卜的结论。每次占卜，包括占卜日期、卜者姓名、卜问的内容、因卜兆所定的吉凶以及卜后的应验等等内容，一般都会被刻在甲骨上加以记载。从事这项工作的人被称作"贞人"，也就是当时的史官。关于这方面，近代学者董作宾先生在其《甲骨文字沿革例》中做了精详的考证。金毓黻先生也指出："贞人即为某事而贞卜之人，亦即当代之史官也。""贞人记其所贞之事于甲骨之版，正为记事者之所司，故称贞人为当代之史官，其说甚确。"[1]"贞人"（亦即史官）要参与整个占卜过程，其间，贞人扮演着重要的角色，事后，贞人要将整个占卜过程的情况予以记载，并保存在国家档案库中。可见，史官在此事上实际承担了占卜和记事的双重职责。在记事方面，除了记载占卜过程外，商代史官还负有记载殷商先公先王世系的职责。商代统治者具有浓厚的崇祖观念，他们重视对祖先的祭祀崇拜，定期举行隆重的祭祖仪式。进行这方面活动的一个基本前提，就是要明确祖先的世系。史官承担了这方面的责任，他们把自契以来殷商先公先王世系系统而完整地记载了下来。西周以来许多文献材料，都涉及商的先公先王，尤其是司马迁《史记·殷本纪》有条不紊地记载了殷商先公先王的完整世系。在

[1] 金毓黻：《中国史学史》，上海古籍出版社2014年版，第20页。

此后的2000多年中，一直有人对其可靠性产生怀疑，不少人认为，司马迁所处的时代距殷商已1000多年，司马迁不可能对复杂的殷商世系了解得这样完整和准确。直至20世纪初，随着安阳殷墟甲骨的大量出土，这个谜才被解开。王国维先生撰《殷墟卜辞中所见先公先王考》及《续考》等文，考证出《史记·殷本纪》所记殷商先公先王世系基本上符合史实。这至少说明了三个问题：其一，司马迁的治史态度是严谨的，《史记》不愧为"信史"；其二，司马迁记殷商先公先王世系必有所据，其所据很可能是《史记》所提到的《谍记》《世记》等有关文献；其三，上述记载了殷商世系的文献必有所本，其本当是商代史官对殷商先公先王世系的详细记载。除记载先公先王世系之外，商代史官还有记录商王的言行和其他国家大事的职责。在《尚书》中，还保存有《商书》五篇，它们是《汤誓》《盘庚》《高宗肜日》《西伯戡黎》和《微子》。其中，《汤誓》是汤伐夏桀时的誓辞，《盘庚》是殷王盘庚在迁都前后对臣民们的告诫和训令，《高宗肜日》记载了祖己对殷王祖庚的谏言，《西伯戡黎》是祖伊对商纣王的警言，《微子》则记载了微子与父师、少师等人的对话。在这五篇中，一般认为，除了《盘庚》篇之外，其他四篇均经过后人的加工润饰，但又并非凭空编造，而是以商代流传下来的原始资料为依据。这些原始资料，当是商代史官们对当时统治者言行的真实记载。据《尚书·多士》记载，"惟殷先人，有册有典"，"册""典"都是刻（或写）有文字的竹简，也是当时史官们记载统治者言行和国事的档案资料。除占卜、记事之外，商代史官还参与祭祀活动，据卜辞：

丁酉史其告（于）南室？（罗振玉《殷虚书契续编》卷二，页六，片三）

意为：丁酉这天，史官在南室主持酒祭好吗？可知，史官在商代不仅要参加祭祀活动，有时还要担任主持祭祀之官。王国维《释史》指出："史为掌书之官，自古为要职。殷商以前，其官之尊卑虽不可知，然大小官名及职事之名多由史出，则史之位尊地要可知矣。"可见，史官在殷商王朝中承担着多种重要职责。

在商代的基础上，西周王朝建立了更为发达的史官制度。及至春秋战国时期，社会剧烈动荡，王室衰微，“礼崩乐坏”，然而，“降及战国，史氏无废”[1]，“从横之世，史职犹存”[2]，此时，史官制度不仅未被废除，而且在各诸侯国中更为普遍地兴建了起来，在当时，除了周王室之外，晋、卫、虢、郑、鲁、齐、楚、秦、赵、宋、韩、魏等许多诸侯国均设有史官，且史官职名五花八门，有史、太史、内史、左史、外史、南史、董史、御史、侍史、筮史、守藏室史等等。在当时，史官职能也得到了进一步的加强，在周王朝和诸侯国，史官承担着多重职责，其职责范围颇为广泛，概而言之，主要表现在如下几个方面。

（一）记载史事，编修史册。记事是史官最原始的职责。西周时期，史官们重视记言、记事，这方面的成果还有不少保留了下来。其中，《尚书》中的《周书》记载了周王以及一些重要大臣如周公、召公等人的命令、训话和指示（被称为“诰”“誓”“命”等）。《尚书》不仅记言，也记事。例如，《顾命》就记载了周成王的临终遗嘱，以及他死后的丧礼和周康王继位的仪式；《金縢》则记载了一件事的始末，与《顾命》类似，也是因事而名篇。现存《尚书》中的《周书》（伪书除外），基本上都是西周史官的作品。《逸周书》又被称为《周志》《周书》，据说是有人将孔子编《尚书》后剩下的资料汇编而成该书。这些资料，也大多为西周史官记事的作品，其中的《世俘解》《克殷解》等具有很高的史料价值。

铭刻，是西周史官记事的另一种表现形式，流传至今的西周彝铭中，有许多具有重要的史料价值。晁福林先生指出：“对于周代史学发展来说，周代的各种史官起着巨大作用，铭功记事、册命记事，皆出自其手。”[3] 兹举二例如下：

> 史惠作宝鼎，惠其日就月将，察化恶臧寺（持）屯（纯）鲁令（命）。惠其子子孙孙永宝用。

刻此铭文的鼎被称作“史惠鼎”，于20世纪80年代在西安出土。铭文意

[1] 《史通·史官建置》。
[2] 《文心雕龙·史传》。
[3] 晁福林：《西周时期史学的发展和特征》，《史学史研究》1995年第4期。

为周王朝的史官名惠者日有所成，月有所行，能够察知善恶而教人，所以得到嘉美的赐命，故做此鼎，以供子孙后代珍藏、垂鉴。“墙盘”铭文：

> 曰古文王，初戾和于政，上帝降彝德大屏，匍（普）右（有）上下，会受万邦，挺圉武王，遹征四方，挞殷，阛（俊）民永不（丕）巩攻狄祖，长伐尸唐。宪圣成王，左右绶敛刚鲧，用肇铸周邦……祇显穆王，井（型）帅（率）宇诲……

“墙”是周王朝的史官，他作的这一盘铭，记载了周文王以来的诸王业绩：从文王使政治安定，得到上下和万邦的拥戴，到武王的奋勇伐殷、征讨夷狄，再到成王和大臣铸就稳固的周邦等等，直到穆王继承文王、武王的事业，上下协力，万邦来朝，一一铭刻于盘。

在春秋战国时期，史官记事范围非常广泛，其中，统治者的言行历来是史官记载的重点，《礼记·玉藻》谓“动则左史书之，言则右史书之”，《汉书·艺文志》则曰“左史记言，右史记事”（后世学者对此多有争议，存疑）。此外，据《左传·襄公二十九年》，“鲁之于晋也，职贡不乏，玩好时至，公卿大夫相继于朝，史不绝书”，又据《史记·廉颇蔺相如列传》，在著名的“渑池之会”中，秦赵二国国君各令其御史记对方国君在会上或鼓瑟，或鼓缶之事，这说明当时国与国之间的会盟、交往，是史官必须记载的重要内容。又据《左传·宣公二年》载，“乙丑，赵穿攻灵公于桃园。宣子未出山而复。大史书曰：赵盾弑其君。以示于朝”，可见，国中发生的大事，亦是史官必须记载的内容。又据《史记·孟尝君列传》“孟尝君待客坐语，而屏风后常有侍史，主记君所与客语”，可知，有的重要人物的府内，还有史官秉笔，载其言行。除此之外，自然界的天象异常、阴阳失衡、自然灾变等也是史官书于竹帛的内容。

编修史册与记载史事关系密切，记载史事是编修史册的基础，编修史册是记载史事工作的延伸和结果。在春秋战国时期，史官们编修了不少国史，例如，墨子就声称“吾见百国春秋”（《墨子》佚文，参见《墨子间诂》），并列举出其中周之《春秋》、齐之《春秋》、燕之《春秋》、宋之《春秋》等史册。《孟子·离娄下》中，也提到晋之《乘》、楚之《梼杌》、鲁之《春秋》等史册，可惜，它们已基本失传。现存春秋战国时期的史册，大多数为当时史官所编撰。可见，编修史册与记载史事一样，也是春秋战国时期史官所承担的重要职责。

（二）掌管文献。掌管包括史籍在内的各种文献是西周及春秋战国时期史官的另一职责。据《周礼·春官宗伯》，“大史掌建邦之六典”，“小史掌邦国之志”，可见史官与文献典籍的关系。又据《史记·老子韩非列传》：“老子者，楚苦县厉乡曲仁里人也，姓李氏，名耳，字伯阳，谥曰聃，周守藏室之史也。”唐司马贞对此“索隐”说：“藏室史，周藏书室之史也。”又，《吕氏春秋·先识》：“晋太史屠黍见晋之乱也，见晋公之骄而无德义也，以其图法归周。”所谓“图法”，即太史所掌管的国家的各种文献档案。又，《左传·昭公二年》：“二年春，晋侯使韩宣子来聘……观书于大史氏。”以上，都是这时期史官掌管各种文献典籍之佐证。史官掌管文献的职责，为编修史册提供了条件。当时的史官大多知识渊博、学贯古今，这也与史官负有掌管文献的职责不无关系。

（三）“宣达王命”，提供咨询。一个不容忽视的事实是，西周及春秋战国史官不仅名副其实地承担着史职，而且也活跃在当时的政治舞台上。对《春秋战国史官职名及活动一览表》[1] 进行量化分析的结果显示：表中列出春秋战国史官约 70 人，根据有关历史文献的记载，这些史官所从事的各种活动共 94 项次，其中，涉及政治方面的活动达 51 项次，占总项次的 54.3%，可见，史官一职具有相当突出的政治功能。在当时，史官所担任的这方面的职责主要包括“宣达王命”“掌书王命”，以及为统治者提供政治上的咨询。

春秋战国史官职名及活动一览表

氏名	国名	职名	出处	活动与表现情况								备注
				与政治有关的方面			与史学有关的方面		祭祀、卜筮等方面			
				论政咨询	册命出使	其他	记言记事	掌管文献	祭祀	卜筮占梦	其他	
阙名	周	内史	左桓二[2]	✓					✓			
阙名	周	史	左庄二十二							✓		

[1] 本表参考了金毓黻《中国史学史》以及刘节《中国史学史稿》中的《古代史官表》，对其遗漏部分进行了增补，并增加了“活动与表现情况”等栏目。

[2] 左桓二即《左传·桓公二年》的简称，以下皆同。

续表

氏名	国名	职名	出处	活动与表现情况								备注
				与政治有关的方面			与史学有关的方面		祭祀、卜筮等方面			
				论政咨询	册命出使	其他	记言记事	掌管文献	祭祀	卜筮占梦	其他	
过	周	内史	左庄三十二	✓					✓			
史嚚	虢	史	同上	✓					✓			
史嚚	虢	史	晋语三							✓		
华龙滑	卫	大史	左闵二						✓			
礼孔	卫	大史	同上						✓			
史苏	晋	史	左僖十五							✓		
史苏	晋	史	晋语一	✓						✓		
叔兴	周	内史	左僖十六		✓						✓	
叔兴	周	内史	左僖二十八		✓				✓			
叔服	周	内史	左文元		✓							
叔服	周	内史	左文十四								✓	解释天象
叔服	周	内史	左成元	✓								
阙名	邾	史	左文十三							✓		
克	鲁	大史	左文十八	✓								《鲁语》作里克
董狐	晋	大史	左宣二			✓						
史颗	秦	史	左成十一		✓							
阙名	晋	史	左成十六							✓		
阙名	鲁	史	左襄九							✓		
阙名	周	内史	左襄十			✓						
史狡	周	史	同上			✓						

续表

氏名	国名	职名	出处	活动与表现情况								备注
				与政治有关的方面			与史学有关的方面		祭祀、卜筮等方面			
				论政咨询	册命出使	其他	记言记事	掌管文献	祭祀	卜筮占梦	其他	
阙名	晋	左史	左襄十四	✓								
阙名	鲁	外史	左襄二十三	✓								金毓黻认为其名为掌恶臣
阙名	齐	史	左襄二十五							✓		
阙名	齐	大史	同上				✓					
阙名	卫	南史	同上				✓					
史狗（史苟）	卫	史	左襄二十九			✓						史朝之子，即史苟
史苟	卫	史	左昭七			✓						
阙名	郑	大史	左襄三十		✓							
史赵	晋	史	同上	✓								
史赵	晋	史	左昭八	✓								
史赵	晋	史	左哀九							✓		
阙名	鲁	大史	左昭二					✓				韩宣子观书于大史氏
史朝	卫	史	左昭七							✓		
倚相	楚	左史	左昭十二								✓	楚灵王赞之为“良史”
倚相	楚	左史	楚语上	✓								
倚相	楚	左史	同上	✓								
倚相	楚	左史	楚语下	✓					✓			
史猈	蔡	史	左昭十三			✓						

续表

氏名	国名	职名	出处	活动与表现情况								备注
				与政治有关的方面			与史学有关的方面		祭祀、卜筮等方面			
				论政咨询	册命出使	其他	记言记事	掌管文献	祭祀	卜筮占梦	其他	
辛有二子	晋	董史	左昭十五					✓				
阙名	鲁	大史	左昭十七								✓	论天象、历法
阙名	晋	祭史	左昭十七						✓			
蔡墨	晋	史	左昭二十九	✓								也称史墨，下同。
蔡墨	晋	史	左昭三十一						✓			
蔡墨	晋	史	左昭三十二	✓								
蔡墨	晋	史	左哀九							✓		
史黯	晋	史	晋语九	✓								据韦昭注，此为史墨
史皇	楚	史	左定四			✓						
史鰌	卫	史	左定十三	✓								即史鱼
史鰌	卫	史	燕策			✓						
阙名	周	大史	左哀六								✓	解释天象
史龟	晋	史	左哀九							✓		
固	鲁	大史	左哀十一		✓							
老	楚	左史	左哀十七			✓						
兴	晋	内史	周语上	✓	✓							
阙名	晋	筮史	晋语四							✓		

续表

氏名	国名	职名	出处	活动与表现情况								备注
				与政治有关的方面			与史学有关的方面		祭祀、卜筮等方面			
				论政咨询	册命出使	其他	记言记事	掌管文献	祭祀	卜筮占梦	其他	
史老	晋	史	楚语上	✓								
敫	齐	太史	齐策								✓	收容齐闵王太子法章
阙名	宋	史	宋卫策							✓		
史疾	韩	史	韩策		✓							
阙名	韩	御史	同上			✓						
史厌	韩	史	同上	✓								
史舍	韩	史	同上	✓								
史惕	韩	史	同上	✓								
阙名	秦	内史	秦策			✓						
柳庄	卫	大史	礼记·檀弓	✓								
史角	周	史	吕览·当染		✓							
屠黍	晋	太史	吕览·先识					✓				
史姜	周	史	同上	✓								
史起	魏	史	吕览·乐成	✓								
史付	晋	史	荀子·宥坐								✓	
柏常骞	周	大史	晏子春秋·内篇·问下								✓	离周赴齐
柏常骞	周	大史	庄子·则阳	✓								
大弢	周	大史	同上	✓								

续表

氏名	国名	职名	出处	活动与表现情况								备注
				与政治有关的方面			与史学有关的方面		祭祀、卜筮等方面			
				论政咨询	册命出使	其他	记言记事	掌管文献	祭祀	卜筮占梦	其他	
猗韦	周	大史	同上	✓								
廖	秦	内史	史记·秦本记	✓	✓							秦缪公时
援	赵	史	史记·赵世家							✓		
敢	赵	筮史	同上							✓		
老聃	周	守藏室史	史记·老子韩非列传					✓				
儋	周	太史	同上	✓								
阙名	田齐	侍史	史记·孟尝君列传				✓					
阙名	秦	御史	史记·廉颇蔺相如列传				✓					秦昭王时
阙名	赵	御史	同上				✓					
左丘明	鲁	大史	汉书·艺文志				✓					
合　计				30	10	11	6	4	9	16	8	
				51			10		25			

在西周及春秋战国时期，史官常常代表周王出使诸侯国，宣达王命。根据有关资料记载，这种“王命”的内容主要有两种，一种是“赐命”，即在诸侯国君新立后不久，若周王认为他是承受天命、合乎天意的国君，便派史官等使臣赴该国，代表周天子赐命于他，以此表明对该国君合法地位的承认。据《国语·周语》：“襄王使邵公过及内史过赐晋惠公命。”“襄王使太宰文公及内史兴赐晋文公命。上卿逆于境，晋侯郊劳，馆诸宗庙……太宰莅之，晋侯端委以入。太宰以王命命冕服，内史赞之，三命

而后即冕服。”可见，史官不仅是使团的主要成员之一，而且在具体的“赐命”仪式中，还扮演着重要角色。宣达王命的另一内容是“册命”，即“策命”。例如《左传·僖公二十八年》：“王命尹氏及王子虎、内史叔兴父策命晋侯为侯伯，赐之大辂之服、戎辂之服……”另，史官在春秋战国时期，不仅宣达王命，有时还宣达诸侯国君乃至相国之命。据《左传·襄公三十年》：“伯有既死，使大史命伯石为卿，辞。大史退，则请命焉，复命之，又辞。如是三，乃受策入拜。”这里，大史宣达的就是居郑国相位的子产之命。

与“宣达王命”密切相关的职责是“掌书王命”，史官既负有宣达王命之责，那么，其所宣达的王命又是由谁所书呢？君王自然不会亲自动手，书写王命之事仍是由史官来承担。参加册命仪式、宣达王命的史官多为内史，内史很可能与名为“作册”的职官是合而为一的。一般的内史又称为“作册内史”“作册命史”，顾名思义，“作册”者应当是各种册命文书的起草者。[1] 这就与《周礼·春官宗伯》所说“内史掌书王命”正相吻合，从西周到春秋战国，内史掌书王命的职责并无大的改变。

由于史官具有丰富的历史知识，熟悉历史兴衰过程以及其中的经验教训，因而被统治者视为制定兴邦治国决策的重要咨询对象。《国语·周语》说：“天子听政，使公卿至于列士献诗，瞽献曲，史献书，师箴，瞍赋，蒙诵，百工谏，庶人传语，近臣尽规，亲戚补察，瞽史教诲，耆艾修之，而后王斟酌焉，是以事行而不悖。”《国语·楚语》说：“临事有瞽、史之导，宴居有师、工之诵；史不失书，蒙不失诵，以训御之。”由此可见史官在统治者听政和决策过程中的作用。在春秋战国时期，由于各种社会矛盾激化，政局动荡，历史发展的变量增多，史官在这方面的作用得到了进一步加强，更为统治者所重视。据《左传·襄公三十年》：“季武子曰：‘晋未可媮也。有赵孟以为大夫，有伯瑕以为佐，有史赵、师旷而咨度焉……’”可知，晋国有史赵供咨询，竟是人们不敢轻视该国的重要原因之一。这方面的资料甚为丰富，其中，《国语·周语》中的

[1] 关于内史与“作册”职官的关系，参见晁福林：《西周时期史学的发展和特征》，《史学史研究》1995年第4期。

内史兴论晋文公必霸，《左传》中的史墨答赵简子问、大史克答鲁宣公问等，都是史官为统治者提供政治咨询的传世名篇。

(四) 祭祀与卜筮。史官在祭祀与卜筮方面的职责，也是其原始的职责，从商、周到春秋战国，史官所担负的这方面的职责一直延续了下来。据《春秋战国史官职名及活动一览表》的统计，涉及史官祭祀与卜筮活动方面的记载有25项次，约占活动总项次的26.6%，可见，至春秋战国时期，这方面的职责，仍然是史官所要承担的重要职责。

在西周及春秋战国时期，“国之大事，在祀与戎”，史官与祭祀活动有密切的关系。据《周礼·春官宗伯》，大史在国家将要举行大祭时，要“与执事卜日”，并要参与祭祀活动；小史的职责还包括“奠系世，辨昭穆”，在国家举行大祭时，要“以书叙昭穆之俎簋”；御史在祭祀时，要“鸣铃以应鸡人”。据《左传·闵公二年》：“狄人囚史华龙滑与礼孔，以逐卫人。二人曰：‘我大史也，实掌其祭。’”又《吕氏春秋·当染》：“鲁惠公使宰让请郊庙之礼于天子，桓王使史角往。”可见，此时的史官不仅精通祭礼，而且“实掌其祭”，在祭祀活动中担负重要职责。

卜筮，即运用龟卜与蓍筮（易筮）两种方法来占测，目的都是判断吉凶，预测未来。这一史官的传统职责，在西周及春秋战国时期得到了继承，但在新的历史时期又具有了新的特点。例如，对于历史前途的关心和预测，在卜筮中占据了较大的比重。此外，占病、占战争、占旅行等，也是史官卜筮的常见内容。再，史官还经常要承担对统治者的梦进行占测的任务，在占梦过程中，他们有时通过卜筮手段来得出结论，有时则根据梦情来进行解释。

除了上述四方面的职责之外，西周及春秋战国时期史官还要承担其他一些有关职责。例如，进行书史、祭祀、卜筮活动，需要对历法有透彻的了解，所以，史官又具有天文和历法方面的知识，并掌管有关天文、历法的具体事项。一旦天象有变，要及时向君王报告并做出解释，并且要将这些情况载于史册。

第二节 春秋战国时期史官与巫、祝、卜的联系与区别

春秋战国时期史官与巫、祝、卜的关系问题，是一个颇为复杂的问题。有一种较为流行的看法认为，在整个先秦乃至秦汉时期，史与巫、祝、卜关系密切，他们的职责没有什么大的区别。[1] 当然，对此也有不同的看法。史官与巫、祝、卜的关系问题，涉及史官职责以及巫、祝、卜的性质、职责与特点等问题，不仅与史学史研究有关，也与中国职官制度史及社会史研究有密切的关系，有必要认真地进行分析和探究。

在这个问题上，笔者的基本观点是：应认清史官与巫、祝、卜职责方面存在的根本性区别。在先秦时期，尤其是在进入到春秋战国时期之后，史官虽具有多方面的职责，但其最根本的，也是其他人所不能代替的职责，还是史学方面的职责。史的本义就是“记事者”，包括记言记事、编修史册，延而伸之，也包括史册及其他典籍的掌管。可以说，若脱离了史学方面的职责，则史官就不成其为史官，而这方面的职责，无论是巫也好，祝也好，卜也好，都不具备。再，从春秋战国史官大量承担的“宣达王命”“掌书王命”和提供政治上的咨询等职责来看，“宣达王命”和“掌书王命”这两项职责是巫、祝、卜所完全不具有的；提供政治咨询的角色，巫、祝、卜或偶尔为之，或与此无涉。由此可见，史官与巫、祝、卜确实具有根本性的、不可混淆的区别。

不过，也应该看到，在春秋战国时期，史官的职责的确与巫、祝、卜有着一些相同或相似之处，要注意区别这方面的“异中之同”和“同中之异”。概而言之，史与巫、祝、卜之间名称不同，职务不一，但都具有卜筮、祭祀方面的职责，是为异中之同；同样承担卜筮、祭祀方面的职责，巫、祝、卜基本上可说是这方面的专职人员，而史官还须承担其

[1] 司马迁曾经说过，“文史星历近乎卜祝之间”，见《汉书·司马迁传》，后世不少学者也持类似的观点。例如，台湾学者李宗侗认为，“史至东周时，其职务仍与巫祝难有所分”，见李宗侗《中国史学史》，中国友谊出版公司1984年版，第3页。

他多方面的职责，是这方面的兼职人员，并且，在这方面的活动中，他们所担任的角色或采用的方式也有差异，这些可以说是同中之异。下面，分别对史官与巫、祝、卜在卜筮、祭祀职责方面的异同做一些具体的分析。

史与巫。史与巫的关系，最初可能比较密切。鲁迅先生在《门外文谈》一文中，曾提出过史从巫出的观点，戴君仁认为，“巫和史本是一类人，可能最早只是一种人，巫之能书者，则别谓之史。”[1] 但随着时间的推移，情况发生了变化，及至春秋战国时期，除上述史学与政治方面职责的不同之外，史巫在卜筮、祭祀方面的职责也呈现出不少差异。这些差异，可从对如下三种活动的分析中得知。

一是卜筮活动。商周以来至春秋战国时期，采用龟卜或蓍筮（易筮）来判断吉凶、预测未来，是史官经常要做的事情。较早时，巫很有可能参与蓍筮活动。《说文》释“筮”：“筮，《易》卦用蓍也，从竹从巫。”可见巫筮关系之一斑。又据《周易》：“巽在床下，用史巫纷若。”似为史巫共同参与易筮活动之佐证。[2] 而到了春秋战国时期，巫一般不参加卜筮活动，在这时期的历史文献中，已很难发现有关巫参与卜筮活动的记载。在这方面，有一则材料值得注意，据《楚辞·招魂》，帝告巫阳曰：“有人在下，我欲辅之，魂魄离散，汝筮予之。”巫阳对曰：“掌梦，其命难从。”它说的是，“上帝”叫名阳的巫师占筮以招魂，巫阳则表示：占筮应去找“掌梦”，因此“上帝”的命令难遵从。这段“上帝”与巫的对话，实际上反映了在春秋战国时期，卜筮已不是巫常从事的行为。

二是占梦活动。在春秋战国时期，史官经常要奉命占梦，例如：“赵简子梦童子羸而转以歌，旦占诸史墨，曰……”“虢公梦在庙……召史嚚占之。”在此时期，巫也负有同样职责，据《左传·成公十年》：“晋侯梦大厉……公觉，召桑田巫，巫言如梦。”又据《左传·襄公十八年》：“秋，齐侯伐我北鄙，中行献子将伐齐，梦与厉公讼，弗胜。公以戈击之，首队于前，跪而戴之，奉之以走，见梗阳之巫皋。他日，见诸道，

[1] 《释“史”》，见杜维运、黄进兴编：《中国史学史论文选集》，台北华世出版社 1976 年版，第 28—29 页。

[2] 但也有学者如刘节先生认为，此《周易》辞中的“史巫”应作“史筮”，姑且存疑。

与之言，同。巫曰：‘今兹主必死，若有事于东方，则可以逞。’献子许诺。”史巫同为占梦，仔细辨析，还是有所不同，其中，史官是据梦情而进行解释，巫则自己能说出对方做梦时的情景，相比之下，后者更具有神秘色彩。这恰恰说明，史官之职更近人事，巫之职更近鬼神。

三是祭祀活动。史与巫都参加一定的祭祀活动，在活动过程中，“史用辞”，史官主要是通过致辞的形式参与。巫参与的形式则不同，《说文》：“巫、祝也，女能事无形，以舞降神者也，象人两褎舞形。”又《周礼》：“司巫，掌群巫之政令，若国大旱，则帅巫而舞雩……”可知，在祭礼活动中，史的参与主要是通过语言，巫的参与则主要是通过舞蹈动作。《晏子春秋·内篇谏上第一》记载了齐景公时的一件事，景公欲使楚巫祭祀五帝，晏子批评他“弃贤而用巫”，力谏此事的不可行，最后，将楚巫赶出了齐国。此事从一个侧面反映出巫在春秋战国时期地位的下降。

可见，史官除担任巫所不具有的一些职责外，其在卜筮、祭祀方面的具体职责及其参与方式，以及史官自身的社会地位，都与巫有一定差异，尤其在进入到春秋战国时期之后，史巫趋异的态势已经颇为彰明，已不再是所谓“巫史合一”了。[1]

史与祝。春秋战国时期，在祭祀活动方面，史与祝的联系可谓紧密。在这时期的历史文献上，常可见到史祝并称的情况。例如，“祝史陈信于鬼神”，“日有食之，祝史请所用币”，“使祝史徙主祏于周庙，告于先君”，“祝史祭祀，陈信不愧”，“祝史正辞，信也，今民馁而君逞欲，祝史矫举以祭，臣不知其可也”等等。

祝史并称，固然说明其联系之密切，但由此也引出一个问题：“祝史”究竟是祝与史两职的合称呢，还是一种官职名称？对于这个存在分歧的问题，我认为，任何绝对的回答都不能说是正确的，必须具体问题具体分析。据《左传·昭公二十年》：“梁丘据与裔款言于公曰：‘吾事鬼神丰，于先君有加矣，今君疾病，为诸侯忧，是祝、史之罪也。……’”那么，“祝史”是谁呢？他继续说：“诸侯不知，其谓我不敬，君盍诛于

[1] 高国抗先生认为：“巫、史合一或祝、史合一，这种情况一直继续到春秋战国时期。”（见《中国古代史学史概要》，广东高等教育出版社 1985 年版，第 14 页）似不妥。

祝固、史嚚以辞。”可见，祝是指祝固，史是指史嚚，祝是祝，史是史，祝史一词为两职。祝史并称而实为两职，这类材料较为普遍，但是，也有例外。在《左传》中有一则不大为人们注意的材料，其中写道：“公为支离之卒，因祝史挥以侵卫。卫人病之，懿子知之，见子之，请逐挥。”在这里，祝史显然是指一种官职，任此职者名叫“挥”。不过，这种情况较为罕见。

当祝史共同参加祭筮活动时，其所承担的任务是否有区别呢？据《说文》：“祝，祭主赞词者。”又《周礼·春官宗伯》：“大祝掌六祝之辞，以事鬼神示，祈福祥，求永贞。”在祭祀活动中，祝要念祝词，史官也要念祭文，两者承担的任务较为相似，但有时也有区别，例如，在《左传》中就有祭祀时“祝用币，史用辞”（即祝奉献玉帛祭祀，史用辞令祈祷）的记载。此外，祝一般不参加卜筮活动，而卜筮对史官来说是常事，这是两者的又一个显著区别。

史与卜。史与卜的关系较为复杂，其职责的渊源都与占卜活动有关，有学者甚至认为，史的职掌是“从殷代的‘贞人’与周代的‘大卜’而出”。[1] 据《周礼·春官宗伯下》：“大卜，掌三兆之法，一曰玉兆，二曰瓦兆，三曰原兆。其经兆之体，皆百有二十。其颂皆千有二百。掌三《易》之法，一曰《连山》，二曰《归藏》，三曰《周易》，其经卦皆八，其别皆六十有四。掌三梦之法，一曰致梦，二曰觭梦，三曰咸陟，其经运十，其别九十。”这段资料叙述了大卜的主要职责，即掌龟卜、易筮及占梦之法，考诸春秋战国文献，大卜的这些职责都得到了证明。而在同时，史官也行龟卜、易筮与占梦之职，这就容易使人将史与卜的职责混淆或等同起来。实际上，除了卜不具有史官所承担的史学方面的职责及大部分政治方面的职责外，在祭祀和卜筮方面的职责，仔细分析，两者也还是有所不同：

其一，史官除卜筮、占梦之外，还要参加国家的祭祀活动，而卜除了在祭祀活动前参与占卜日期外，一般不参与具体的祭祀过程。

其二，正因为卜是专职占测人员，其卜筮的内容非常广泛，从春秋战国的历史文献中我们得知，其内容包括立君、封赐、战争、疾病、郊

[1] 参见刘节：《中国史学史稿》，中州书画社 1982 年版。

祀、丧葬、旅行、怀孕、出使、择邻、追击、做梦等等，可谓是“国之守龟，其何事不卜”，其卜筮的内容较史官所卜筮的更为广泛。

其三，在卜与筮两种不同的占测方法中，卜较常使用龟卜的方法，使用易筮的方法相对较少，而史官则相反，使用易筮的次数显然比运用龟卜的次数多。[1] 这与春秋战国时期占卜主要由卜所执掌，易筮主要由史官执掌这一特点有关。

第三节　先秦史官的史学思想与中国史学传统

关于先秦史官的史学思想这一问题，学术界一直未予以足够的重视，而事实上，先秦史官具有颇为丰富的史学思想。史学思想包括历史思想、历史观等对历史的认识和对史学的认识两方面。先秦史官在对历史的认识方面，表现出一些进步思想，主要包括如下数端：

一是重人轻神的观念。在殷商时期，神的观念笼罩着整个社会；西周以来，尤其是春秋战国之际，人本思想渐露萌芽，神的观念有所淡化。但尽管如此，神在一般人的头脑中仍有较高的地位；至春秋战国时期，史官们在这方面具有了一些进步观念。例如，鲁庄公三十二年（前 662），有所谓神降于莘，虢国国君享神祈福，对此事，史嚚发表了自己的看法：“虢其亡乎！吾闻之：国将兴，听于民；将亡，听于神。神，聪明正直而壹者也，依人而行。”内史过听说此事也发表评论说：“虢必亡矣，虐而听于神。”两位史官都对虢国国君“听于神”表示了不满，并且认为，国家听于民将兴盛，听于神将衰亡，把听命于民还是听命于神作为国家兴衰的一个标志。史嚚还明确指出，神即使再聪明，也是“依人而行”的。鲁僖公十六年（前 644），周内史叔兴在聘使于宋时也断言“吉凶由人”（而非由神）。春秋时期，孔子由于说了“敬鬼神而远之”这样的话而受到后人的好评，相比之下，这时期史官们的神“依人而行”“吉凶由人”等重人轻神的思想就显得更为难能可贵。

---

[1] 根据对《左传》等文献资料进行统计的结果显示，在春秋战国史官所进行的占测活动中，明确记载为筮的 6 次，为卜的 4 次，而卜人则卜 6 次，筮 2 次。

二是重民轻君的思想。在先秦史官中，不少人都具有重民的思想，他们在议论史事时，对重民、保民的君王予以赞誉，而对轻民、虐民的君王予以抨击。在君、民关系方面，史官们不仅提出“国将兴，听于民”的观点，而且在议论时政时，流露出重民轻君的思想。例如，《左传·昭公三十二年》记载了史墨与赵简子的一段精彩对话：“赵简子问于史墨曰：‘季氏出其君，而民服焉，诸侯与之，君死于外，而莫之或罪。’对曰：‘物生有两，有三，有五，有陪贰。故天有三辰，地有五行，体有左右，各有妃偶。王有公，诸侯有卿，皆有贰也。天生季氏，以贰鲁侯，为日久矣。民之服焉，不亦宜乎？鲁君世从其失，季氏世修其勤，民忘君矣，虽死于外，其谁矜之？’”从史墨的话中可知，谁勤政爱民，谁就能得到民众的拥护，反之，纵使是国君，也会被民众所唾弃，成为被历史淘汰的可怜虫。民与君孰重孰轻，不言而喻。

三是历史变化的观点。先秦史官在历史观方面有一个突出的特点，即具有历史变化的观点。他们认为，历史非一成不变，而是不断变化和发展的，在这方面，史墨表达得最为直接、明白，他说“社稷无常奉，君臣无常位，自古以然”，把君臣异位、改朝换代的变化说成是自古以来的社会历史常态，他还引用《诗经》中“高岸为谷，深谷为陵”的诗句形象地比喻历史的变化。先秦史官之所以能产生历史变化的观点，与他们执掌、精通谈变化之书《周易》有关，与他们善于探寻历史发展的特点有关；特别是春秋战国时期的史官，更与他们身处大变动的春秋战国时代，且善于观变、善于思考有关。他们的历史变化观，予后代史家以极为深刻的影响。

四是认识到地理环境的变化对社会历史的影响。据《国语·周语上》：“幽王二年，西周三川皆震。伯阳父曰：‘周将亡矣！夫天地之气，不失其序；若过其序，民乱之也。阳伏而不能出，阴迫而不能烝，于是有地震。今三川实震，是阳失其所而镇阴也。阳失而在阴，川源必塞；源塞，国必亡。夫水土演而民用也。水土无所演，民乏财用，不亡何待？昔伊、洛竭而夏亡，河竭而商亡。今周德若二代之季矣，其川源又塞，塞必竭。夫国必依山川，山崩川竭，亡之征也。川竭山必崩。若国亡，不过十年，数之纪也。夫天之所弃，不过其纪。’”伯阳父为周幽王时太史，他因三川（泾、渭、洛水，皆出于岐山）震动而大发了一番议论，并推断出西周将亡。伯阳父的议论不见得完全正确，但他强调“水土演而民用”，“水土无所演，民乏财用”，这一思想是可贵的。“演”在此为“润”之意，水土气通为“演”，演则土地肥沃，民得财用；相反，若川源塞，则水气不润而土枯不养，土枯不养则作物不生，作物不生则民乏财用，民为邦之本，民乏财用则邦本动摇、国亡可待。这里，他将地理环境的变化与国之兴衰紧密地结合了起来，并以历史变化的眼光，联系夏、商的衰亡史来叙述这一问题，反映出当时史官的历史观以及他们的思维特点。

在史官对史学的认识方面，至春秋战国时期，史官们对史学的认识也有了显著的进步，具体表现在如下方面：

一是记载历史、编修史书的自觉意识增强了。如果说史官最初的记事工作是例行公事的话，那么后来，由于人们对史学工作重要意义认识的提高，就逐渐地形成了一种自觉的意识，到了春秋战国时期，史官们的这种史学自觉意识得到了进一步的增强，并因此形成了一种强烈的责任感。正因为如此，史官们在记载史事时才能如实地记载，甚至为此不避斧钺；也正因为如此，史官们除记载史事之外还积极、努力地编修史书，虽然他们编修的“百国春秋”等许多史书已失传，流传至今的不多，但春秋战国史官对史学工作的自觉意识和积极开拓进取的精神，长期激励着后世史家。

二是重视史学的教育和借鉴作用。在先秦时期，史官对于史学的教育作用有了一定的认识。例如，左丘明在《左传》中以“君子曰”的形式发表了对《春秋》一书的看法，其中说到《春秋》一书“微而显，志而晦，婉而成章，尽而不污，惩恶而劝善”，这既是对《春秋》扬善惩恶的教育意义的称赞，也表明这时期史官们对史学所具有教育意义的深刻认识。对史学的借鉴作用，该时期史官们也颇为重视，这不仅表现在他们所编修的史书的内容中，也表现在其平时的议论中。例如，史苏就晋献公伐骊戎而将俘获的骊姬立为夫人一事发表议论，从夏桀伐有施，宠妹喜而亡夏，殷辛伐有苏，宠妲己而亡殷，说到周伐有褒，宠褒姒而亡西周，由此告诫说“从政者不可以不戒”，表达了该时期史官强烈的史鉴意识。类似的资料还有不少。

三是重视史书的编纂形式。史书的编纂，是史学成果最直接、最集中的体现，也是传播史学知识的重要途径。至春秋战国时期，史官们对史书的编纂问题有了初步认识和一定的重视，主要表现在：其一，使编年体的形式更为完善。《春秋》是现存最早的编年体史书，但其记事过于简略，只具纲目，不叙过程。左丘明编《左传》则弥补了这一缺憾，他对于历史事件的叙述一般都能做到首尾完整，并吸收了其他史体的长处，这就使得编年史体达到了基本成熟的程度。其二，注意运用多种形式来编纂史书。在这方面，《世本》一书较为典型，该书的《谱》是编年的表的形式，其《纪》《世家》《传》是记人记事的形式，其《居》《作》等篇是"志"的形式，这些不同形式的运用，甚至影响了后世史学巨著《史记》的编纂。

中国史学具有许多优良传统，而这些传统的形成，非一蹴而就，都经过了开创、认可、传承等阶段。先秦时期是中国史学的童年时期，也是中国史学发展的重要时期，中国的第一部历史文献资料汇编、第一部编年体史书、第一部国别体史书，都产生于这一时期。同时，它也是中国史学传统的开创时期，我国许多史学传统的开创，可溯源于此。在此时期，中国的一些史学传统为何得以开创，这与当时史学发展的态势有关，与史官的史学思想以及当时史官所承担的职责，有着密切的关系。

首先，先秦史官开创了秉笔直书的传统。秉笔直书，就是如实地记载历史，保持历史记载的真实性。白寿彝先生指出："我国史学在悠久的发展过程中，积累了不少的优良传统。史家对于历史记载真实性的责任感，就是这种优良的传统之一。"[1] 在春秋战国时期，史官的史学自觉意识增强，史学责任感也进一步加强，他们认真地履行着记言记事等史学方面的职责，在这方面留下了一些彪炳史册的感人事迹。例如，晋国史官董狐，不畏权贵威胁，毅然坚持直书；又据《左传·襄公二十五年》记载：齐国的崔杼杀害了其国君，"大史书曰：'崔杼弑其君。'崔子杀之，其弟嗣书而死者二人，其弟又书，乃舍之。南史氏闻大史尽死，执简以往，闻既书矣，乃还。"为如实地记载史事，齐大史兄弟前赴后继，视死如归，三人惨遭杀害，四弟仍坚持直书，南史闻讯也赶来加入到直书的队伍，最终将史实记录了下来。此事迹真可谓是惊天地而泣鬼神，

[1] 白寿彝：《漫谈史学传统三事》，《人民日报》1961年8月12日。

中国史学的一个优良传统因此得以开创。此后，无论是敢于“述汉非”的司马迁，还是“仗正于吴朝”的韦昭，抑或是“词直而理正”的孙盛，“犯讳于魏国”的崔浩，都是中国史学这一优良传统的传人。有鉴于此，刘知幾撰写《史通》一书，对中国1000多年来的史学进行总结，其中特列《直书》一篇，为“直书其事”，“宁为兰摧玉折，不为瓦砾长存”的史学家及这一史学传统高唱赞歌。秉笔直书，春秋战国史官视之为自己的庄严职责，并以自己的鲜血和生命来履行这一职责，从而开创了中国史学的这一优良传统。

其次，先秦史官开创了史家以“通变”思想去总结历史的传统。什么是“通变”?“通变”是把“通”与“变”两者联系起来，作为一个完整的范畴，“‘通’是联系，是连接、因依，‘变’贯穿其中，是‘通’的依据，‘通’是‘变’的表现。变有千姿百态，有大变、小变、剧变、渐变、量变、质变，其‘通’也因此各各相异”。[1]“通变”强调事物的发展变化和相互联系，也强调人们对这种发展变化的态度，这种态度包括用贯通的、联系的观点去看待这种发展变化，还包括一种变革的观念。

中国史家的通变思想滥觞于春秋战国时期，而它又与当时史官的职责有一定的关系。春秋战国史官掌管文献的职责，既要求他们保管好这些文献，也要求他们熟悉这些文献，因此，春秋战国史官一般都精通《周易》,[2]并能运用《周易》来预测或论事。《周易》原为筮书，分为“经”与“传”两个部分，其“经”即《易》，约成书于西周初年，其“传”则为后人对《易》的解释。《周易》是一部充满变化思想的著作，司马迁认为：“《易》著天地阴阳四时五行，故长于变。”孔颖达说：“夫易者，变化之总名，改换之殊称。”程颐说：“易，变易也，随时变易以从道也。”朱熹说：“易，书名也，其卦本伏羲所画，有交易变易之义，故谓之易。”《周易》不仅以“爻”“卦”象征万事万物，通过它们的组合、变化来表示事物的曲折变化，而且，还直接地表述通变思想：“在天成象，在地成形，变化见矣”，“通变之谓事”，“变通莫大于四时”，“通

---

[1] 吴怀祺：《中国史学思想史》，安徽人民出版社1996年版，第368页。

[2] 刘师培先生曾明确地提出过“《易》掌于史”的观点，参见刘师培：《古学出于史官论》，《国粹学报》第1卷第4期。

其变，使民不倦”，“汤武革命，顺乎天而应乎人，革之时义，大矣哉！”《周易》的通变思想予春秋战国史官以深刻的影响，他们常以《周易》的变化观为指导思想来论述、预测历史发展的前途，或在以《易》占筮的过程中，运用《周易》的通变思想来对事物进行分析。另一方面，春秋战国史官担任了为统治者提供政治咨询的重要职责，这也要求史官们具有通变思想。他们不能仅仅掌握部分或片段的历史知识，而应该贯通古今，通晓历史长河的发展、变化及事物之间的联系，洞悉历史的经验教训，总结历史，以史为鉴，当好统治者的政治顾问。同时，春秋战国时期“天崩地坼”，大动荡、大变革的时代特征，也强化了史官的变化观及通变思想。在此时期，史官们在谈论具体的政治与历史问题时，往往不是就事论事，而是以通变的思维、开阔的视野来进行论述。据《左传·昭公三十二年》：

> 赵简子问于史墨曰：“季氏出其君，而民服焉，诸侯与之，君死于外，而莫之或罪也。”对曰：“……天生季氏，以贰鲁侯，为日久矣，民之服焉，不亦宜乎？鲁君世从其失，季氏世修其勤，民忘君矣，虽死于外，其谁矜之？社稷无常奉，君臣无常位，自古以然。故《诗》曰：高岸为谷，深谷为陵。三后之姓，于今为庶，主所知也。在《易》卦，雷乘《乾》曰《大壮》䷡，天之道也。”

在回答有关“季氏出其君”问题时，史墨先从鲁君与季氏政治得失的历史过程分析该事件的直接原因，然后，以通变的思想，从历史哲学的高度来论述江山易主、君臣易位这一历史发展变化的规律，并引用《诗经》的诗句和《周易》的卦象来论证这种变化的合理性。史墨的这段议论，较为典型地代表了春秋战国史官总结历史的通变思想。[1]

及至西汉，作为史官之后并身为史官的司马迁，继承了通变的史学思想，并将它发扬光大。他以毕生的精力，“究天人之际”“通古今之

[1] 李宗侗先生认为，春秋战国时期，“史官的主要任务在维持旧的传统”，似可商榷。见《史官制度——附论对传统之尊重》，见杜维运、黄进兴编：《中国史学史论文选集》，台北华世出版社1976年版。

变”，终于“成一家之言”，撰成一百三十篇、五十余万字的我国第一部纪传体通史巨著《史记》。在这部史书中，司马迁“综其终始”，“原始察终”，“见盛观衰”，总结了中国数千年历史过程的盛衰变化，并提出了“承敝易变”的观点，将通变思想发展到一个新的高峰。此后，我国许多的史学家，或通古今之变，编著各种体裁的通史，或以通变思想为指导来叙述、解释历史，较好地继承了通变的史学传统。

最后，先秦史官开创了史家关注现实的传统。在先秦时期，史官所承担的史职，要求他们将君王的言行及时地记载下来，此外，所谓“国之大事”，包括战争、祭祀以及其他一些重要事件，也被及时地记载下来。既然记载现实是其史学职责，那么，关注现实自然也就是其职责要求。另一方面，从先秦史官所承担的政治方面的职责来看，要为统治者提供政治上的咨询，首先就必须了解现实、研究现实，而“宣达王命”“掌书王命”更是其对现实政治的直接参与。反之，史官若不关注现实，脱离现实，就无法完成其所承担的政治使命。再，从先秦史官所承担的卜筮职责来看，运用《易》筮的手段来预测未来，是其重要任务。对此，本卷第三章第三节有详细说明。

此外，中国史学“究天人之际”、文史结合、史家博学通识等传统，都可从先秦尤其是春秋战国时期追本溯源。该时期史官所形成的史学思想及其为履行其职责的所作所为，为中国史学传统的开创奠定了十分重要的基础。

第三章　经学与史学思想[1]

经学的“经”的意义，可以有多种视角的解喻。从文本意义上说，在古代不多的文献中，“经”是有重大社会影响的文献的原始文本，它和以后派生出来的各种相关文本，构成了体系，原始文本则成了“经”。特别重要的是，它是为适应政治统治、道德垂训和风化教育的需要，经过圣人删定、编纂出来的文献，从而被推上“经”的宝座。此后，对这类文本的研究、增删、诠释，形成了经学；更由于观点差异在形式和内容上反映出来，因此产生了经学上的各种流派。

儒、道、墨等诸子各家大都有自己的经。儒家的经的组成，在不同时代也不尽相同，有五经、六经、七经、九经、十经、十二经、十三经等各种本子。[2]《论语》《孟子》等原本属“子”，只因需要，后来也成了经；《春秋》三传，明明是“传”，是解经的，由于需要，也被列为经书。《周易》是儒家的经，却又是玄学“三玄”之一，是道家的经典。这

[1] 本章由吴怀祺教授撰写。

[2] 参见刘师培：《经学教科书》第一课《经学总述》；章太炎：《国学讲演录·经学略说》；蒋伯潜、蒋祖怡：《经与经学》第一章；何耿镛：《经学概说》。

些纷繁问题只能放在具体时代背景下进行解说。[1] 所谓经、子、史本来就是搅在一起的，“经”成为“学”，“史”也成了“学”，并且与“子学”逐渐区分开来，这是汉代学术发展的结果，也是汉代学术的进步与成就。这后面有它深层次的政治文化背景。汉代诸子学的变化促成了经学的产生与繁荣，也促使中国的古代史学走向成熟。

总体上看，经学在中国传统文化中，对其他学科是带有支配性的，这一点要明确。所谓经学、子学对史学都产生影响，但最重要的还是经学。这里要说明的是，虽然从文献角度上看，如《隋书·经籍志》所称的，经籍原于史；但依据史的本质，又应该说，经史相通在于史之义在经。六经皆史，与史之义在经，是一个问题的两个方面。在 20 世纪，学人为了突出文化的主体性，弘扬民主因素，批判封建专制旧文化，在史学与经学的关系问题上，强调史学本身的独立地位，否定旧经学，重新解读经史关系。章学诚的“六经皆史”的命题解读，似乎把史放在首要地位，这是一种误读。浙东学术一个特点是重经亦重史，所谓“言性命必究于史”，章学诚重史亦重经，《文史通义》开篇还是把经学的新解放在首要的地位。这些重要篇章，也是对经学的新的审视，突出古代经学的经世价值，又以经学变化的思想，重新说明史学的更革之道。

再者，史学变化的根源在于社会变动，这是根本的，但如果从文化因素的相互影响上说，史学发生变化，特别是史学思想发生变化，与经学紧密联系。固然史学思想的变化又作用到经学，但主要的还是经学变化影响到史学思想的变化，进而影响到史学各个方面的变化，这在宋代理学与史学关系上，看得更清楚。

此外，还可以从史学家治学途径上看，借宋代学人的话，是“泛滥释老，反求诸六经”。史学家总是要在经学知识基地演绎构建自己的理论体系，这就决定了他们要十分重视经学。

---

[1] 有的学人说：“经学的文字是客观地存在。但由文字所蕴涵的意义则须由人加以发现，而不是纯客观的固定的存在。发见常因人因时代而不同，所以经学意义的本身，即是一种进动地历史产物，对它必须作‘史地把握’，才可接触到它在历史脉搏中的真生命。”（《徐复观论经学史二种》，上海书店出版社 2002 年版，第 164 页）这是看出了这中间的道理。

诸子从一个方面突出了史的价值，但总体上看，史义的内涵主要是在经学之中；大体上说，经学变化成为史学变动的重要依据，导致史学走向变动。史学思想发生变化，往往是通过对经学、历史观念做出新的解释。史学家很多时候，通过经学复古学的形态，对史学进行更新。

但在中国，史学毕竟没有成为经学的婢女，没有完全为经学变动所决定。史学家在一定的限度内能够坚持史学自身发展的路径，坚持求实的实证的要求。司马光没有把经学要求放在首位，理学家因此称司马光学术“不纯”；有些史学家不满意经学家离开事实，对历史事件和历史人物任情褒贬议论，对于经学原则下设定的史法史例，展开批判；又，经学疑古往往借助于史学的疑古运动，造成声势，寻求事实的依据。一个时代的疑古运动，是疑经疑史共同构成的学术景观。

还要注意，学者对史学重视得如何，又往往影响到他的经学。程颐没有成为理学集大成者，而朱熹却是理学集大成者，个中缘由，至少有一点，是程颐在史学上没有大成就，而朱熹不但在经学上而且也在史学上做出了大成就，并且使史学“会归理之纯粹”，这很可以说明问题。

总之，经学与史学之间有联系又有区别，相互作用，相互影响，构成时代学术思潮。

可以说，不研究经学就不可能理解史学，特别是不可能理解这个时代的史学思想；同样，不研究史学，也不可能认识这个时代的经学形成及其特有的风貌。从这个意义上说，才可以理解“经史岂有二学哉”这一命题。

第一节　先秦时期的历史意识

所谓“六经”，流传下来的只是“五经”，即《易》《诗》《书》《礼》《春秋》，《乐》早已失传。“六经”是经，但是，六经是不是也是史，古代学者的看法很不同。司马迁说自己写史要成一家之言，这个一家之言也就是史家之言，关于这个问题在后面的章节中还要谈到。但是有一点很明确，司马迁的史家之言是在融汇六经的思想基础上形成的，这一点司马谈父子说得很清楚。司马谈对他的儿子司马迁表白自己事业上追求的心迹，司马迁深有体会，说：

> 先人有言："自周公卒五百岁而有孔子。孔子至于今五百岁，有能绍明世，正《易传》，继《春秋》，本《诗》《书》《礼》《乐》之际？"意在斯乎！意在斯乎！

司马迁表示要继承父业，说"小子何敢让焉"。司马迁在《太史公自序》中记载了这段话，借以表明他写史的基本指导思想。写史是继承、发展经学事业的一部分，经是融化在史书中的，因而经和史是一体，并没有截然分开。班固的《汉书·艺文志》中没有"史略"，史书是归在"春秋略"中。马、班把"史"放在"经"中并没有轻视"史"的意思，特别是司马迁作为史学之父，他重视经，也重视史，虽然他说过，是非要"折衷于六艺"，但他把经中的思想作为史家之言的内涵，而不存在重经轻史的问题。董仲舒要求汉武帝"推明孔氏，抑黜万家"，"诸不在六艺之科，勿使并进"，这可以说是典型重经轻史的思想。到了宋代理学家那里，这样的观念又进一步得到发展。他们有"经精史粗""经本史末"等议论。也有不少学者从不同的角度说明"经"就是"史"。王通、王阳明、章学诚等都有自己的提法。特别是章学诚关于"六经皆史"的命题在史学史上的影响尤其大。

关于"六经皆史"的命题有两个问题要说明。第一，"六经皆史"命题不变，而内涵迥异。王阳明说的五经皆史，是从心学角度说的，说明五经都是"吾心之记籍"。章学诚是从经世致用的观点，说明六经都是治理国家、切于民生日用的典籍，史学应当作为经邦济世之器。因此，六经也是史。第二，"六经皆史"说，在章学诚那里虽有新的含义，但并没有贬低"经"的意思，只是想说明六经为先王的政典，治国经邦应当以六经为根据，"史"是实际，先王时期的实际。有的文章认为章学诚"六经皆史"说是把六经从"经"的宝座上拉下来，这恐怕不符合章氏的原意。至于说有的人认为章学诚把六经当作史料看待，这离章学诚立意更远。章氏说过，凡涉天下著作之林者，皆史也。六经也是著作，当然也是史。这里的"史"是史料，它和章学诚的"六经皆史"的提法中的"史"的意思不一样。

六经是不是“史”呢？或者说六经是不是史书？这里我们有自己的看法。从严格意义上说，从历史编纂学的角度看，除《书》《春秋》外，要说其他几部经书，即《易》《诗》《礼》《乐》就是史书，不是很贴切。但是经即是“史”，甚至还可以说经是后世“史”的渊源，这主要不是从历史编纂学上说的，也不是着重从史料学上说的，应当从历史意识上、从史学思想上来理解这个问题。中国史学思想的主要思潮，溯源探流，都可以追寻到六经那里。六经的每一部经书不是孤立地、简单地阐述一种见解，反映一种历史意识，实际情况是很复杂的，但每一部经书，相对地说，还是比较集中地表达一种历史见解，一种史学观点。只是从这个意义上，我们完全有理由说六经都是史。

把六经作为一个整体看待，其困难之处除六经内容中的真伪问题外，还有一个重要问题，这就是六经反映的时代背景的时间跨度大，其主要内容涉及的历史时期包括通常称的三代，即夏商周三代。六经基本形成在春秋战国时代，它以文字形式，反映人们对历史的看法，相对地说它已经是成熟的历史观念、历史意识。传说孔子删《诗》《书》，定《礼》《乐》，这个说法就有它的合理性，说明六经在那个时代已经基本形成，它反映先秦时期中国的历史意识已经成熟。这里可以概括地说一下，《尚书》突出的是历史盛衰总结的意识；《周易》明显体现出通变的历史见解；《周礼》反映出来值得重视的是政教礼治的观念；《诗经》在歌颂先王、总结历史盛衰的同时，又突出一种文化风俗史的观念；《春秋》引人注目的是一种历史编纂思想，如果不是过分强调某一个方面，那么可以说春秋笔法、春秋义例，以及编年系事的方法等，寓于这部书中。孔子说的史学三义，即史文、史事、史义，相互结合在史书中。因而《春秋》作为史家主体对历史客体认识的一部作品，已经标志着史学臻于成熟。下面我们将分别对这些方面做进一步说明。

第二节　《尚书》的历史盛衰总结

《尚书》的内容真伪，以及它所反映的时代背景的问题很复杂，但是，这个问题却又是回避不了的。我们在研究先秦的历史意识时，这个问题仍然摆在我们面前。《尚书》有今古文之争，汉初伏生所传 29 篇(实为 28 篇)，称今文《尚书》。由鲁共王发孔壁得《尚书》，传孔安国编次，以隶古定所成，除 29 篇外，还有 16 篇逸书，共 45 篇，称古文《尚书》。此后又有张霸的百两篇、杜林的漆书。南北朝时，汉代的今古文《尚书》俱失传，魏末出现伪孔安国《尚书传》。东晋元帝时，豫章内史梅赜奏上《古文尚书》，经过陆德明、孔颖达等人的疏释、整理，是为《尚书正义》，后世奉为《尚书》经籍的标准读本，共 58 篇。《尚书》古文本的作伪处，经唐、宋学者特别是明人梅鷟，清人阎若璩、惠栋等揭发，已经大白于天下。剥去这一假造的成分，留下来的大部分内容却是可信的。《尚书》中关于商周的文字基本上是可以相信的。

《尚书》的史料价值，讨论得比较多，历来史家写先秦古史都要把它作为主要的材料。章学诚在《文史通义》中指出《尚书》的编纂具有“圆而神”的精神，注意到了《尚书》在历史编纂学上的价值。近代学者讨论《尚书》中的天人观念、“德”的思想等。但是《尚书》在史学思想上的意义，人们还是注意得不够，有待我们进一步发掘。

《尚书》最重要的史学思想是历史盛衰总结的意识，突出的是“稽古”“殷鉴”思想。在中国史学思想史上，最早的关于历史盛衰的见解就包含在《尚书》中。

《尚书》的稽古观念，首先说明历史变动是合理的。由夏商周，进而上溯到尧、舜，几千年中发生了一系列的变动，这些变动是合乎天意的，这是《尚书》的中心观念之一。《尧典》经近代学者的研究，考定出它的记载有符合实际的地方，不能把它完全当成伪材料看待。《尧典》开篇即提出“稽古”思想，中心内容表明了古代的民主禅让顺乎天意合乎民情。这里掺杂了战国时代大一统的思想，但也表现出一种古代民主意识；这在后世看来是不可思议的事，却在先世出现了，而且作为圣人的治世举措，盛世的样板被记录下来。《甘誓》记载夏启征伐有扈氏，说这件事是天的意思，《甘誓》说：“天用剿绝其命，今予惟恭行天之罚。”《汤誓》中汤在灭夏时说的话，是义正词严，说“格尔众庶，悉听朕言，非台小子敢行称乱，有夏多罪，天命殛之”。汤所以能理直气壮地造反，一是“有夏多罪”，二是“天命殛之”，有“天”的支撑，自然是合理的。《牧誓》历数商纣罪行，宣称灭商纣的行动是代天行事，说：

今商王受，惟妇言是用，昏弃厥肆祀，弗答；昏弃厥遗王父母弟，不迪，乃惟四方之多罪逋逃，是崇是长，是信是使，是以为大夫卿士，俾暴虐于百姓，以奸宄于商邑。今予发，惟恭行天之罚。

商纣听信妇人的话，废弃祭祀先祖，昏乱无道，疏远亲族，却又亲近信任逋逃的罪犯，暴虐地对待百姓，这是上天所不允许的，武王宣称自己“惟恭行天之罚”。总之，《尚书》以上天为外衣，证明历史变动是合理的。

从《尧典》的“曰若稽古”到《周书》的《召诰》《酒诰》的殷鉴思想，其中贯穿的一条主线，就是对历史盛衰的总结，“‘人无于水监，当于民监。’今惟殷坠厥命，我其可不大监抚于时”。《酒诰》指出历史的教训是严酷的，一代人主总是要从中总结带有规律性的认识，作为自己统治的借鉴。

仔细读《尚书》，我们可以体察它的历史眼光，它的盛衰总结的见解给人的启发是很深刻的。除注重鼎革迁移时代的经验总结，注意新旧朝代更替时留下的教训外，还能考察一个朝代在发展过程中兴衰变动的原因。如《多士》说：

自成汤至于帝乙，罔不明德恤祀……在今后嗣王，诞罔显于天，矧曰：其有听念于先王勤家。诞淫厥泆，罔顾于天显民祗，惟时上帝不保，降若兹大丧。

从成汤到帝乙，社会在向前发展，成功的经验在“明德恤祀”，从而得到上帝的帮助、保护。这里是就有商一代的统治的经验做出的概括。《无逸》篇总结了殷中宗、高宗、祖甲与周太王、王季、文王、武王的治理经验。《君奭》总结殷“坠厥命”的教训，又归纳了成汤、太戊、祖乙、武丁和周文王任用贤人的成功经验。《尚书》已经不是就一帝一王的行事进行总结，它能够超越一帝一王，甚至超越某一朝代的时空，讨论兴衰的经验教训。后世的中国历史学继承了这一优良的传统，自觉地在编写历史中总结历史。

《尚书》总结的历史经验教训，可以归结为两个方面，即“敬德”与

“保民”。从殷商到周，“敬天”的思想发达，但同时又有发展，从敬天到怀疑天，提出“天不可信”，又进而发展为“敬德”。这是历史总结的深入，也是历史意识逐步在摆脱神意的束缚，从人神混杂的状态中一步一步向前迈进。“敬德”与“保民”两个方面的结合，说明《尚书》触到历史变动根源的一些方面，把总结历史的眼光从天神转向人世。

惟乃丕显考文王，克明德慎罚，不敢侮鳏寡，庸庸，祇祇，威威，显民，用肇造我区夏，越我一二邦以修我西土。（《康诰》）

我不可不监于有夏，亦不可不监于有殷……惟不敬厥德，乃早坠厥命……今王嗣受厥命，我亦惟兹二国命，嗣若功……上下勤恤，其曰我受天命，丕若有夏历年，式勿替有殷历年，欲王以小民，受天永命。（《召诰》）

肆王惟德用，和怿先后迷民。（《梓材》）

自成汤至于帝乙，罔不明德恤祀。（《多士》）

夏的衰亡商的兴起，商的灭亡周的兴起，都有各自的原因，但又有共同的原因。这就是“德”的得失、“民”的向背。但《尚书》始终没有否定天帝。《尚书》作者思考历史盛衰的思路大体是这样的：天帝支配社会的变动，其支点是人间的帝王的“德政”，“德政”的中心内容是“保民”，谨慎地修德可以祈天永命。《召诰》说：“肆惟王其疾敬德，王其德之，用祈天永命。”又说，不敬德、失德，则天降罚，“惟不敬厥德，乃早坠厥命”。到了周的时候，“敬德”更落到实处，而“天”“命”更虚玄了。“敬德”的内容很广泛，但在《周书》中的主要内容是“用康保民”。

“保民”思想中心内容是“知稼穑之艰难”。《无逸》以殷周两代的统治的经历、两代治世之主成功的经验验证这一点。殷中宗“严恭寅畏，天命自度，治民祗惧，不敢荒宁”，因此享国 75 年。高宗“时旧劳于外，爰暨小人……不敢荒宁，嘉靖殷邦，至于小大，无时或怨”。高宗知道小人的艰难，谨慎地行事，享国 58 年。祖甲保持统治 33 年，他享国这样长久，也是因为“知小人之依，能保惠于庶民，不敢侮鳏寡”。《无逸》篇总结殷人成功的经验后，又分析殷人统治走向衰微的缘由：“自时厥后，立王生则逸，生则逸，不知稼穑之艰难，不闻小人之劳，惟耽乐之从，自时厥后，亦罔或克寿，或十年，或七八年，或五六年，或四三年。”历史的经验归纳出来就是这些。周代的开国四位君王，都是英主。从太王、王季、文王到武王，他们是贤王、圣君，可以文王为例说明其中的经验：“克自抑畏，文王卑服，即康功、田功。徽柔懿恭，怀保小民，惠鲜鳏寡，自朝至于日中昃，不遑暇食，用咸和万民。文王不敢盘于游田，以庶邦惟正之供。文王受命惟中身，厥享国五十年。”周公以殷、周两代历史的经验教训，启发幼主，从历史中汲取经验教训，他说：

> 呜呼，继自今嗣王，则其无淫于观，于逸，于游，于田。以万民惟正之供……呜呼，自殷王中宗，及高宗，及祖甲，及我周文王，兹四人迪哲……呜呼，嗣王其监于兹。（《无逸》）

《尚书》总结历史盛衰提出另一个十分重要的问题，这就是“用人”。一代君王用什么样的人，用什么样的臣僚来经邦治国，这直接关系到社稷的兴亡治乱。成汤用伊尹，太甲得保衡，太戊得伊涉、臣扈、巫咸，祖乙有巫贤，武丁有甘盘，英主有贤才的辅佐，才有太平盛世的时代。《君奭》篇从中又提出另一个问题，这就是用人上要不拘一格。仔细分析一下上面提到的那些贤才，可以看到这些人多数不是身份高贵的公侯贵族，相反，他们多为下层人物，甚至是贱奴。人才贤否，不在身份，用人是用其“能”，用其“才”。《君奭》中说：“天惟纯佑命，则商实百姓王人。”后代史学家总结历史时同样一再强调这样的认识。

《立政》篇又提出区分人臣贤与不贤的标准，作为衡量人才优劣的一个尺度，一个办法是让任职的人在位，看他的实际才干，“忱恂于九德之行”，内容是这样：“宅乃事，宅乃牧，宅乃准，兹惟后矣。谋面，用丕训德，则乃宅人，兹乃三宅无义民。桀德惟乃弗作往任，是惟暴德，罔后。”“宅”是“居”的意思，居其职守，让他们在自己的职位上表现出才干。“事”“牧”“准”，有的人解释是关乎天、地、人的职位。无论怎样说，立政的首要事情，是选拔有政绩的人。商汤又有“三俊”的考察人才的办法。后世所说的用人之道、用“官人”的经验也是由此引申出来的。

《尚书》的《盘庚》篇提出“人惟求旧，器非求旧，惟新”，又说，“古我先王，亦惟图任旧人共政”。这些总结性的言说作为在用人方面的认识留给了后人。其中的道理，《盘庚》篇也说得很坦白。一是统治的连续性，“古我先后既劳乃祖乃父，汝共作我畜民。汝有戕，则在乃心。我先后绥乃祖乃父，乃祖乃父乃断弃汝，不救乃死”。就是说，前后的朝代统治没有根本的差异，只是前代到了末世，昏暴的君王所作所为，才使得先祖断绝和后代的连接。二是求得统治的安定，“予岂汝威，用奉畜汝众”。当然，如果反抗，那就是用另一个办法来对付，“我乃劓殄灭之。无遗育，无俾易种于兹新邑”。恩威并施，是用旧人的一个相当成功的手段。三是吸收人才的办法。这些旧人之所以被新人主看重，是由于他们在衰乱的社会里，显示自己的见识，表现自己的治国才干，只是在那种环境里郁郁不得志，空怀一腔报效社稷的热情。吸收这样一批人参加新朝的统治是非常有利的。后世史家提出“降臣可用”等经验，这可说是对《尚书》的历史盛衰认识的具体发挥。周人同样继承这一思想，周公在《大诰》中具体说到有周一代用商朝旧臣的成功经验，周用了贤臣“十人”，对周朝很快能稳定下来起了很大的作用。这十人中就有旧邦之人。历代统治者重视《尚书》，不是没有道理的。

《尚书》把君王的品德修养作为关系历史盛衰的大事提出来，作为历史学家总结兴亡的重要内容。如帝王要勤于政事，以至于“不遑暇食”。人主要戒奢侈淫逸的行为，不能沉溺于酒色之中，也不可“盘于游田”，沉迷于猎获禽兽消遣享乐。这是行德政的重要前提。《酒诰》说：“古人有言曰：‘人无于水监，当于民监。’今惟殷坠厥命，我其可不大监抚于时。”在这篇文章中，有一条文王告诫子孙臣下的教训：“越庶国，饮惟祀，德将无醉。”殷王沉溺于酒色，生活腐朽，所以亡了国，周人能不腆于酒，“故我至于今，克受殷之命”。在古代，保民、行德政，离不开一代君王，因此，君王的品德修养高下，直接影响社会安定与否。从这个意义上说，《尚书》提出的问题颇有历史价值。

能够注意周边关系问题，并且把这个问题作为历史盛衰的大问题看待，这是《尚书》历史盛衰论的卓识。只有边境安宁，“协和万民”，才会有一个升平的局面。

《尚书》通过历史的正面、反面事实，通过经验、教训，特别是历史的教训给后世的帝王以鉴戒。伪《孔传》虽然是伪作，但是它说出了《尚书》所以受到历代君王重视的道理，这本书“所以恢弘至道，示人主以轨范也，帝王之制，坦然明白，可举而行”。历史盛衰变化之道，一经总结就成为一种有价值的认识。《尚书》是史，又是“经”。这一点，不从历史意识这个角度来思考，是解释不通的。《尚书》还可以从多角度去认识，但是它提出的思想至少在两个方面是值得后世史家深思的。第一，它充满历史盛衰总结意识的历史眼光。中国历史上一代一代史家继承这个传统去写史，又在写史中把社会现实紧紧与之联系起来，忧世的情思，对历史前途的期望、信心，融化在对历史兴亡的深沉思考中。第二，对历史盛衰的具体的认识，很多认识一再被后世的历史所证实。历史在不断变化，但又有常规的因素在重复起作用。有不少帝王读过《尚书》，知道这些信条，但是却不理会它，最终受到历史的惩罚。历史总要保持自己的尊严！《尚书》通过历史盛衰的总结，从而达到“疏通知远”的目的，这正是《尚书》历史意识的特点。

第三节　《周易》的通变历史思想

《周易》是经历一个很长的历史时期才形成的，它反映了这个时期人们对历史的看法，因此我们首先要讨论《易》的时代和作者等方面的问题。历代学者对这个问题的看法分歧很大。多数学者认为《周易》的卦、爻辞写在西周初期或西周的前期。《易传》形成于战国时期。这其中又有战国早期说、战国晚期说，或者战国中期至晚期说，等等。《易传》的各个部分，即《十翼》中的《彖》上、下，《象》上、下，《文言》，《系辞》上、下，《说卦》，《序卦》，《杂卦》，学者对其形成的时间，看法也不尽一致。这里我们不能一一考订。大体上说，《周易》的卦、爻辞形成在西周前期，《易传》的主要内容是战国时期人写出的，后代人对它还在不断修改。西汉时司马迁还说要“正《易传》”，可以看出，当时的《周易》并没有完全定型。但是，《周易》的主要内容在先秦时期已经完成，应该是没有问题的。

殷周之际典制的变动相当剧烈，这一点，近代学者如王国维已经指出。而春秋战国之际又是一个历史的大变动的时代，可以说是中国古代社会的天崩地裂的时代。《系辞》的作者说："《易》之兴也，其当殷之末世、周之盛德邪？当文王与纣之事邪？是故其辞危。"又说："《易》之兴也，其于中古乎，作《易》者，其有忧患乎。"《周易》产生在这样一个大背景下，因此反映出变动时代的特征，是完全可以理解的。

关于《周易》的作者，历来是众说纷纭。传统的说法是，《易》历"三圣"，所谓伏羲画卦，文王系辞，孔子作《十翼》。另外，许多人把神农、夏禹、周公等也纳入《周易》的作者队伍中。当然还有其他一些看法。对于这个问题，笔者的看法是：第一，如果这些圣人作为一个时代的代表，是可以说得通的，也是能够理解的。我们总以为，《周易》这样的作品，不可能是某一个人完成的，《周易》的思想和文字风格上的不同也可以证明这一点。第二，我们有充分的理由说，《周易》的大部分内容是出自史官、史家之手。这层道理也是显而易见的。宋人朱熹说："《易》本为卜筮作。"先秦时期史官兼掌卜筮，《左传·定公四年》载："祝、宗、卜史，备物、典策，官司、彝器。"《左传·昭公十八年》载："使公孙登徙大龟，使祝史徙主祏于周庙，告于先君。"像这样的卜史、祝史并称的文字，在先秦文献中是屡见不鲜的，说明史与卜、祝在职能上有相同的一面。可以说，这正是远古时代的卜者演变的痕迹、线索。史官不但作《易》，而且还是保存《周易》的人。鲁昭公二年（前540），晋国韩宣子到各国，"观书于太史氏，见《易象》与《鲁春秋》"。又鲁庄公二十二年（前672），"周史有以《周易》见陈侯者"。史官担任着"记言记行"的职责，力求做到"书法不隐"，这一点和卜、祝有区别。但他们兼掌卜筮之事，这和卜祝相同。史官精通《周易》是其职能的需要，通过对卦、爻辞的解说，通过对各卦之间及本卦之间爻位的联系、变动的阐释，把历史和现实社会变动联结起来，展示自己对历史发展趋向的看法。史官职掌培育出通变的历史眼光，又为他们精通发展《周易》提供了方便。如果孔子、老子都算在史官之内的话，那么，我们说《周易》的大多数内容，是出自史官的手笔，则是确定无疑的。《周易》里蕴藏着精辟的历史见解，不但有对历史盛衰的丰富的认识，而且有极为珍贵的具有辩证法因素的变通思想。这是我们民族史学的精华。

《周易》的作者富有特色的认识，是通变的史学思想。《系辞下》说："神农氏没，黄帝、尧、舜氏作，通其变，使民不倦，神而化之，使民宜之。《易》穷则变，变则通，通则久。是以，自天佑之，吉，无不利。"这是《易》的通变思想的典型表述。

易的意义，历来有变易、不易、简易等解释。实则"易"的中心观念是"变"，"变"而后"通"。司马迁说："《易》著天地、阴阳、四时、五行，故长于变。"章学诚特别推崇孔颖达对"易"的见解，他说："孔仲达曰：'夫《易》者，变化之总名，改换之殊称。'先儒之释《易》义，未有明通若孔氏者也。"历代学者中很多人看到这一点。

《周易》认为世界是一个穷通变化的流动场景，《周易·系辞上》中说："是故阖户谓之坤，辟户谓之乾。一阖一辟谓之变，往来不穷谓之通。"自然天象的各种变化在通变中呈现出盈虚消息的波动，《丰·象》说："日中则昃，月盈则食，天地盈虚，与时消息，而况于人乎，况于鬼神乎。"《泰·九三》说："无平不陂，无往不复。"自然界是这样，社会人事也是这样变化，《革·象》中说，"天地革而四时成，汤武革命，顺乎天而应乎人"。社会历史的变动表现为盛衰的变动，表现为历史兴亡的交替。历史既有盛时，"小往大来"（高亨注："卦辞言：事业由小而大。"）；历史也有衰败时，"大往而小来"（高亨注："事业由大而小。"）。见盛观衰的历史思想，后来也就成了史家总结历史的通变思想的来源。

《周易》的古史观念中的通变思想，又明显地包含进化的认识。《系辞下》把人类的起源、初民社会的进化的过程描绘出来：

> 古者包牺氏之王天下也，仰则观象于天，俯则观法于地，观鸟兽之文与地之宜，近取诸身，远取诸物，于是始作八卦，以通神明之德，以类万物之情。作结绳而为网罟，以佃以渔，盖取诸《离》。包牺氏没，神农氏作，斫木为耜，揉木为耒。耒耨之利，以教天下，盖取诸《益》。日中为市，致天下之民，聚天下之货，交易而退，各得其所，盖取诸《噬嗑》。
>
> 神农氏没，黄帝、尧、舜氏作。通其变，使民不倦；神而化之，

使民宜之。《易》穷则变，变则通，通则久。是以，自天佑之，吉，无不利。黄帝、尧、舜垂衣裳而天下治，盖取诸《乾》《坤》。刳木为舟，剡木为楫，舟楫之利，以济不通，致远以利天下，盖取诸《涣》。服牛乘马，引重致远，以利天下，盖取诸《随》。重门击柝，以待暴客，盖取诸《豫》。断木为杵，掘地为臼，臼杵之利，万民以济，盖取诸《小过》。弦木为弧，剡木为矢，弧矢之利，以威天下，盖取诸《睽》。上古穴居而野处，后世圣人易之以宫室，上栋下宇，以待风雨，盖取诸《大壮》。古之葬者，厚衣之以薪，葬之中野，不封不树，丧期无数。后世圣人易之以棺椁，盖取诸《大过》。上古结绳而治，后世圣人易之以书契，百官以治，万民以察，盖取诸《夬》。

远古时代人类发展是从渔猎经济到采集、种植经济，再到原始农业；从穴居野处，到房屋宫室的发明；从野蛮到文明、到文字的产生。社会管理从“垂衣裳而治”，到暴力机关出现，社会治安“重门击柝，以待暴客”。地区的联系由于交通的进步得到了加强。《周易》的古史观点无疑是一种进化的观点。《周易》作者明确说明远古不是什么黄金时代。先民是在极端困难的环境里发展生产，逐步改善生活条件的。远古社会的进步表现在各个方面，既体现在生产、生活上，也表现在文化上；既有经济方面的内容，也有社会管理方面的内容。社会发展到一定的地步，才有交换发生、文字产生和社会权力的形成。

《序卦》中还对人类社会的产生、发展有一总的说明：

有天地，然后有万物；有万物，然后有男女；有男女，然后有夫妇；有夫妇，然后有父子；有父子，然后有君臣；有君臣，然后有上下；有上下，然后礼义有所错。

人类是从自然界发展出来的。君臣上下礼义等级制度不是与天俱来、亘古不灭的东西，它是历史的产物。

需要说明的是，对《周易》变化观应当进一步研究，它的宇宙观、世界观也不能简单地说是循环的运动观。卦的作者，把六十四卦作为一个体系看待，从乾、坤、屯、蒙，一直到既济、未济构成一个体系，这个体系实际是一个开放的体系。王夫之在《周易外传》中说过："故列乾坤于首以奠其经，要既济未济于终以尽其纬，而浑沦无垠，一实万变之理皆具。""太极无端，阴阳无始。"事物不是做封闭圆圈式的运动，即使从阳又回到阳，也不是旧事物的重复。王夫之以"浑沦无垠"说明这个运动的特点，是很贴切的。"太极无端，阴阳无始"，也表明这个体系是个开放的图式。这是从六十四卦的体系说的。这是其一。其二，从每一卦六个爻组成的子体系上说也是如此。从初爻到二、三、四、五及上六爻，是发展，上爻处于亢极的地位，穷极必返，但也不是从上爻回到初爻的状态、回归到原始的地位。《周易》用四时变化说明事物的运动："广大配天地，变通配四时"，"变通莫大乎四时"，这里只是用人们感受最深的四时变更，说明事物的变化、变更。古代自然科学不发达，没有实验的科学，对世界的观察停留在直觉的阶段，这就限制了他们的认识。《周易》说明世界的变动有时近于一种循环的观点，但它又赞成、讴歌新事物，"日新之谓盛德"，这显然又是进化的思想，虽然这种进化的观点又是有限的。

至于尧、舜以后的历史是怎样的，历史此后又经历了什么样的变化，《周易》没有给出系统的描述，但是，从一些片断的内容，我们还是可以看出一个大概来。现在可以考定下列的材料是可信的。"丧羊于易。""帝乙归妹，以祉元吉。""噬嗑：亨，利用狱。""何校灭耳。""鼎折足，覆公𫗧，其形渥。"把这些零星的材料集中起来，至少说明夏商周三代的社会并不是充满仁义的时代。三代的统治同样是对外掠夺，对内残酷镇压、欺诈。很值得注意的是，《周易》中没有大段文字讴歌三代，三代在《周易》里，不是天理流行的世界。把三代作为充满天理的社会样板，这是后来学者臆造出来的一种理想的社会。

如果把《周易》中所有记录历史的内容汇集起来，大致可以体察出来历史是一个进步的历程。《周易》说明人类社会最初是洪荒世界，人类先祖从和动物杂处的野蛮状态中一步步进化出来，古代不是黄金时代。这种历史观念在当时世界上，能有几家？轻视中国史学思想的学者，仔细想过这个问题没有？有人只推崇西方思想家打破古代世界"黄金说"的理论"功绩"，但这个观念在《周易》中早已明明白白地写出来了。

《周易》的作者以通变的史学思想说明历史的变化、趋向，主张要顺应历史潮流而动。“天地以顺动，故日月不过而四时不忒”，“圣人有以见天下之动，而观其会通”，“是故圣人以通天下之志，以定天下之业，以断天下之疑”，等等。后世史家根据这些认识，论证历史变革的必要与必然，演化为一种历史变革的理论。

在先秦时期，《周易》为史官利用来评论历史、预断历史的前途，在“观国之吉凶”上提供了依据。下面举几个例子。如周史通过议论陈厉公生子敬仲这件事，提出对历史发展趋向的看法。《左传·庄公二十二年》载：

> 周史有以《周易》见陈侯者，陈侯使筮之，遇《观》䷓之《否》䷋，曰：“是谓‘观国之光，利用宾于王。’此其代陈有国乎？不在此，其在异国。非此其身，在其子孙。光，远而自他有耀者也。《坤》，土也；《巽》，风也；《乾》，天也。风为天。于土上，山也。有山之材，而照之以天光，于是乎居土上，故曰：‘观国之光，利用宾于王。’庭实旅百，奉之以玉帛，天地之美具焉，故曰：‘利用宾于王。’犹有观焉，故曰：‘其在后乎。’风行而著于土，故曰：‘其在异国乎。’若在异国，必姜姓也。姜，大岳之后也。山岳则配天。物莫能两大，陈衰，此其昌乎。”
>
> 及陈之初亡也，陈桓子始大于齐。其后亡也，成子得政。

第二个例子，是鲁昭公三十二年（前510），史墨对时势的变动有一段精彩的议论。《左传·昭公三十二年》载：

> 赵简子问于史墨曰：“季氏出其君，而民服焉，诸侯与之；君死于外，而莫之或罪也。”
>
> 对曰：“物生有两，有三，有五，有陪贰。故天有三辰，地有五行，体有左右，各有妃偶，王有公，诸侯有卿，皆有贰也。天生季氏，以贰鲁侯，为日久矣。民之服焉，不亦宜乎？鲁君世从其失，季氏世修其勤，民忘君矣。虽死于外，其谁矜之？社稷无常奉，君臣无常位，自古以然。故《诗》曰：‘高岸为谷，深谷为陵。’三后

之姓，于今为庶，主所知也。在《易》卦，雷乘《乾》曰《大壮》䷡，天之道也。昔成季友，桓之季也，文姜之爱子也，始震而卜。卜人谒之，曰：‘生有嘉闻，其名曰友，为公室辅。’及生，如卜人之言，有文在其手，曰‘友’，遂以名之。既而有大功于鲁，受费以为上卿。至于文子、武子，世增其业，不废旧绩。鲁文公薨，而东门遂杀嫡立庶，鲁君于是乎失国。政在季氏，于此君也，四公矣。民不知君，何以得国？是以为君，慎器与名，不可以假人。”

这段谈历史运动大势的议论具有历史通变的眼光。其一，用互体说，从本卦到之卦，以《易》义阐释历史趋向。它以具有联系、发展的朴素辩证法的思想预言历史的前途、趋势。周史指出日后成子得政，其根据是“物莫能两大”。当时的齐国的政事变动，周史心里是有数的。《周易》中每一个卦构成一个特有的系统。相对于六十四卦总体系来说，是一个子系统。每一个子系统制约着每一个爻爻的作用。在《易》学史上，所谓的“当位说”“中位说”“趋时说”“承乘说”“往来说”等，其合理的地方，也就在于从联系的方面谈上下爻位的关系，揭示事物在发展中相互作用的道理。史墨说鲁国历史的趋向，也是依据矛盾对立变化的思想做出判断，对一个历史大时代的特征做出概括，说三后之姓，于今为庶，自古以然，历史本身就是活的方法论教科书，史墨这样的史官，从中得到思想的营养，又以获得的认识去解释历史，去预言历史的前途。其二，这种通变的眼光又必须和对现实深邃的、正确的分析结合起来。各国国君抛弃百姓，而季氏却是争取民心，“鲁君世从其失，季氏世修其勤”，这就造成季氏要夺取大权的内在依据。史墨把历史变动看作是天经地义的事，是“正大”之道。这也是那个时代的特点。当然，史官的解释，带有神秘的色彩。但是，史官对发展《周易》通变思想起了重要的作用，给通变的思想奠定现实的基础。总之，史官在保存《周易》及解释、应用《周易》上起了很大的作用，对《周易》的形成和发展同样做出了重要的贡献。

先秦的史官的政治地位一般都不太高。像周王朝的史官那样的人不多。但是，史官有历史知识，通《周易》，对现实了解，又担任“载笔”记言记行的任务，对国家政治、军事和文化生活发挥了积极的作用。有名的史官，如史做、史墨、史赵、史鱼等，是史学家，也是政治活动家。史官一面记载历史，一面又以《周易》的思想解释历史，预断历史发展的方向，通过自己的活动，予现实的生活以积极的影响。研究史学思想，要注意从史学思想的形成和史学思想的积极作用这两个方面进行分析。《周易》论历史的兴衰，比起《尚书》来，有相同的地方，又有自己的特点。我们要指出的是《周易》注意从运动过程中论历史的兴衰。《坤·文言》说，“善不积不足以成名，恶不积不足以灭身”，此外，如“履霜坚冰至”等，这些都是从事物发展的过程来谈历史的兴亡。其次，《周易》发展了《尚书》的保民思想。《临·象》说：“君子以教思无穷，容保民无疆。”《兑·象》说：“兑，说也……说以先民，民忘其劳；说以犯难，民忘其死。说之大，民劝矣哉。”“说”通悦，使民悦，统治才能巩固。这些认识后来一再被史学家所强调。中国史学史上的通变史学思想，是我们民族珍贵的思想遗产。这些论述，成了后人思考历史、观察现实、议论变革的基本理论。以后我们在有关的章节中还要进一步研究。

总之，贯穿在《周易》中的是通变的思想，它包括对自然运动的通变见解，也包括对社会盛衰运动的通变认识。宋人杨万里说：“易者，何也？《易》之为言变也；《易》者，圣人通变之书也。何谓变？盖阴阳太极之变也，五行阴阳之变也，人与万物五行之变也，万事人与万物之变也。古初以迄于今，万事之变未已也。其作也一得一失；而其究也一治一乱，圣人忧焉。幽观其变，湛思其通，而逆细其图，《易》之所以作也。”

附论　《周易》与中国古代历史思维

中华民族是一个十分重视历史的民族。从殷人算起，有成熟文字记载的历史就有几千年了，“有册有典”的历史典籍中蕴含着丰富的历史思想、史学思想。古代没有类似近代哲学书籍一类的图书，中国史学家是从传统的经籍中得到了思维训练，启发他们研究天人关系，从自然变动中得到对社会历史变化的理解。就这一方面说，富有辩证法因素的《周易》对中国史学产生的影响，更在其他经籍之上。

《周易》对中国史学的最大影响，是对史官与史家的历史思维产生重大影响，影响到中华民族史学的基本特点的形成。因此，要认识中国史学民族精神，很重要的工作是研究《周易》以及易学对于历史学产生的重大影响。

一、《周易》的发展与史学的关联

中国史学还在童年时代就和易学结下了不解之缘。先秦时期史官精通《周易》，在以史证易中，显示出他们的深邃的历史眼光，促进了史学思想进步，对于易学体系形成做出了贡献。

在中国史学史上，历代大史学家大多对《周易》有精深的了解。司马迁的家学中有易学传统，他自己在汉初的易学史上有重要的地位。易学对司马迁史学思想的影响非常明显。班固的易学特点反映了东汉易学风格，他写的《汉书·五行志》，对京房易十分重视，并且运用京房易对历史变化做出解释。荀悦与荀爽的易学相通，荀悦在《汉纪》中反映出易学的印痕。袁宏援玄解史，易理成为他评论历史和人物的哲理的基础。

两宋的史学总结历史盛衰的经验教训，以易学理论解说历史变动，把中国史学思想推向一个新的高度。欧阳修是大史学家，在易学史上有特殊的地位，他写的《易童子问》等，反映出他对易学的清醒认识，着重从义理上解易，进而提出对史学的看法。司马光的《温公易说》等体现出他的历史观的特点。李心传、李焘是蜀中史学的代表人物，他们的易学与史学相通。李光、杨万里是以史证易的代表，把史学纳入到易学体系中去。朱熹是理学的集大成者，同时也完成了使史学“会归于理之纯粹”的工作。朱熹史学、易学都成为他理学体系中的有机组成部分。

元明时期的史学家在易学上多是有建树的学者，特别是明末清初的王夫之在易学上有特别重要的地位。船山易学的思维特征对他的史论著作《读通鉴论》《宋论》等产生重大的影响。清人章学诚在《文史通义》中开篇便是《易教上》《易教中》与《易教下》，他的易学观点，成为其评论史学的理论基础。[1]

近代易学和古代易学明显不同的地方是，一般不再是在旧经学范围内论说《易》，讨论易学有关问题，而是以史的眼光认识《周易》。顾颉刚解说《周易》的历史故事，把易学讨论纳入他的辨古史的范围。郭沫若用社会眼光认识《周易》，其思考内容成为他的《中国古代社会研究》的第一个大板块。他以敏锐的眼光抓住《周易》的辩证法精华，为科学总结易学提供了范例，把《周易》这部书从神的启示录变成“世俗人”的思维术。

在古代史学发展过程中，易学变化对史学产生过三次大的冲击。第一次是从先秦到两汉易学的变化，为中国古代史学家思考天人关系、总结历史兴衰，提供了思想基础。第二次是魏晋时期，《易》是玄学三个组成部分之一，史学家品评历史人物、总结历史的思维方式都受其影响。第三次是两宋时期，易学成为理学的要素，也成为史学家论历史兴亡、说历史因革的哲理依据，波澜所及，直到明清。而近代易学与史学关系是另一回事。

从学术史上看，易学与史学关系基本上有三种范式。一是以史证易。这就是清朝《四库全书总目》中说的宋代李光、杨万里的以史证易。这是易学范围内的事，是以历史事实解说易理，说明易理的正确，因而它是易学中的义理派。要说明的是，以史证易，并不是从李光、杨万里开始的。下面我们还要说到这一点。

另一种是以易解史，以易学的思维方式认识人类历史，洞察古今兴衰，评论行事上的得失。在中国史学史上，这是主要一面。易学影响历史学家的治史工作，甚至影响一个时代的史学走向，在史学上打上深深的烙印。

[1] 近代刘师培指出，《易经》学与史学的关系，是章学诚说的，《周易》对考史的意义有四点：一，周代之政多记于《易经》，故《易经》可以考周代之制度；二，古代之事多存于《易经》，故《易经》可补古史之缺遗；三，古代之礼俗多见于《易经》，故《易经》可以考宗法社会之状态；四，社会进化之秩序，事物发明之次第，多见于《易经》，故《易经》可以考古代社会之变迁。见《经学教科书》第二十五课《论易学与史学之关系》。刘氏的着重点，是从文献学角度认识《易经》与史学关系。

还有一种，是把《周易》作为社会史的影子，或作为史料，这是颠倒了以史证易的路数。这本不错，但它并不能阐明易学与史学的内在关系。

《周易》的忧患意识、通变思维方式影响史学家治史。有的史家在史书的序和其他地方做出说明；有的史家没有说明，只是通过剪裁史料、行文叙事各种方式表达出历史思维的特点，分析其史学作品，便能体会得到易学对他们在理解历史、认识史学上的影响。所以，在研究易学与史学关系时，要注意对史著的认真分析，要在原著上下功夫，要读其书，知其言，更要知其所以言。

应该说明，易学对中国史学产生的影响主要是正面的，但也有负面的影响。中国史学史上的谶纬神学历史观点、天人感应历史评论，和当时的易学思潮有关。这也是应当指出的。

我们这本书着重从思维方式上看易学对中国史学的影响，因此，这不同于古代易学以史证易，概括起来说是以易解史，系统地讨论一下中国史学与易学的思维方式有怎样的关联。

二、中国古代史学思维术与《周易》

易学在思想史上的影响，最重要的一个方面，是影响我们民族的思维方式。郭沫若在《中国古代社会研究》中说到《周易》的辩证思维，将其归结成三个定式：

1. “天下同归而殊涂，一致而百虑。”（《系辞下传》）
2. “阴疑于阳必战。”（《文言上传·坤》）
3. “刚柔相推而生变化。”（《系辞上传》）[1]

郭沫若从积极方面指出易学具有辩证思维，于事物中看出矛盾，于矛盾中看出变化，于变化中看出整个世界，进而总结《周易》辩证思维方式的“三个定式”；接着他也揭示了《周易》辩证运动观点的缺陷，这就是把世界绝对的变化当成是相对的，“把绝对的恒久化成本体，依然把世界双重化了起来”，“这样辩证法一变而与形而上学妥协，再变而与宗

[1] 郭沫若：《郭沫若全集·历史编》第1册，人民出版社1982年版，第76—77页。

教妥协”，[1] 因此，《周易》又开启了通向神道设教的道路。应该说，这样理解《周易》是抓住了易学的关节，启发人们对易学与古代史学关系的思考。

需要说明的是，分析易学的思维特征，不只是要研究凝结在《周易》经、传中的思维特点，还要讨论在易学发展过程中，历代史学家、思想家在以易解史中表现出对历史的理解方式。易学思维是多样的，[2] 从史学思想角度，从思维方式看，易学对史学的影响至少可以提出以下几个方面。

——“易与天地准”的思维，也可以说是“究天人之际”的整体的思维。从八卦爻形的阴阳、乾坤、天地的内涵，到大衍之数、占蓍之法，都反映出《周易》是把天地人联系起来思考。《系辞》说：“易与天地准，故能弥纶天地之道。仰以观于天文，俯以察于地理，是故知幽明之故。原始反终，故知死生之说。精气为物，游魂为变，是故知鬼神之情状。”又说：“古者包牺氏之王天下也，仰则观象于天，俯则观法于地，观鸟兽之文，与地之宜，近取诸身，远取诸物，于是始作八卦，以通神明之德，以类万物之情。”仰观俯察天地与自然之变化，才有八卦，才有《周易》，所以究天人之际的思维方式，是在这样的基础上建立起来的。它对历史产生一定的影响。在中国史学思想史上，有一种历史观是把人类历史作为自然史的一部分来思考，可以说这是一种大历史观。第二个问题是讨论天人之间的联系，自然的“天”与社会的“人”，究竟有怎样的联系，历史发展的动因，是天还是人，是天决定历史的变化，还是人事作用决定社会的变动？思想史上的天人感应说、灾异说，都是由此派生出来的历史观点。与此相对立的是重人事的历史观点。

所谓天人之际的思维是整体的思维，又是把自然与人类历史，看作是阴阳相互作用的体系。从乾、坤到既济、未济，是一个体系，各卦与整体又成为一个相互作用、相互影响的体系，每卦中上下卦又为相互联系的体系。体系观念确实包含在《易》中。这个观念是在长期发展过程

[1] 郭沫若：《郭沫若全集·历史编》第1册，人民出版社1982年版，第77—78页。

[2] 朱伯昆在《易学哲学史·前言》（华夏出版社1995年版）中指出易学的思维方式十分丰富，有形式逻辑思维、辩证思维、直观思维、形象思维等，但最突出的是观察世界的辩证思维。这是很有道理的。

中形成的。从中国史学思想上看，天与人构成一个体系，其中“人”的社会是由君臣父子夫妇组成的体系，而随着社会人所处的地位，又有大宗、小宗的宗亲体系。这是“易与天地准”的整体思维的基本方面，我们应该注意到。

——通变思维。只因有变化，才有世界、才有历史的进步。易穷则变，变则通，通则久。“变”“通”“久”三者一体。而事物发生变化又与一定的条件有关，与事物所处的位、体有关；变化的前途又有“时”“势”的各种状态。社会发展过程中，“变”与“不变”在具体的条件下各有特定的内容。对“变”与“不变”是怎样一种关系，社会变革应该怎样“变”等问题，又有各种主张。盛极而衰、见盛观衰，等等，成为历代史学家的热门话题。《周易》中的通变思想对历代思想家、史学家考虑社会前途，提供了很多启迪。有的直接借用《易》的语言，有的是按照《周易》变通思维方式，提出自己解决社会危机的方案。

——“神无方而易无体”的思维。这是说研究自然的天与社会的人，要有创新的思维。所谓“易”有三义即简易、不易与变易，而其主导的内容、核心的思想是“变易”。这种易学要求人们在观察、研究自然社会时，不要固定一种程式。“日新之谓盛德”是这种思维的形象的表述。在这里，我不同意把“神”当作鬼神的意思。

——“天下同归而殊涂，一致而百虑”的思维。这是思考学术发展的一种思维方式。易学是一个具包容性的理论体系，所谓“易道广大”也是指这层意思，这其中有合理的成分，也有非科学的因素。从《易经》到《易传》经历一个很长时期，经过筛滤，还是有杂质，而且其形式中的神秘因素一直保留着，但其中也确实吸纳了中华民族的思想精粹，最终构成一个丰富的思想体系，并且把经验升华，形成一种思维方式。中国的“史家之言”是这种思维方式的产物，史家以“纪”“志”“传”等形式，网罗政治、经济、军事以及学术、风俗、文化、制度、人事等于其中。中国史学是包纳百家之学的学术，正是体现出这样的思维范式。

易学的思维方式是复杂的，而且相互包容、相互联系。因此，在讨论易学思维特点时，特别是在讨论易学对史学所产生的影响时，就应当看到它的复杂的一面，做到具体问题具体分析。总起来说，其中最基本的方面是易学的“变”与“不变”的辩证统一的思维，它构成为史学的基本精神。史学家在这个问题上的理解的深浅与差异，往往反映出其历史见识的高低。

历代史学家特别是一些大史学家，如前所言，都受到易学的影响，这已是事实。在谈到易学思维术对史学的影响，在估量易学对史学产生的影响时，仍然要本着实事求是的态度，既不囿于陈说，又要恰如其分地做出评说，并且从中得出有益的启示。这里有一个问题，清人在《四库全书总目》的《经部总叙》中，说到易学渊源流变时，认为“圣人觉世牖民，大抵因事以寓教，《诗》寓于风谣，《礼》寓于节文，《尚书》《春秋》寓于史，而《易》寓于卜筮”。《总目》的作者指出《易》与卜筮有着密切的渊源关系，是说到关节处，但只是认定《尚书》《春秋》寓于史，这会使人产生一种错觉，认为《易》与史没有多少关联，这就不准确了，而且《总目》分析易之两派六宗，首先点出了《左传》与《易》的关系：“《易》之为书，推天道以明人事者也，《左传》所记诸占，盖犹太卜之遗法也。”这难道不是说《易》也是“寓于史”吗？

《总目》说易学在发展过程中，有义理与象数两派，两派下面又有不同的宗，一共是“六宗”，其中只有宋代的李光、杨万里才是“以史证易”，是义理派中的一宗。这是从易学发展角度说的。此说又有可商榷之处，《易》之传与经中，就有以史证《易》，而且历代易学家又何尝不用史解《易》？即从宋代来说，欧阳修、程颐、司马光等，何尝不以史解《易》？另外，象数派也同样常常借史事解易，也就是以史解《易》，有的时候是在更大的范围内把人类史纳入整个宇宙的变动图式中去；也有的以史作为解说卦象的佐证。说这些，并非有意与古人争辩，而是要说明，易学与史学的关系十分紧密，同样史学对易学也有影响。

我们这本书要讨论史学与易学的关系。这里有两个方面，一是说明史学对易学的影响。“以史证易”是其中一个重要的方面，但更要重视讨论易学对史学的影响，这也是这本书要着重讨论的对象。而易学对史学的影响，突出地表现在易学思维方式（也就是人们说的易学思维术）对史学所产生的影响上。历代史学家也包括思想家在认识历史中，受到易学思维影响，尽管其中也有不好的影响，但在整个史学发展中，这种影响的积极方面是主要的。易学的发展对中国史学思想的深化所起的作用，是相当大的。努力探讨易学对中国史学的影响，特别是研究易学在发展过程中，它的思维方式对中国史学所产生的影响，开启史家深化历史认识的途径，为史家提供了丰富的智慧源泉——从这个角度审示中国史学的发展史，才能揭示出中国古代史学的一个重要的民族特征。

第四节　三礼和典制上的损益史观

汉初称《礼》为《士礼》，到了晋代，才称作《仪礼》；相对《礼记》来说，它是礼中的经的部分。《礼记》可以看作是传，是对《仪礼》经文的解释、说明与补充。《周礼》在汉初被称为《周官》，刘歆将《周官》改作《周礼》。这是一部关于政治制度设施的书，其中寄托着儒家的理想，有不少内容出自后人伪造。《周礼》《仪礼》《礼记》三部书合称作“三礼”。为《仪礼》作传又有大戴、小戴之分。通常说的《礼记》是指《小戴礼记》。《汉书·艺文志》说：“传《礼》者十三家，唯高堂生及五传弟子戴德、戴圣名在也。”关于三礼成书的时代是一个十分复杂的问题，笔者基本同意皮锡瑞的意见，即“三礼皆周时之礼，不必聚讼，当观其通”。但是三礼皆周时之礼，应当是就主要内容说的，更应当从思想上去理解，这是一；其二，“不必聚讼”，应当说要进一步研究，只是不要纠缠在细枝末节上面，“当观其通”，这是十分要紧的，我们应当从其基本的精神、基本的思想倾向上认识三礼。

三礼从整体上说，它直接论述等级礼制对于维系封建统治的特殊意义和行使封建国家职能的基本精神，说明礼制因革的根据。这其中，正确与谬误，变化与保守，人治与法治混杂在一起。历代帝王把它作为统治的大典，历代臣僚以它作为维系社会安定的依据，史家也以它作为经世大典。所以毫不奇怪，保守与变革的人都可以从中找到自己需要的东西，提倡经世史学的学者往往特别重视典制内容与历史的研究。后世的典制体史书及纪传体中志（书）的部分受到重视，是有根据的。

三礼把礼制作为历史的事物看待，礼制是社会发展到一定的阶段才出现的。《礼记·礼运》篇说：“昔者先王未有宫室，冬则居营窟，夏则居橧巢；未有火化，食草木之实、鸟兽之肉，饮其血，茹其毛；未有麻丝，衣其羽皮。后圣有作，然后修火之利，范金、合土，以为台榭、宫室、牖户。以炮以燔，以亨以炙，以为醴酪；治其麻丝，以为布帛。以养生送死，以事鬼神上帝，皆从其朔。”这是说，上古时代先祖生活相当艰难，那个时代并不是美好生活的理想国，上古也不可能有礼制，社会发展到了一定阶段，有了火的发明，祭祖用的“醴酪”才可以制成。有了麻丝布帛，才可能有条件养生送死，才可能“以事鬼神”。没有这些物质条件，礼制难以建立。礼制不应当仅仅看作是某个圣人头脑中的产物，礼制是对人的情欲的一种节制。《礼运》篇说：

> 何谓人情？喜、怒、哀、惧、爱、恶、欲，七者弗学而能。何谓人义？父慈、子孝、兄良、弟弟、夫义、妇听、长惠、幼顺、君仁、臣忠，十者谓之人义。讲信修睦，谓之人利；争夺相杀，谓之人患。故圣人之所以治人七情，修十义，讲信修睦，尚辞让，去争夺，舍礼何以治之？

从根本上说，“饮食男女”为人的“大欲”，死亡贫苦为人的“大恶”，欲与恶为“心之大端”。表现出来是人情、人义、人利、人患，只有按“礼”行事，才能达到“治人七情，修十义，讲信修睦，尚辞让，去争夺”。《礼运》篇从欲与恶两个方面，说明只有设“礼”，才能使得父慈子孝，夫义妇听，长惠幼顺，君仁臣忠；才能使得社会稳定，秩序能够维持。礼的出现，是社会发展到一定阶段的需要。

《礼运》篇还有一段著名的文字，说：

> 大道之行也，天下为公，选贤与能，讲信修睦。故人不独亲其亲，不独子其子，使老有所终，壮有所用，幼有所长，矜、寡、孤、独、废、疾者皆有所养，男有分，女有归。货恶其弃于地也，不必藏于己；力恶其不出于身也，不必为己。是故谋闭而不兴，盗窃乱贼而不作，故外户而不闭。是谓大同。
>
> 今大道既隐，天下为家，各亲其亲，各子其子，货力为己，大人世及以为礼，城郭沟池以为固，礼义以为纪。以正君臣，以笃父子，以睦兄弟，以和夫妇，以设制度，以立田里，以贤勇、知，以功为己。故谋用是作，而兵由此起。禹、汤、文、武、成王、周公，

由此其选也。此六君子者，未有不谨于礼者也。以著其义，以考其信，著有过，刑仁讲让，示民有常。如有不由此者，在势者去，众以为殃。是谓小康。

从大同进到小康，从“大道之行”到“大道既隐”，礼义刑政制度才逐步建立起来，这是一个自然的过程，也是一个必然的过程，尽管圣人如禹、汤、文、武、成王、周公，也只能适应历史趋势用礼义以成治。这样清晰的认识，把古史的观念提到相当高的地步。因此，把古代儒家的礼制的论述，说成是倒退的历史观点，是不确切的。这其中有儒家的理想成分，也有一种对历史必然性的清醒认识的因素。古代思想家如孟子、荀子等从不同方面表述的思想和三礼的内容合拍。究竟是后人发展了《礼》的思想，还是《礼》融进了孟子、荀子等人的观点中，可以进一步讨论，但先秦儒家的古史观念很值得重视。这里可以就《礼运》篇多说两句。这篇的思想相当庞杂，我们可以看到其中有儒、法、道、名各家的思想的痕迹。但有一点，《礼运》篇强调要存危救亡安天下，就应当用礼义，从治国安邦方面强调礼的价值，“故治国不以礼，犹无耜而耕也”。三礼中的《礼记》在强调仁的同时，又特别强调“顺”“大顺”，“先王能修礼以达义，体信以达顺故。此顺之实也”。这就更倾向道家的思想。所以三礼思想是复杂的，我们只能从总体上认识它的思想倾向。

等级礼制在那个社会是维系统治的根本制度。《礼记·礼运》中说：“父子笃，兄弟睦，夫妇和，家之肥也。大臣法，小臣廉，官职相序，君臣相正，国之肥也。”这是三礼表达的思想，也是历代统治者希望从这部书中索求的东西。他们把礼与义及学、仁、乐结合起来，构造成一个体系：“故治国不以礼，犹无耜而耕也；为礼不本于义，犹耕而弗种也。”主张把制度设立和思想修养结合在一起。礼制是儒家思想的体现，儒家等级意识又是礼制的依据。礼制的破坏，便成为社会动荡不安的征兆。《经解》篇说到婚姻之礼、丧祭之礼、朝觐之礼等等一旦破坏，等级秩序将陷于混乱之中，社会将是一片衰危景象。《礼运》篇说：“故唯圣人为知礼之不可以已也，故坏国、丧家、亡人，必先去其礼。”

三礼说明礼制在维持社会等级秩序的意义时，也注意说明随着时代的变化，制度应该变动，有因有革。《礼器》篇说：“三代之礼一也，民共由之，或素或青，夏造殷因。”《礼记》的《表记》篇有一段托孔子的口说出来的话：“夏道尊命，事鬼敬神而远之，近人而忠焉。先禄而后威，先赏而后罚，亲而不尊，其民之敝，蠢而愚，乔而野，朴而不文。殷人尊神，率民以事神，先鬼而后礼，先罚而后赏，尊而不亲。其民之敝，荡而不静，胜而无耻。周人尊礼尚施，事鬼敬神而远之，近人而忠焉，其赏罚用爵列，亲而不尊。其民之敝，利而巧，文而不惭，贼而蔽。”“虞、夏之质，殷、周之文，至矣。虞、夏之文不胜其质，殷、周之质不胜其文。”三代之制，并非完美无缺，夏、商、周各代的制度各有自己的特点，有文与质的区别，发展到一定的阶段，其自身的缺点、弊端便暴露出来了。三代之礼与赏罚相辅相成。各代制度有“因”的联系，也有“革”的必要。在总体上说，是一种质文之变，具体到三代则是忠、质、文之变。这是另一种通变史观，后世史家从不同的角度阐发这样的思想。变革与保守，因循与守旧，各家的解释中表达出不同的思想倾向。

三礼的意义在于它提供了一套等级礼制的模式，阐释这一模式的依据与价值，也为这一套制度的因袭与变革的必要性做了说明。礼制包括吉、凶、军、宾、嘉各种礼仪以及职官、教育等各种制度规则。礼制思想渗透到生活的方方面面。因革损益的史观蕴含在其中，影响后世史学思想的变化和发展，这种史学思想在无形之中规范人们的行事、处世、思维方式，它影响到人们的治学、参政。史学思想、历史观点不是消极的，它总是通过一定的途径对社会产生积极的作用，对政治生活给予正面或负面的影响。后世如宇文邕的变革，王安石变法，甚至两汉之间的王莽“新政”，都打着《周官》的旗号，或从中寻找政治变动的根据。中国近代思想家，如康有为、孙中山，直至郭沫若，都重视《礼运》篇思想。因此，我们不能把研究史学思想只看作是史学家的事，看作纯粹学理的探讨。

第五节 《春秋》的史义与属辞比事

《礼记·经解》篇中有一段文字对儒家经籍的意义做了说明：“温柔、敦厚而不愚，则深于《诗》者也。疏通、知远而不诬，则深于《书》者也。广博、易良而不奢，则深于《乐》者也。挈静、精微而不贼，则深于《易》者也。恭俭、庄敬而不烦，则深于《礼》者也。属辞、比事而不乱，则深于《春秋》者也。”《春秋》的深义在于“属辞比事”，比较起来，《经解》作者对《书》《春秋》的评论，其见解更深邃。孔疏：“属辞比事，《春秋》教也者。属，合也；比，近也。《春秋》聚合会同之辞，是属辞；比次褒贬之事，是比事也。”《经解》篇把《春秋》的精义归结为“属辞比事”，说明《春秋》的编纂方式与历史观点合一，突出了它的史学价值。

在春秋战国时期，诸侯王国多数都有史书，其中不少是以《春秋》为书名的。晏子、虞卿、吕不韦、陆贾等人的作品都称作《春秋》。墨子自称见到过百国《春秋》，大约是真实的。这么多的作品大部分是历史记载，或者和历史记载有关。在这些《春秋》中，鲁国《春秋》最具有代表性，是中国的历史记载走向成熟的标志。鲁《春秋》不能说完全是出自孔子的手笔，但与孔子有关，应当是没有问题的。周予同《六经与孔子的关系问题》中即提到，六经与孔子的关系很密切。

《春秋》起于鲁隐公元年（前722），止于哀公十四年（前481），即所谓“获麟绝笔”。史书从形式上看，必须把一定时期的历史从无限的过程中割裂出来，成为有起止的阶段性的事件的集合。史书编纂无论是“通史”还是“断代史”，都必须有时间上的起与止。在这个无限的有限过程中，事物发生又有时间上的顺序，这就是编年系事。所谓“比事”的哲学价值也就在这里。《春秋》较为严格地遵守这些原则。《春秋》的编纂从一定意义上说，体现出这种历史过程的无限与有限的结合的意识。

《春秋》编年系事进一层又有四时的严格编排，《春秋》开篇便是“春王正月”，把时间的问题放在首要地位。《春秋》的记事逐年编排，很严格，这是《尚书》不曾具备的。从这一点上说，《春秋》也不能被视为是断烂朝报。《春秋》记事比较简单，但是简洁，这是一；其二，有的记载也是有首有尾。僖公二十八年（前632）载城濮之战，《春秋》记载相当详备。全文220余字，从僖公二十八年春晋侯侵曹写起，一直写到“天王狩于河阳”，最后写到曹伯襄复归于曹，遂会诸侯围许。战局上的风云变化，政坛上的形势起伏，写得有声有色。

其次，《春秋》是史事、史文、史义三者的结合。《孟子·离娄下》

中说："王者之迹熄而《诗》亡，《诗》亡然后《春秋》作，晋之《乘》，楚之《梼杌》，鲁之《春秋》，一也。其事则齐桓、晋文，其文则史，孔子曰：'其义则丘窃取之矣。'"事、文、义，构成史书中不可或缺的要素。关于《春秋》的史义的概念如何，《春秋》史义究竟涵盖哪些内容，前人的看法不尽一致。对这个问题，我以为要从更为开阔的背景上来认识。

《春秋》反映出编著者对这个时期有一个总体的认识，这是后世人发明出来的。但如果《春秋》没有这一层思想，后人也没有办法虚构出来。洞察出这一点的是孟子，他说："世衰道微，邪说暴行有作，臣弑其君者有之，子弑其父者有之。孔子惧，作《春秋》。"《春秋》展示出这样一个"世衰道微"的变化全局，写出"政自天子出""政自诸侯出""政自大夫出"的各个历史阶段。一部优秀的史书应该对一个历史时期有一个总体的看法，无论是通史，还是断代史，都应当如此，在把握总体认识的基础上，进一步写出阶段性的变化。

《春秋》对历史人物、历史事件的态度明朗，对于 200 多年间发生的一系列史事上的是是非非，有一个基本的评价。这里有一个问题，即所谓的"春秋笔法""春秋义例"的问题。历来学人对这个问题的看法众说纷纭。如果我们不纠缠于具体的争论，那么下面几点看法还是能基本成立的。

一、《春秋》基本上是一部记录实事的史书。《左传》发挥了《春秋》的直笔精神。前人要把《春秋》说成是圣人的尊名分的经书，因此对《春秋》中揭发统治阶级腐朽的一面，避而不论。隐公元年（前 722），《春秋》记载郑庄公一家争权的丑事。颍考叔虽是"纯孝"，劝郑庄公回心转意，使郑庄公母子得以重叙天伦之乐，但是不久，颍考叔在争夺功名中死去——孝子却是一个追逐名利之徒。隐公二年，周郑交质，天子与诸侯的关系建立在一个极为脆弱的基础上，所谓名分等级的维持，不过是在经济利益冲突中求得一种平衡的反映。隐公五年，"矢鱼于棠"，记下国君的奢侈。桓公二年（前 710），"宋督弑其君与夷，及其大夫孔父"，又是一场血淋淋的斗争。《春秋》一部书中记载夏征舒、齐姜氏的荒淫行径，反映出国君的无耻，撕破了礼的虚伪外衣，这些丑闻在《春秋》中占了相当大的分量。桓公三年、十八年，庄公二年（前 692）、四年、五年、十五年、二十一年连续记载了这些丑事，毫不掩饰。这些事说透一点，就是姜氏以其姿色左右鲁国的大政，齐国以姜氏出嫁于鲁，干预鲁政。姜氏"非礼"，却为国君宠爱。作者并没有因为触及统治者的形象而掩盖这样的内容。至于齐桓、晋文夺取国柄，无不都是伴随着一场骨肉相残的斗争。在政治斗争的舞台上，为了争夺权力，君臣、父子之间，不存在一个和谐的关系。《春秋》把 200 多年的历史展现在读者面前，绝不是在讴歌封建礼义道德，相反地，它把臣弑君、子弑父的场景淋漓尽致展现给后世的人们。如果不是歪曲《春秋》，那么这部书确实反映了这一段历史的真实。一定要说《春秋》有主观上褒善贬恶，那么，在总体上它的倾向是我们特别要注意的，而不是去穿凿、发明什么义例。

二、《春秋》记事的直笔和叙事上的曲笔又是结合在一起的。《春秋》在属辞上为尊者讳，同样是事实。明明是周天子为诸侯所召，却偏偏要书写"天王狩于河阳"。所谓"婉而成章"，里面是有深意的。作为一部统治者所需要的史书，它不能不直面严酷的现实，从中汲取经验教训；同时又要反映统治者的意图，要说明周天子存在的合理性。除借助于天、神的说教外，对于那些已经发生的事实，有损于当朝天子的地方，则曲为解说，用一些美好的词句加以掩饰。从这一面说，《春秋》的笔法，恰恰反映了史书的特殊的性质。

《春秋》的笔法是字字寓褒贬，这一说法未必能成立。它已经受到历代有识学者的批评。在中国史学史上，有的人认为《春秋》有贬无褒；有的人认为《春秋》只是记实事，无褒贬；也有人认为《春秋》字字有褒贬。还有一些其他的说法。字字褒贬说最流行，而受到的批评也最激烈。我不同意字字褒贬说，但《春秋》作者在行文上锤炼字句，确又反映了强烈的思想倾向和用心。顾栋高在《读春秋偶笔》中说："《春秋》书初、书犹、书遂，俱圣笔颊上添毫处。书'初献六羽'，以明前此之僭；书'初税亩'，以志横征之始……"在这些地方，顾氏有时求之过深，但总的说来，顾氏的说法还是可取的。我们认为，《春秋》在遣词造句上颇费匠心，反映出作者的思想倾向。行文上的尚简与用晦，其中又有作者的用意。这又是《春秋》的一大发明。把《春秋》看作是一部纯粹"记实事"的作品，完全忽视它的思想倾向，显然，这种观点不能成立，也不能帮助我们正确理解这部作品。有的史家，为反对主观任意褒贬的史法，强调《春秋》只是记实事的史书，这是另一个问题。

《春秋》的编纂上有史义，行文中有史义，叙事上也凝含着史义。史文、史事、史义结合在一起，从而使《春秋》这部作品成为我国历史记载走向新阶段的标志。史学已经萌芽，历史意识和历史作品的编纂逐渐融合起来。史学思想从最初的萌芽状态，走向新的发展阶段。前人如皮锡瑞把“经”与“史”截然分开，他在《经学通论》中说《春秋》重义不重事，经出于史，而史非经；史可以为经，而经非史也。此说似是而非。经史有别，但史何尝不求义？无“义”之“史”，流水账一本，绝非历史著述。《春秋》的比事属辞，正说明这部史书的史学价值所在。《春秋》记载了征伐朝聘会盟的人事，以及山崩水竭日食地震天象变动，“天”与“人”在一部史书中结合起来，至少没有把“天”与“人”截然分开。这又是一种历史见识。后人由此演绎出天人感应的学说，也可以说是《春秋》学的别传。

《春秋》是一部有为而作的作品。《春秋》书中没有说明这一点。但是，它所产生的巨大社会效应是确切无疑的。《史记·太史公自序》说，上大夫壶遂曰：“昔孔子何为而作《春秋》哉？”太史公曰：“余闻董生曰：‘周道衰废，孔子为鲁司寇，诸侯害之，大夫壅之。孔子知言之不用，道之不行也，是非二百四十二年之中，以为天下仪表，贬天子，退诸侯，讨大夫，以达王事而已矣。’”《史记·孔子世家》说得更明确，指出《春秋》褒贬的用心：

> 子曰：“弗乎弗乎，君子病没世而名不称焉。吾道不行矣，吾何以自见于后世哉？”乃因史记作《春秋》，上至隐公，下讫哀公十四年，十二公。据鲁，亲周，故殷，运之三代。约其文辞而指博。故吴楚之君自称王，而《春秋》贬之曰“子”；践土之会实召周天子，而《春秋》讳之曰“天王狩于河阳”：推此类以绳当世。贬损之义，后有王者举而开之，《春秋》之义行，则天下乱臣贼子惧焉。

无论后世人们对《春秋》怎样评价，它产生的影响都是巨大的。历史作品除了提供历史的经验教训外，还能够起劝诫的作用。前者重在政治治理上，后者重在道德品质的教育方面，教育为人君、为人臣、为人父、为人子的道理。无论《春秋》的作者是不是自觉意识到这一点，它留给后人的启示就是这些。历史盛衰鉴戒和历史的劝诫成为史学作品的两大社会功能。这一秘密被后人所发现，而有意识地运用到自己的写史活动中去。后世的《春秋》学能发育出来，也和这层道理有关系。

历史意识走向新的发展阶段，史学思想通过具体的作品对社会产生积极的作用。史学在中国这个深沉思维的国度里，因为立在现实需要的坚实地基上，必将很快地成长为一门繁荣的学科。

第四章　先秦诸子与传统史学思想（上）

前面一章在论说经学与传统史学思想关系时，初步涉及诸子与史学思想的关系。这里我们着重论述先秦诸子与传统史学思想之间的诸问题。在先秦时期，经学与史学不分，经学与子学的关系也十分密切，最初经学的文籍内容通常是以“一家之言”的子学形态出现的。史学家的思想通常也是作为“一家”的内容。所以经、史、子在最初时期，以未分的混沌形态组合在一起，秦汉诸子很多是与“春秋”的称谓连在一起的。百国春秋内容相当复杂，其中应当有史书，也有子书。《楚汉春秋》和《吕氏春秋》乃至《春秋繁露》这些子的著述，同时也是“春秋”一类作品。

诸子的历史观本身是史学思想的重要的组成部分，司马迁所说的“究天人之际，通古今之变，成一家之言”，都是诸子思想的内容。

诸子的出现是社会裂变时期思想活跃的产物，思想更新，包括史学思想的更新，都与一个时代的子学活跃有关。诸子提出各种的命题，各种的观点，特别是历史方面的观点，是史学思想发展的体现。

总之，诸子学的发展是史学思想更新的动力之一，研究中国史学思想，要十分重视诸子学的研究。

第一节　先秦诸子的历史变化观

先秦诸子的历史变化观具体体现在历史过程论及历史分期思想等方面。尽管不同观点出现诸子争鸣，但正是这种争鸣，为传统史学思想的孕育、形成，提供了契机，其争论主题、思维途径构成传统史学思想民族特性的根据之一。

一、春秋战国："古今一大变革之会"

春秋战国时期是中国历史上出现剧烈变化和重大变革的时期，其变化和变革的涉及面之广、影响之深刻可谓是空前的。这种变化与变革席卷政治、军事、经济、科技、思想、文化等各个领域。

在政治方面，最明显的变化是政治格局的改变。在西周时期，虽然在周初进行了大分封，在各地建立起一些诸侯国，但是，周天子在政治上具有绝对的权威，"礼乐征伐自天子出"，"溥天之下，莫非王土；率土之滨，莫非王臣"，周王一统天下，是天下的共主。及至春秋之后，王室衰弱，天子直辖的"王畿"，在戎狄的不断袭扰和诸侯的蚕食下，仅剩一隅，即成周方一二百里左右的地盘，实力大为削弱，控制诸侯的权力也日益丧失。而另一方面，一些实力较为雄厚的诸侯国，则利用王室衰弱之机，吞并弱小国家，积极发展自己的势力，并"挟天子以令诸侯"，称霸天下。自齐桓公起，先后有宋襄公、晋文公、秦穆公、楚庄王从事霸业，合称"春秋五霸"，此外，吴王阖闾、夫差及越王勾践亦一度称霸。春秋时代，除国与国间互相兼并攻伐之外，国内卿、大夫、贵族之间，为争权夺利，也互相斗争。公元前403年，晋国六大家族范氏、中行氏、知氏、韩氏、赵氏、魏氏，经过长期激烈斗争，赵、魏、韩三家取得胜利，共同瓜分晋国土地，分别建立赵、魏、韩三国。战国从此开始。战国初年，田和消灭齐国旧贵族大部分势力，自立为国君，国号仍叫齐，加上春秋时原有的秦、楚、燕及新建的赵、魏、韩诸国，于是形成了七雄并峙之局面。原来的周天子事实上已成为夹在大国中的小国之君，反而要看大国的脸色行事。公元前 367 年，周贵族发生权力之争夺，本来就弱小的周又分裂成西周、东周两个部分，后来，秦于公元前 256 年灭西周，公元前 249 年灭东周，周王朝遂寿终正寝。至公元前 221 年，秦先后灭六国，完成中国的统一。可见，春秋战国时期，政治格局发展变化的大势是，以周天子为代表的中央政府的统治不断地被削弱，最后遭到覆亡的命运；地方诸侯国则群雄竞起，争霸于先，兼并于后，以强力实现一统。

伴随着这种政治格局的变化，周天子不能有效地统治天下，春秋时期，长期以来维系西周奴隶社会等级制度的周礼也随之遭到破坏，出现礼崩乐坏的局面，大夫也可“八佾舞于庭”，使用原本只能天子享用的礼乐。从礼乐征伐自天子出，到礼乐征伐自诸侯出、大夫出，乃至“陪臣执国命”，以下犯上，以臣弑君之事层出不穷。与此相关，奴隶主内部也出现分化以及财产、经济利益的再分配，《诗经·瞻卬》中称“人有土田，女反有之；人有民人，女覆夺之”，真实地反映了这种变化的情况。到战国时期，这种变化更为剧烈。顾炎武说：“春秋时犹尊礼重信，而七国则绝不言礼与信矣。春秋时犹宗周王，而七国则绝不言王矣。春秋时犹严祭祀，重聘享，而七国则无其事矣。春秋时犹论宗姓氏族，而七国则无一言及之矣。春秋时犹宴会赋诗，而七国则不闻矣。春秋时犹有赴告策书，而七国则无有矣。邦无定交，士无定主，此皆变于一百三十三年之间。”[1] 极为具体而深刻地阐述了这种大变化。

从战国初年起，由于互相兼并的形势颇为紧张，各大国都普遍推行变法改革，以求图强自救，并进一步吞并别国。魏国用李悝变法，以致魏在战国初期成为最强大的国家，赵烈侯用牛蓄、荀欣、徐越推行改革，齐威王任邹忌为相推行改革，至于郑、宋亦相继推行政治改革，最后甚至楚亦有吴起变法。秦处西陲，与中原国家大有不同，无论在政治或经济上，都比较落后。战国时，韩、赵、魏就先后在政治上进行改革，国家逐渐强大。处于这种形势下，秦不能不变，于是，有了决心更大、更为彻底的商鞅变法。

在这一时期尤其是战国时期，军事方面也出现了一系列的变化。表

[1] 顾炎武：《日知录·周末风俗》，上海古籍出版社 1985 年版。

现在：武器的进步，钢铁武器的品种日益增多，出现了利用机械力量射箭、可提高射程和杀伤力的武器“弩机”，还出现了舟战新武器“钩拒”和攻城利器“云梯”。骑兵作为奔袭机动灵活的新兵种，在春秋战国之交出现。随着骑兵这一新兵种的出现，战争方式也发生了重要的变化，以骑兵和步兵为主的野战和包围战逐渐代替了车阵作战。各国军队人数在战国时也大为增加，“万乘之国”或带甲数十万的国家已不鲜见。战争规模也空前巨大，一场大战，双方投入的总兵力有时可达近百万之多。

在春秋战国时期，在生产和科技方面也有许多的进步。这时产生了几项重要的发明，一是铸铁冶炼技术，约发明于春秋后期；二是铸铁柔化技术，约发明于春秋战国之交。这两项技术分别比欧洲早了 1900 年和 2000 多年。由于有了这两项重要发明，铁制农具能够普遍地使用于农业生产、水利工程，再加上牛耕的使用，农业生产水平因此得到很大的提高。生产力水平的提高，使小农经济的生产方式，在中原地区得以普遍地推行。此外，天文的观测，在这时期也有了很大的进步。应该指出的是，春秋战国时期生产力和科技的进步，是促使上述政治、军事等方面变革的内在动力。

上述政治、军事、生产、科技等方面的变化，对人们的思想意识产生了强烈的冲击，它使得这样的社会意识得以萌发：一切都在起变化，没有什么东西不能变化。这种社会意识对先秦诸子的历史变化观产生了深刻的影响。

二、诸子的历史变化思想

（一）孔子的历史变化思想

在先秦诸子中，孔子对于历史变化的认识表现出先秦时期历史变化观念孕育、形成时期的基本特征，所谓“保守性”，只能说明孔子意识到时代在变化中，但变化的趋向，他视而不见，也不愿思考和承认这种趋向的合理性。孔子的先祖原为宋国贵族，其父亲叔梁纥也做过鲁国大夫，在历史发展、社会变革的大潮面前，孔子忧心忡忡，对“僭礼”“礼崩乐坏”等变异极为不满，认为“是可忍，孰不可忍也”。他否认历史变革的合理性，立志以维护周天子的天下和重建文武周公事业、恢复周礼为己任，为此，他不遗余力地宣传、鼓吹复礼主张并推而行之。

然而，孔子还意识到事物处在变化中。《论语·子罕》："子在川上，曰：'逝者如斯夫，不舍昼夜。'"夫子有一天在一条河上，看见滔滔不绝的河水，便发出了这著名的川上之叹。这并非一般地触景生情，而是这位文化巨人哲思火花的一次迸发。这声感叹所蕴含的哲理是："天运而不已，日往则月来，寒往则暑来，水流而不息，物生而不穷。"（程子语）"天地之化，往者过，来者续，无一息之停。"（朱子语）"天地万物，都像这滔滔河水，才到了现在，便早又成了过去。"（胡适语）要之，事物变化不已，时光永逝不复。

正因为有一定的变化思想，孔子也承认社会历史的某些变化，例如，他在《论语·为政》中说：

> 殷因于夏礼，所损益可知也；周因于殷礼，所损益可知也；其或继周者，虽百世，可知也。

可见，他认识到历代礼制，后世都会进行一定的修改，其内容都会有所损益、有所变化。

问题在于，孔子对于历史变化的态度怎样，在多大范围和程度上认可这种变化。对孔子一生的言行进行分析，不难得出这样的结论，即，孔子对于历史变化尤其是对于以"礼"为核心的旧的奴隶制度为新的制度所取代的变化，其基本态度是不满和反对的，他至多允许在保持旧制的规定性的前提下，对制度做某些修改，即在不触动奴隶制本质的基础上做些小的改良，但是，绝不允许做大的、本质上的变革。或者，反过来说，大的历史变化只能是向恢复周礼这个方向进行。他曾经说："齐一变，至于鲁；鲁一变，至于道。"[1] 鲁国是春秋时期保存周代的文物礼仪制度相对较好的国家，他希望齐国在这方面向鲁看齐；而在剧烈变动的时代浪潮冲击下，"礼崩乐坏"的局面在鲁国也不同程度地出现了，因此，孔子希望"鲁一变，至于道"，即，使鲁国达于"道"，亦即恢复周礼。孔子的思想，受多种因素的影响，从其出生及长期生活的国度来看，

[1]《论语·雍也》。

鲁国不仅是旧的文物制度保存得较为完整的诸侯国，也是旧的思想文化意识相对较强的地方，孔子身处其中，不能超然免俗而不受其影响。从孔子的出身来看，他虽然有“少也贱，故多能鄙事”[1] 的经历，却出身于家道中衰的贵族家庭，年岁稍长后，对其家族的历史已清楚，并自然产生了贵族后裔的自我意识，对于冲击与改变贵族等级制度的变革，其思想上的抵触情绪也就更加强烈。从其社会和政治地位看，孔子学成之后，长期讲学施教，其社会地位已渐提高，特别是后来步入政坛，担任过高官显职，成为鲁国政要，因而，其政治思想愈添保守色彩。

(二) 孟子的历史变化思想

孟子对于历史盛衰的总结，是其历史自觉意识的体现，并集中地反映出他的历史变化观，很值得人们研究。

在《孟子·滕文公下》中，孟子对唐尧以来的历史治乱盛衰情况进行了论述，朱熹在注《孟子》时，特别点出其有历史盛衰意识。他说：

> 天下之生久矣，一治一乱。当尧之时，水逆行，泛滥于中国。蛇龙居之，民无所定。下者为巢，上者为营窟。《书》曰：“洚水警余。”洚水者，洪水也。(朱熹注：此一乱也。) 使禹治之，禹掘地而注之海，驱蛇龙而放之菹。水由地中行，江、淮、河、汉是也。险阻既远，鸟兽之害人者消，然后人得平土而居之。(朱熹注：此一治也。) 尧舜既没，圣人之道衰。暴君代作，坏宫室以为污池，民无所安息；弃田以为园囿，使民不得衣食。邪说暴行又作，园囿、污池、沛泽多而禽兽至。及纣之身，天下又大乱。(朱熹注：又一大乱也。) 周公相武王，诛纣伐奄，三年讨其君，驱飞廉于海隅而戮之。灭国者五十，驱虎、豹、犀、象而远之。天下大悦。《书》曰：“丕显哉，文王谟！丕承哉，武王烈！佑启我后人，咸以正无缺。”(朱熹注：此一治也。) 世衰道微，邪说暴行有作，臣弑其君者有之，子弑其父者有之。(朱熹注：又一乱也。) 孔子惧，作《春秋》。《春秋》，天子之事也。是故孔子曰：“知我者其惟《春秋》乎！罪我者其惟《春秋》乎！”(朱熹注：亦一治也。) 圣王不作，诸侯放恣，处士横议，

[1] 《论语·子罕》。

杨朱、墨翟之言盈天下。天下之言，不归杨，则归墨。杨氏为我，是无君也；墨氏兼爱，是无父也。无父无君，是禽兽也。公明仪曰："庖有肥肉，厩有肥马，民有饥色，野有饿莩，此率兽而食人也。"杨墨之道不息，孔子之道不著，是邪说诬民，充塞仁义也。仁义充塞，则率兽食人，人将相食。（朱熹注：此又一乱也。）吾为此惧，闲先圣之道，距杨墨，放淫辞，邪说者不得作。作于其心，害于其事；作于其事，害于其政。圣人复起，不易吾言矣。（朱熹注：是亦一治也。）

根据孟子的论述，自尧时洪水泛滥、蛇龙猖獗，是为一乱；乃使禹治水，疏通水道，驱逐蛇龙，出现大治。之后，历经夏、商、周、春秋、战国，迭有治乱兴废。依朱熹的概括，从尧以来到孟子所处的时代，整个历史发展过程呈现出治乱交替的情景：乱—治—大乱—治—又一乱—亦一治—又一乱—亦一治，可见，孟子给人们描绘了一幅历史上的治乱兴衰全景图。

孟子对历史上的治乱盛衰进行全过程的总结，反映出孟子的历史变化思想；同时，也折射出他的一种总结历史盛衰的强烈意识——孟子的这种意识是一种自觉意识。这种自觉意识主要基于两个方面。一方面，它是建立在"以史为鉴"的思想基础上。《孟子》一书中有许多内容是谈以史为鉴的，他还在议论中引用《诗经》的诗句："殷鉴不远，在夏后之世。"[1] 从殷鉴思想发展到具有通识眼光的历史治乱盛衰论，这是孟子思想较前人的一大进步。另一方面，它与孟子的历史使命感是一致的。孟子胸怀济世救民的雄心壮志，自视颇高，他说："由周而来，七百有余岁矣。以其数，则过矣；以其时考之，则可矣。夫天未欲平治天下也，如欲平治天下，当今之世，舍我其谁也？"[2] 既然以平治天下为己任，就需要总结"自生民以来"天下治乱盛衰的历史，并进而分析其中原因。

孟子关于历史变化的观念在他的先王、后王论中也反映出来。在孟子看来，历史进程的轨迹并非是一条平坦的直线，整个历史的长河波涛

---

[1]《孟子·离娄上》。

[2]《孟子·公孙丑下》。

起伏，治乱兴衰交替发生，绵延不断，自尧以来一直到他所处的当今之世，莫不如此。孟子肯定历史上某些变化的合理性，这方面比起孔子来具有明显的进步，齐宣王问孟子说："汤放桀，武王伐纣，有诸？"孟子回答说："于《传》有之。"齐宣王继续问道："臣弑其君，可乎？"孟子说："贼仁者谓之贼；贼义者谓之残。残贼之人，谓之一夫。闻诛一夫纣矣，未闻弑君也。"[1] 对汤放桀、武王伐纣这种以下犯上、以臣弑君的历史变动，孟子给予了辩护和肯定，这与《周易》"汤武革命，顺乎天而应乎人"的变革思想是一致的。不仅对于桀纣这样罪恶昭彰、民愤极大的统治者是如此，对其他有过错而累谏不改的国君，孟子也不客气。他说："君有大过则谏，反覆之而不听，则易位。"[2] 据说当时齐宣王听了孟子的话，感到极为震撼，乃至"勃然变乎色"。君王尚且可以"易位"，还有什么东西是不能变化的呢？

(三)"小国寡民"与"至德之世"：老庄的倒退史观

老子历史变化观具有辩证的特点，标志着先秦历史变化观念辩证理性的高度，但他对历史走向，却做出误判。他对社会历史变化的看法，不是向前看，而是向后看，认为历史应向后倒退，其中，最具代表性的是他的"小国寡民"论。《老子·八十章》说：

> 小国寡民，使有什伯之器而不用，使民重死而不远徙。虽有舟舆，无所乘之；虽有甲兵，无所陈之；使民复结绳而用之。甘其食，美其服，安其居，乐其俗。邻国相望，鸡犬之声相闻，民至老死不相往来。

在这里，老子构想了一个特点鲜明的乌托邦，其社会组织形式是"小国寡民"，物资生产生活形式是"有什伯之器而不用"，"不远徙"，文化状况是"结绳而用"，人际交流、人际关系是"老死不相往来"。这看似乌托邦，其实，是上古原始社会人们的生产和生活状况的缩影，再加上了一点想象的成分，可见，老子企图把社会引回到（即"复"）朴质、闭

[1] 《孟子·梁惠王下》。

[2] 《孟子·万章下》。

塞、物质文明和文化状态都十分落后的原始时代去。

在春秋战国这一社会大变动、大发展之际，为何老子表现出来的却是复古、倒退的历史观？从以下两个方面，或许可探寻出其中的缘由。

首先，老子的倒退历史观是基于他对现实的不满乃至绝望情绪。在当时，诸侯国之间战争频仍，对社会、对人民造成了很大的灾难，《老子》一书写道："以道佐人主者，不以兵强天下，其事好还。师之所处，荆棘生焉，大军之后，必有凶年。"[1] "夫佳兵者，不祥之器，物或恶之，故有道者不处……夫乐杀人者，则不可以得志于天下矣……杀人之众，以哀悲泣之，战胜，以丧礼处之。"[2] 这里，老子对战争恶果的忧虑，对"乐杀人者"的愤懑，对"杀人之众"的悲哀，一一流于笔端。统治者的贪婪及其对老百姓的过度剥削，也是老子所不能接受的："天之道，损有余而补不足，人之道则不然，损不足以奉有余。"[3] 在老子看来，剥夺不足的，用来供奉有余的，简直是违背天理。在《七十五章》，老子的批判揭露更为具体："民之饥，以其上食税之多，是以饥。"尤其使老子感到失望的，是"大道废"，及"失道而后德，失德而后仁"的道德沦丧现象。这些，都使得老子对现实感到不满，对社会历史的未来感到失望，转而希望回复到远古"小国寡民"的社会去，寻找一种乌托邦式的理想王国。

第二，老子的倒退的社会历史观与其"道"的思想，是一致的或相通的。老子学说的核心就是"道"，什么是"道"，老子说：

> 有物混成，先天地生，寂兮寥兮，独立而不改，周行而不殆，可以为天下母。吾不知其名，字之曰"道"，强为之名曰大，大曰逝，逝曰远，远曰反。[4]
>
> 孔德之容，惟道是从。道之为物，惟恍惟惚，惚兮恍兮，其中有象，恍兮惚兮，其中有物。窈兮冥兮，其中有精，其精甚真，其

[1]《老子·三十章》。
[2]《老子·三十一章》。
[3]《老子·七十七章》。
[4]《老子·二十五章》。

中有信。[1]

道冲而用之或不盈。渊兮似万物之宗。挫其锐，解其纷，和其光，同其尘，湛兮似若存，吾不知谁之子，象帝之先。[2]

道生一，一生二，二生三，三生万物。万物负阴而抱阳，冲气以为和。[3]

“道”，在老子的观念中，是先天地而生的宇宙的本原，它独立长存，永不衰竭，回环运行而生生不已，是“天下母”和“万物之宗”，亦即万事万物的起源。并且，它的存在是那样的玄奥，它隐隐约约、恍恍惚惚、若有若无、若存若亡，而在恍惚缥缈之中又充满着极细微的精气。这就是老子推崇备至的“道”。

老子论“道”，不仅论述其功能和状态，更着眼于对“道”的法则的揭示。“道”的法则是什么？老子认为是“自然”，他说：

故道大，天大，地大，王亦大。域中有四大，而王居其一焉。人法地，地法天，天法道，道法自然。[4]

老子认为，在宇宙空间的“四大”中，道居首位，接着依次是天、地、王（也有版本为“人”），王（人）以地为法则，地以天为法则，天以道为法则，道则纯任自然，以自然为法则。自然，也就是自然而然，顺其自然，不以人为力量去改变或推动之意，他说：“道之尊，德之贵，夫莫之命而常自然。”[5] 所谓“莫之命而常自然”，就是对万物不加干涉，顺任自然，因而，自然又含有“无为”的意思。“无为”的思想，老子在五千文中予以了反复的强调：

[1]《老子·二十一章》。
[2]《老子·四章》。
[3]《老子·四十二章》。
[4]《老子·二十五章》。
[5]《老子·五十一章》。

为学日益，为道日损，损之又损，以至于无为。无为而无不为。取天下常以无事，及其有事，不足以取天下。[1]

道常无为而无不为，侯王若能守，万物将自化。[2]

是以圣人处无为之事，行不言之教；万物作焉而不辞，生而不有，为而不恃，功成而弗居。夫唯弗居，是以不去。[3]

爱民治国，能无为乎？[4]

为无为，则无不治。[5]

老子的“道”及其从“道”引申出来的自然、无为的思想，贯穿于他的整个学说体系。他认为，为人处世，应处无为之事，行“不争之德”；修身养性，应抛弃欲望，清净无为；治理国家，应实施无为之治，以取得“无不治”“无为而无不为”的功效。与此相通，理想的社会也应是“无为”状态的：“有什伯之器而不用”“不远徙”，是无为；“虽有舟舆，无所乘之，虽有甲兵，无所陈之”，也是无为。因为无为，人与人之间的交往就可减省乃至去除，故“鸡犬之声相闻，民至老死不相往来”；因为“无为”，人们呈“无知无欲”状态，文化就成为多余的，“使民复结绳而用之”，可也，倒退到“小国寡民”的历史时期，美哉！

由此可见，老子倒退的社会历史观，与其整个“道”的思想体系，与其自然、无为之论，实在是分不开的。

庄子的历史观也认为历史是充满变化的，与老子一脉相承，同样表现出一种向后看的倾向。他向往的是一种远古时期的“至德之世”，《胠箧》篇中写：“昔者容成氏、大庭氏、伯皇氏、中央氏、栗陆氏、骊畜氏、轩辕氏、赫胥氏、尊卢氏、祝融氏、伏羲氏、神农氏，当是时也，民结绳而用之，甘其食，美其服，乐其俗，安其居，邻国相望，鸡狗之音相闻，民至老死，而不相往来。若此之时，则至治已。”在《盗跖》篇中则写道：“古者禽兽多而人民少，于是民皆巢居以避之。昼拾橡栗，暮

[1]《老子·四十八章》。

[2]《老子·三十七章》。

[3]《老子·二章》。

[4]《老子·十章》。

[5]《老子·三章》。

栖木上，故命之曰有巢氏之民。古者民不知衣服，夏多积薪，冬则炀之，故命之曰知生之民。神农之世，卧则居居，起则于于，民知其母，不知其父，与麋鹿共处，耕而食，织而衣，无有相害之心，此至德之隆也。”在《缮性》篇中，他对这种“至德”之世做了进一步的描述：“当是时也，阴阳和静，鬼神不扰，四时得节，万物不伤，群生不夭，人虽有知，无所用之，此之谓至一。当是时也，莫之为而常自然。”与此同时，庄子对远古以来，道德衰弱的情况进行了论述，他说：“逮德下衰，及燧人、伏羲始为天下，是故顺而不一。德又下衰，及神农、黄帝始为天下，是故安而不顺。德又下衰，及唐虞始为天下，兴治化之流，澆淳散朴，离道以善，险德以行，然后去性而从于心。心与心识知而不足以定天下，然后附之以文，益之以博；文灭质，博溺心，然后民始惑乱，无以反其性情而复其初。由是观之，世丧道矣，道丧世矣。世与道交相丧也，道之人何由兴乎世，世亦何由兴乎道哉！道无以兴乎世，世无以兴乎道，虽圣人不在山林之中，其德隐矣。”在庄子看来，历史的发展与道德的发展是一个相逆的过程，历史愈向前，道德愈下滑，依据他的描绘：至治之世—德下衰—燧人、伏羲之世—德又下衰—神农、黄帝之世—德又下衰—唐、虞之世—民始惑乱。庄子又在《天运》篇中说：“黄帝之治天下，使民心一。民有其亲死不哭而民不非也。尧之治天下，使民心亲。民有为其亲杀其杀而民不非也。舜之治天下，使民心竞。民孕妇十月生子，子生五月而能言，不至乎孩而始谁，则人始有夭矣。禹之治天下，使民心变，人有心而兵有顺，杀盗非杀。人自为种而天下耳。是以天下大骇，儒墨皆起，其作始有伦，而今乎妇女，何言哉！”根据他的描述，社会历史从无差别的自然状态的“民心一”，到出现亲疏差别的“民心亲”，再到强弱对立出现的“民心竞”，最后滑落到社会动乱不已的“民心变”“天下大骇”的状态。与老子相比，庄子的历史倒退观更为具体，他向往的，是回复到“至德之世”的远古社会。

(四)“世异则事异”：韩非进步的历史变化观

韩非子具有强烈的历史变化的思想，体现出先秦变化观念发展到一个新的阶段。他在这方面有一段著名的论述：

上古之世，人民少而禽兽众，人民不胜禽兽虫蛇；有圣人作，构木为巢，以避其害，而民悦之，使王天下，号之曰有巢氏。民食果蓏蚌蛤，腥臊恶臭而伤害腹胃，民多疾病；有圣人作，钻燧取火，以化腥臊，而民说之，使王天下，号之曰燧人氏。中古之世，天下大水，而鲧、禹决渎。近古之世，桀、纣暴乱，而汤、武征伐。今有构木钻燧于夏后氏之世者，必为鲧、禹笑矣；有决渎于殷、周之世者，必为汤、武笑矣。然则今有美尧、舜、汤、武、禹之道于当今之世者，必为新圣笑矣。是以圣人不期修古，不法常可，论世之事，因为之备……

今欲以先王之政，治当世之民，皆守株之类矣……故曰：世异则事异。[1]

韩非子认为，历史是不断变化的，“世异则事异”，历史时期不同，其情况和特点都不一样。韩非子不仅认识到历史的变化，而且与老庄相反，他认为社会历史是一个向前发展的过程。在上古之世，从禽兽虫蛇伤人到构木为巢，解决居住问题，避免了禽兽虫蛇的伤害，之后，又发明了钻燧取火，提高了人民的饮食质量，减少了疾病的发生；在中古之世，需要治理洪水、发展农业，所以，夏禹治水，并获得成功；近古之世，桀纣施行暴政，为虐于民，故汤武征伐而王天下；到了当今之世，尧、舜、汤、武、禹之道也落后、过时了。韩非子将历史划分成不同的阶段，即上古之世、中古之世、近古之世、当今之世四个阶段。同篇，他又说，“上古竞于道德，中世逐于智谋，当今争于气力”，将历史划分成上古、中世、当今三个阶段。然而，无论是将历史划分成四个阶段也好，三个阶段也好，他都揭示出各历史阶段的不同特点，都是为了说明历史是不断地发展变化的这一事实，而其最终目的则是为了论证变革的合理性。不同的时代有不同的特点，那么，在新的时代，统治措施也应做相应的变革，即“事异则备变”，“古今异俗，新故异备”。他还特意叙述了“守株待兔”的寓言，以此来说明墨守成规、不图变化的迂腐，在对“兔不可复得，而身为宋国笑”的宋守株者进行了辛辣的讽刺之后，他笔锋一

[1]《韩非子·五蠹》。

转，严肃地指出："今欲以先王之政，治当世之民，皆守株之类也。"[1]

韩非子的历史变化观贯穿于他的整个思想体系，特别是在其法治思想中表现得尤为突出。

韩非子集早期法家之大成，形成了以法为本，法、术、势相结合的法治思想。他说："法者，编著之图籍，设之于官府，而布之于百姓者也。"[2]"法者，宪令著于官府，刑罚必于民心，赏存乎慎法，而罚加乎奸令者也，此臣之所师也。"[3]也就是说，法是由政府编著、颁布和保存的条文，是大家都应该知晓的行动规则，"罚"和"赏"是其具体表现形式和必要手段。这在当时来说，已经是对"法"的最完善的定义了。韩非子高度重视法的作用，他说，"法者，王之本也"[4]，"当今之时，能去私曲就公法者，民安而国治"[5]，"法所以为国也"[6]，"故其治国也，正明法，陈严刑，将以救群生之乱"[7]，"以法治国，举措而已矣"[8]。他认为，法是统治者治理国家的根本方法，是保障社会安定、消除社会动乱的最有效措施，特别是，在中国历史上，他第一个提出"以法治国"的口号，这在当时是具有震撼效应的，它标志着人们对法的认识向前迈出了历史性的一大步。韩非之所以能够迈出这一大步，与当时的政治形势和社会发展趋势有关，与他善于吸取早期法家关于法的思想有关，也与他本人强烈的历史意识和历史变化观有着密切的关系。韩非以历史变化的眼光，引援古往今来大量的事例来说明"奉法者强则国强；奉法者弱则国弱"，"明法者强，慢法者弱"的道理。他举例说："古秦之俗，君臣废法而服私，是以国乱兵弱而主卑。商君说秦孝公以变法易俗而明公道，赏告奸，困末作而利本事……遂行商君之法，民后知有罪之必诛，而私奸者众也，故民莫犯，其刑无所加。是以国治而兵强，

---

[1]《韩非子·五蠹》。
[2]《韩非子·难三》。
[3]《韩非子·定法》。
[4]《韩非子·心度》。
[5]《韩非子·有度》。
[6]《韩非子·安危》。
[7]《韩非子·奸劫弑臣》。
[8]《韩非子·有度》。

地广而主尊。”[1] 韩非认为，就像历史不断变化一样，法也不是一成不变的，也应随着时代的变化而改变，他提出了“法与时移”的观点：

> 欲治其法而难变其故者，民乱不可几而治也。故治民无常，唯治为法。法与时转则治，治与世宜则有功。故民朴而禁之以名则治，世知维之以刑则从。时移而治不易者乱，能治众而禁不变者削。故圣人之治民治，法与时移而禁与能变。[2]

他认为，想要搞好法治而又难于改变旧法，民众必然混乱而国家不能长治久安，因此应按照时势的变化制定相应的法令，才能使国家得到有效的治理，出现大治的局面。

在先秦诸子中，韩非子关于历史变化的思想的形成，究其原因，如下几个方面值得注意。

首先，韩非子的历史变化观有其深厚的哲学基础，其中，老子的辩证法思想予韩非子以较大的影响。司马迁说韩非“归本于黄老”，并在《史记》中把他与老子合列于一传，即看出了两者之间的密切联系。韩非子对老子颇有研究，他写出了我国哲学史上最早的解释《老子》的文章《解老》和《喻老》。在《解老》一文中，他对“道”有一段精彩论述，他说：

> 道者，万物之所然也，万理之所稽也。理者，成物之文也；道者，万物之所以成也。故曰：“道，理之者也。”物有理，不可以相薄。物有理不可以相薄，故理之为物之制，万物各异理，万物各异理而道尽。稽万物之理，故不得不化；不得不化，故无常操；无常操是以死生气禀焉，万智斟酌焉，万事废兴焉。

在这段论述中，韩非子把道解释为“万物之所然”“万理之所稽”，即道是使万物形成那个样子的东西，是万理的总汇合。他认为，万物的理各

[1]《韩非子·奸劫弑臣》。

[2]《韩非子·心度》。

不相同，而道完全汇合了万物的理，所以道不能不随着具体事物而发生变化，由于不得不发生变化，所以就没有一成不变的规则。因此，死生之气从它那里承受，智慧从它那儿汲取，万事万物的兴盛变化都从它那里来。在这里，韩非侧重论述了“道”的变化特征，可见，韩非子深得老子辩证法的精髓。

其次，商鞅的变法思想也予韩非以深刻的影响。商鞅认为历史是一个发展变化过程，因此，“圣人不法古，不修（循）今，法古则后于时，修（循）今则塞于势”[1]，他反对循古守旧，坚持变法革新。他把过去的历史划分成三个阶段。并概括出这三个历史阶段的不同特点，即“上世亲亲而爱私，中世上贤而说仁，下世贵贵而尊官”[2]。再反观韩非，他的“圣人不期修（循）古”等变革思想，从内容到措辞与商鞅所说都有相似之处；继商鞅将历史划分成上世、中世、下世三个阶段之后，韩非也分别将历史划分成上古之世、中古之世、近古之世、当今之世四个阶段和上古、中世、当今三个阶段。

再次，韩非子具有渊博的历史知识和强烈的历史意识，立论建立在丰富的历史材料之上，以史论证，史论结合，洞悉历史发展过程的变化、进化特征，“观往者得失之变”[3]。在以上各种因素的基础上，再加上他所处时代的大变化、大动荡的时代特征，就形成了他自己的富有特色的历史变化观。从某种意义上来说，这也是一种“与时俱进”的辩证法思想。

三、诸子的“先王”“后王”观

诸子在论说历史变化时，发挥了关于“先王”“后王”的观念，这是他们对历史过程阶段论的表述，也是思考社会变革的观点。所谓“法先王”“法后王”便是树立一个坐标，为解决社会危机寻找出路。这里面有真实的，也有虚构的理想成分，这样的历史观念，表面“论古”而实在

[1] 《商君书·开塞》。
[2] 《商君书·开塞》。
[3] 《史记·老子韩非列传》。

"说今"。[1]

（一）儒家浓厚的先王观念

孔子是极力主张恢复三代之礼尤其是周礼的，他把三代之礼作为后世治理的范本。而在孔子那里，三代先王从某种意义上已成为了三代之礼的化身，明白了这一点，他对先王的偏爱就不难解释了。在孟子那儿，称赞先王就是赞美先王之道，而他赋予先王之道以非常丰富的内涵。孟子所称的先王之道主要包括：其一，正经界行井田。孟子说："夫仁政，必自经界始，经界不正，井地不钧，谷禄不平。是故暴君污吏必慢其经界。经界既正，分田制禄可坐而定也。"[2] 接着，孟子阐述道："方里而井，井九百亩……"提出了著名的井田论。其二，行仁政。孟子说："三代之得天下也以仁，其失天下也以不仁。国之所以废兴存亡者亦然。"[3] 而这种兴废存亡之道，孟子认为在得民心。其三，节俭、勤民事。孟子对先王中禹恶旨酒而好善言、汤重贤、文王重民、武王不敢怠惰的美德给予了高度的评价。其四，行孝悌之道。孟子在《离娄下》《万章上》等篇中极力称颂舜，把他作为孝悌的楷模。其五，夷夏关系。孟子一方面讲夷夏之别，另一方面，他指出只要行先王之道，即使是夷地的王者，也可得志于中国。他特地在《离娄下》中举了舜与文王的例子来说明这个问题，说："舜生于诸冯，迁于负夏，卒于鸣条，东夷之人也。文王生于岐周，卒于毕郢，西夷之人也。"但因行先王之道，照样"得志行乎中国"。孟子毕生以弘扬先王之道为己任，他赞美先王就是抒发自己的志向。

是"法先王"还是"法后王"？在先秦诸子中，表面上存在着截然相反的两种观点，同属儒家学派，观点也有不同。孟子言必称先王，是"法先王"的重要代表，荀子则极力宣扬"法后王"。对荀子所说的后王，历来有不同的解释，我们认为，应是指对于荀子来说的近世之君与当今之君中的佼佼者。荀子明确地表示出其法后王的观点，他说：

[1] 参见吴怀祺：《中国史学思想史》，安徽人民出版社 1996 年版。

[2] 《孟子·滕文公上》。

[3] 《孟子·离娄上》。

辨莫大于分，分莫大于礼，礼莫大于圣王。圣王有百，吾孰法焉？故曰：文久而息，节族久而绝，守法数之有司极礼而褫。故曰：欲观圣王之迹，则于其粲然者矣，后王是也。彼后王者，天下之君也，舍后王而道上古，譬之是犹舍己之君，而事人之君也。故曰：欲观千岁则数今日，欲知亿万则审一二，欲知上世则审周道，欲知周道则审其人所贵君子。故曰：以近知远，以一知万，以微知明，此之谓也。[1]

故千人万人之情，一人之情是也；天地始者，今日是也；百王之道，后王是也。君子审后王之道而论于百王之前，若端拜而议。[2]

荀子说，在上百个“圣王”之中，究竟效法谁呢？他的观点很明确，应效法作为天下之君的、事迹“粲然”的后王。如果离开后王不论而空谈上古，就等于抛弃自己的君主去侍奉别国的君主。荀子还阐述了“以近知远”的观点，以此来说明“法后王”的合理性。

然而，荀子主张法后王，绝无贬低先王之意，他说，“故不登高山，不知天之高也；不临深溪，不知地之厚也；不闻先王之遗言，不知学问之大也。”[3] 他以天高地厚来比喻先王学问之大，并由此得出一条看法，说：“凡言不合先王，不顺礼仪，谓之奸言，虽辩，君子不听。”[4] 他对先王的仰慕之情溢于言辞。那么，荀子为什么不主张法先王呢？他认为，因先王的时代已相距久远，所以，先王之道未能完全传下来，他说，“故以人度人，以情度情，以类度类，以说度功，以道观尽，古今一度也。类不悖；虽久同理，故乡乎邪曲而不迷，观乎杂物而不惑，以此度之。五帝之外无传人，非无贤人也，久故也。五帝之中无传政，非无善政也，久故也。禹、汤有传政而不若周之察也，非无善政也，久故也。传者久则论略，近则论详，略则举大，详则举小。愚者闻其略而不知其详，闻

[1]《荀子·非相》。
[2]《荀子·不苟》。
[3]《荀子·劝学》。
[4]《荀子·非相》。

其详而不知其大也。”[1] 荀子以“道”通古今为一的观点，论证后王与先王之一致性。所不同的是，因为时代久远，先王之传是大，是原则，而并不详尽，后王事迹中同样体现道，但是更详细、更具体。因此，在后世社会的人，重点要法后王。

探讨荀子“法后王”的思想，应联系其历史变化的观点来进行分析。荀子关于历史变化的观点，有其合理的一面，也表现出矛盾的特点。他承认事物的某些变化，说：“穷本极变，乐之情也”[2]，“天下之变，境内之事，有弛易齵差者矣”[3]。他还提倡“应变”，“修百王之法若辨白黑，应当时之变若数一二”[4]，“王者之人：饰动以礼义，听断以类，明振毫末，举措应变而不穷。夫是之谓有原。是王者之人也”[5]，把“举措应变”视为王者的基本素质。在选择人才方面，荀子也把“与之举错迁移，而观其能应变也”[6]，作为其中一个重要的评估标准。更为可贵的是，荀子能以变化的眼光来看待历史上的君臣易位、政权更迭，他认为：“周公无天下矣，乡有天下，今无天下，非擅也；成王乡无天下，今有天下，非夺也：变势次序节然也。故以枝代主而非越也，以弟诛兄而非暴也；君臣易位而非不顺也。因天下之和，遂文、武之业，明枝主之义，抑亦变化矣。”[7] 这实际上承认了君臣易位的合理性，这种思想不可谓不大胆了。既然如此，我们能否判断说，荀子的历史观是发展变化的历史观呢？笔者认为不能简单地看待这个问题，荀子的变化观实际上是矛盾的。一方面，荀子认为，历史的确有变化的一面；另一方面，他认为，在历史的进程中，发生变化的只是一些形式上的东西，而大的方面、本质的方面是不会有多少变化的，因此，他提出了著名的古今同一论。荀子说：“以道观尽，古今一度也。类不悖，虽久同理”[8]，“出若

---

[1]《荀子·非相》。
[2]《荀子·乐论》。
[3]《荀子·君道》。
[4]《荀子·儒效》。
[5]《荀子·王制》。
[6]《荀子·君道》。
[7]《荀子·儒效》。
[8]《荀子·非相》。

入若，天下莫不平均，莫不治辨，是百王之所同也”[1]，“以德兼人者王，以力兼人者弱，以富兼人者贫。古今一也”[2]，“有擅国，无擅天下。古今一也”[3]，“尊圣者王，贵贤者霸，敬贤者存，慢贤者亡，古今一也”[4]。荀子还论述道：“百王之无变，足以为道贯。一废一起，应之以贯，理贯不乱。不知贯，不知应变。贯之大体未尝亡也。”[5] 他认为，在历史的长河中，“道”贯彻其中，百王统一于“道”之中，在这方面，先王、后王都没有变化。因此，我们可以更进一步地理解荀子法后王的本质，即它并非是建立在历史变化的观点之上的，恰恰相反，它建立在荀子所认为的历史没有发生本质的变化，亦即“天不变，道亦不变”的历史观之上。荀子又说：“以类行杂，以一行万。始则终，终则始，若环之无端也……君臣、父子、兄弟、夫妇，始则终，终则始，与天地同理，与万世同久，夫是之谓大本。”[6] “皓天不复，忧无疆也，千岁必反，古之常也。”[7] 荀子认为，“大本”（包括道、礼义等）是天长地久、永恒不变、始终如一而循环往复的，这样，社会历史就变成一个没有本质变化的、循环往复的过程，这表明，荀子的历史观最终走向了形而上学。

在儒家各子中，无论是提倡“法先王”，还是赞同“法后王”，其实都在一定程度上体现出尊崇先王的观念。

（二）墨子的先王观

墨子的社会历史观是一种二元史观。对于墨子的社会历史发展观，学术界存在着一种较为普遍的认识，即墨子的历史观是进化史观。墨子叙述道：

> 古之民未知为宫室时，就陵阜而居，穴而处，下润湿伤民，故圣王作为宫室……

[1]《荀子·王霸》。
[2]《荀子·议兵》。
[3]《荀子·正论》。
[4]《荀子·君子》。
[5]《荀子·天论》。
[6]《荀子·王制》。
[7]《荀子·赋》。

古之民未知为衣服时，衣皮带茭，冬则不轻而温，夏则不轻而清。圣王以为不中人之情。故作诲妇人治丝麻，梱布绢，以为民衣……

古之民未知为饮食时，素食而分处，故圣人作诲男耕稼树艺，以为民食。其为食也，足以增气充虚，强体适腹而已矣……

古之民未知为舟车时，重任不移，远道不至，故圣王作为舟车，以便民之事。其为舟车也，全固轻利，可以任重致远……[1]

从“就陵阜而居，穴而处”到“为宫室”，从“衣皮带茭”到“治丝麻，梱布绢，以为民衣”，从“未知为饮食”到“耕稼树艺以为民食”，从“未知为舟车”到“为舟车，以便民之事”，墨子勾勒出一幅朦胧的社会历史发展、进化简图，其中流露出他对社会发展的乐观主义态度和进化史观。他的这种思想，对后来商鞅、韩非的历史观产生了一定的影响。

然而，我们也不能对他的这种“进化观”评估过头，在这方面应注意两点。第一，应理解他的这种论述的目的，并非是为了宣传社会历史的进步，而是为了宣扬其“节用”主张。在叙述了“圣王作，为宫室”之后，他接着写道：“为宫室之法，曰：‘室高足以避润湿，边足以圉风寒，上足以待雪霜雨露，宫墙之高足以别男女之礼。’谨此则止，凡费财劳力，不加利者，不为也。”在写圣王“以为民衣”之后，他笔锋一转：“为衣服之法：‘冬则练帛之中，足以为轻且暖；夏则絺绤之中，足以为轻且清。’”在叙述了饮食方面的进步之后，他特别指出“故其用财节，其自养俭，民富国治”。在写到圣王“为舟车”的贡献之后，他强调了其“为用财少，而为利多，是以民乐而利之。法令不急而行，民不劳而上足用，故民归之”的特点。与此同时，墨子对“当今之主”在宫室、衣饰、饮食、舟车等方面的奢侈进行了严厉的指责，他说：“当今之主，其为宫室则与此异矣。必厚作敛于百姓……当今之主，其为衣服则与此异矣。冬则轻暖，夏则轻清，皆已具矣。必厚作敛于百姓，暴夺民衣食之财，以为锦绣文采靡曼之衣……”从上可以看出，墨子写社会的进步，着眼点还是在“节用”上。

[1]《墨子·辞过》。

第二，墨子对于社会政治、道德方面的进步，则主要持否定的态度。这个问题，较为突出地表现在他对待先王的态度上。墨子重先王，他的真理标准，即言之“仪”的“三表”“三法”的第一项即是“上本之于古者圣王之事”[1]“考先圣大王之事”[2]，可见他对先王的推重。这与墨子的政治主张是相联系的。他说：“然昔吾所以贵尧舜禹汤文武之道，何故以哉？以其唯毋临众发政而治民，使天下之为善者可而劝也，为暴者可而沮也。然则此尚贤者也，与尧舜禹汤文武之道同矣。”[3]“尚欲祖述尧舜禹汤之道，将不可以不尚贤，夫尚贤者，政之本也。”[4]墨子说得很明白，他之所以推重先王之道，是因为先王之道扬善抑暴且尚贤，这与他的政治主张相一致，可以这样理解，墨子是以赞扬先王之道的方式，来表述他的治理社会的观点。值得注意的是，他在《三辩》中宣称：“周成王之治天下也，不若武王；武王之治天下也，不若成汤；成汤之治天下也，不若尧舜。”这就表明，墨子不仅赞颂先王，而且，他认为，越早的先王，越了不起，越往后的先王越“不如”，这就清楚地说明，在关于政治、道德的发展方面，墨子是退化论者。物质文明方面的进化论与政治道德方面的退化论，构成了墨子社会进化观的二元论特色。

（三）老庄对先王的批判

老子不崇先王，在《道德经》中从不提及先王，这或许可理解为一种无言的藐视吧。庄子则不然，其文中多论及古代先王，但是，这种论及，常常伴随着批评和讽刺，在《天运》篇中，庄子借老子之口，对儒家极力推崇的“三皇五帝”进行了猛烈的抨击：“三皇五帝之治天下，名曰治之，而乱莫甚焉。三皇之知，上悖日月之明，下睽山川之精，中堕四时之施。其知憯于蛎虿之尾、鲜规之兽，莫得安其性命之情者，而犹自以为圣人！不可耻乎，其无耻也?”用“乱莫甚焉”来描述三皇五帝之世，这直可教习惯于把三皇五帝之世理想化的人们目瞪口呆，而将“三皇之知”比喻为毒虫猛兽，给三皇戴上“可耻”“无耻”的“桂冠”，更

[1]《墨子·非命上》。

[2]《墨子·非命下》。

[3]《墨子·尚贤下》。

[4]《墨子·尚贤上》。

可激起三皇崇拜者们的愤慨。在《庚桑楚》篇，庄子借庚桑楚之口，对五帝中的尧舜进行了谴责："且夫二子者（此指尧舜），又何足以称扬哉？是其于辩也，将妄凿垣墙而殖蓬蒿也。简发而栉，数米而炊，窃窃乎又何足以济世哉？举贤则民相轧，任知则民相盗。之数物者，不足以厚民。民之于利甚勤，子有杀父，臣有杀君，正昼为盗，日中穴阫。吾语女，大乱之本，必生于尧舜之间；其末存乎千世之后；千世之后，其必有人与人相食者也！"这里，庄子不仅列举了尧舜时期的乱世之状，而且，他还指责尧舜之间是"大乱之本"，甚至把"千世之后"可能出现的人相食现象，也与尧舜联系了起来。除了三皇五帝之外，庄子对儒家所赞美有加的夏商周"三王"时代，也进行了抨击，在《在宥》中，他借老聃之口说："夫施及三王而天下大骇矣。下有桀、跖，上有曾、史，而儒、墨毕起。于是乎喜怒相疑，愚知相欺，善否相非，诞信相讥，而天下衰矣。大德不同，而性命烂漫矣；天下好知，而百姓求竭矣。于是乎釿锯制焉，绳墨杀焉，椎凿决焉。天下脊脊大乱，罪在撄人心。故贤者伏处大山嵁岩之下，而万乘之君忧栗乎庙堂之上。"可见，三王时代没什么好夸耀的，亦乱世而已。在《盗跖》中，庄子以盗跖之口，对黄帝至文王七个"圣王"逐一点评："世之所高，莫若黄帝，黄帝尚不能全德，而战涿鹿之野，流血百里。尧不慈，舜不孝，禹偏枯，汤放其主，武王伐纣，文王拘羑里。此六子者，世之所高也。孰论之，皆以利惑其真而强反其情性，其行乃甚可羞也。"

孔子以"大哉""巍巍乎""荡荡乎"等词语讴歌尧、舜等上古先王，孟子更是"言必称尧舜"，对上古先王——从其个人品质到其实施仁政、天下大治的丰功伟绩，极尽赞美之能事。就连对儒家学说颇为不满的墨子，在歌颂先王方面也不能免俗。而在庄子笔下，人们心目中辉煌粲然的先王时代，竟成了乱世，从三皇五帝到西周文武，一个个或是发动战争致"流血百里"的人，或不慈，或不孝，或不忠，哪有什么圣王的影子？庄子对先王的描绘与论述，在当时可谓是惊世骇俗，振聋发聩。有学者称老子是先王观念的解放者，谓"老子不称先王，是对于孔、墨的批判，这一观念，在当时是创建"[1]。与老子相比，庄子在这方面又大

[1] 侯外庐：《中国思想通史》第一卷，人民出版社 1957 年版，第 317 页。

大地前进了一步。

庄子对先王的批判，在历史认识论方面有一定的意义。其一，长期以来，孔、孟等人及其弟子，对先王的论述基本上是一边倒，只说好的，不说坏的，只赞美，不批评，而庄子则更多地从反面（有时也能给予一定的肯定）来论述与评价他们，这样，有了两方面的论述与评价，先王的面目就更接近于历史的真实；其二，更为重要的是，庄子对于先王的批判，使得长期笼罩在先王们头顶上的金色光环被抹除，人们头脑中形成的关于历史上的先王们的完美事迹的思维定式被打破，破除了一种历史认识上的迷信，在对历史的认识上，具有一定的思想解放的意义。

(四) 韩非对先王的态度

在春秋战国时期，儒家为了宣扬和推行其政治主张，把所谓“先王”理想化，不遗余力地为其大唱赞歌。对待先王，韩非子的态度则是以否定为主。他特写《忠孝》一篇，集中火力，对尧、舜、汤、文、武等被儒家笼罩上了一层神圣光芒的先王进行了毫不留情的抨击。他列举了上述先王们的三大罪过：“尧为人君而君其臣，舜为人臣而臣其君，汤、武为人臣而弑其主、刑其尸，而天下誉之，此天下所以至今不治者也。”其中，对被儒家极力美化的舜，其攻击的火力尤为猛烈：“瞽瞍为舜父而舜放之，象为舜弟而杀之。放父杀弟，不可谓仁；妻帝二女而取天下，不可谓义。仁义无有，不可谓明。”在韩非子的笔下，这哪是什么圣君，分明是无情无义、不仁不义的凡夫。在《说林》，韩非子讲了这么一个故事：

> 汤以伐桀，而恐天下言己为贪也，因乃让天下于务光。而恐务光之受之也，乃使人说务光曰：“汤杀君而欲传恶声于子，故让天下于子。”务光因自投于河。

多么阴险，多么狡猾，多么虚伪又多么残忍，这就是古之“圣君”！实际上，这段故事的真实性如何？是否出自韩非子的杜撰，有待于做进一步的考证，但这的确反映出他对先王们的一种根本态度，其目的是通过剥除他们的神圣外衣，反对儒家意欲否定当今之世而掀起的先王崇拜。他认为，先王崇拜是引起后世祸乱的重要根源。他说，天下“皆以尧舜之道为是而法之，是以有弑君，有曲于父。尧、舜、汤、武或反君臣之义，乱后世之教者也”[1]，“故举先王言仁义者盈廷，而政不免于乱”，“是故乱国之俗：其学者，则称先王之道以籍仁义，盛容服而饰辩说，以疑当世之法，而贰人主之心”[2]。他清楚地看到了所谓“先王之道”与历史潮流及现实政治的抵牾，因此，他明确地宣布：“言先王之仁义，无益于治”[3]，“无先王之语，以吏为师”[4]。

韩非子对先王的否定，与其主张变法、反对守旧的思想是紧密相关的。他认为，退一步来说，即使先王之道真有一些好的东西，但因年代久远，也难辨其真伪，不可能在当代施行。《显学》中说：“今乃欲审尧、舜之道于三千岁之前，意者其不可必乎！无参验而必之者，愚也；弗能必而据之者，诬也。故明据先王，必定尧、舜者，非愚则诬也。愚诬之学，杂反之行，明主弗受也。”他认为，事过境迁，“以先王之政，治当世之民”，无异于守株待兔，愚蠢而荒谬。总之，韩非子对先王的批判，既是其重现实、重变革、重法治的政治思想的表现，也是其进步历史观的流露。

先秦诸子的历史变化观，在一定程度上代表了先秦时期史学思想的先进思潮。历史是什么？ “历史就是变化，没有变化，就不会有历史”[5]。没有历史，自然也就不会有史学。可见，变化是史学得以发生和存在的前提。先秦诸子肯定历史变化的思想，对先秦时期我国初生的史学来说，无疑是一种助长剂。

第二节　先秦诸子的天人关系探究和重民思想

在历史的发展进程中，民众的地位和作用如何，这是历史观中的一个重要问题。诸子在继承西周重民思想的基础上，把民众在历史中的地

[1]《韩非子·忠孝》。
[2]《韩非子·五蠹》。
[3]《韩非子·显学》。
[4]《韩非子·五蠹》。
[5] 吴怀祺：《中国史学思想史》，安徽人民出版社1996年版，第369页。

位和作用，提到了一个空前的高度，这体现出其历史观念的进步。值得注意的是，在诸子百家中，各家以及同一家中的不同学者，对民众的重视程度有明显的差别，并且，先秦诸子的重民思想还表现出两重性的特点。

一、先秦诸子的天人关系探究

关于先秦诸子的天人观念，在一般思想史的有关著述中已有论述。我们感兴趣的是先秦诸子把“天”与“人”、把自然变化与社会人事联系起来讨论历史变动的思想，“究天人”是传统史学的优良传统。因此有必要分析先秦诸子探究天人关系时表现出的观念；在探讨历史盛衰时，他们从什么角度，是着重从“天”还是从“人”的方面来思考历史的走向的。我们选择孔子、孟子、墨子、荀子几家的思想做一分析。

（一）孔孟的天命与人事的观念

关于孔子的天命观问题，是一个较为复杂的问题，不能简单地说他是天命论者或非天命论者，必须做辩证的分析。

在孔子的观念中，“天”与“天命”，“天命”与“命”，有联系也有差异，不能混为一谈。孔子有时将“天”“命”相连并称曰“天命”，但更多的则是把“天”与“命”相分离。兹将《论语》中孔子对天的议论或感叹的主要语录，列举如下：

> 获罪于天，无所祷也。[1]
> 予所否者，天厌之，天厌之。[2]
> 天生德于予，桓魋其如予何！[3]
> 唯天为大，唯尧则之。[4]
> 吾谁欺？欺天乎？[5]

[1]《论语·八佾》。
[2]《论语·雍也》。
[3]《论语·述而》。
[4]《论语·泰伯》。
[5]《论语·子罕》。

喷，天丧予，天丧予。[1]

天之将丧斯文也，后死者不得与于斯文也；天之未丧斯文也，匡人其如予何！[2]

子曰："不怨天，不尤人；下学而上达。知我者其天乎！"[3]

子曰："天何言哉？四时行焉，百物生焉，天何言哉？"[4]

另，新发现的战国楚竹简《孔子诗论》中有："'有命自天，命此文王。'诚命之也。信矣！孔子曰：'此命也夫！文王唯裕已，得乎此命也。'"[5]学术界有一种看法，认为孔子否定了天的主宰地位，孔子心目中的天"只是一种自然或自然界中流行着的理法"。我们以为，这种看法是对孔子的天的观念之进步性的一种拔高。实际上，孔子虽是一个智者，但并非横空出世、于世俗一尘不染的精神超人。从以上所引，我们可以看出，孔子在一定程度上继承了西周的宗教观念，把天看作是有意志的、人格化的自然界和人类社会的主宰力量。关于这一点，学者的观点中存在着一定的分歧；我想，这方面应该没有什么太大的疑问，因为既然天可以"生德于予"，又可以决定"丧斯文"或不"丧斯文"，这难道不正是一种主宰力量吗？对孔子"不怨天，不尤人；下学而上达。知我者其天乎"的议论，朱熹在《论语集注》中对此注曰："不得于天而不怨天，不合于人而不尤人，但知下学而自然上达。此但自言其反己自修，循序渐进耳，无以甚异于人而致其知也。然深味其语意，则见其中自有人不及知而天独知之之妙。"我们可以进一步知道，孔子心目中的天具有人所不及的超人的智慧。学人有时引用孔子"天何言哉，四时行焉，百物生焉，天何言哉"这句话，认为孔子赋天以某种自然主义色彩，认定这是孔子的天的概念中"自然之天"的证据，但我们认为，这并不能说明孔子关于天的观念的二元论，即既有主宰之天，又有与人事无涉的纯

[1]《论语·选进》。

[2]《论语·子罕》。

[3]《论语·宪问》。

[4]《论语·阳货》。

[5] 上海大学古代文明研究中心、清华大学思想文化研究所编：《上博馆藏战国楚竹书研究》，上海书店出版社 2002 年版，第 153 页。

自然之天。实际上，孔子的天是一体化的天，在他眼中，天就是头顶上的茫茫苍天，它尽管不说话，却雄视天下，操纵着四季的运行、万物的生长，并在一定程度上主宰着人世间的祸福。孔子关于天的言语，既有孔子情急时的誓言，也有孔子失意时的感叹，还有他对自己道德文章的自信，但不管内容怎样，皆表现出天的威力以及他对天的尊崇钦佩之情。

不过，孔子对天的崇拜亦非绝对的和无条件的，在对待天人关系上，他也重视人事的作用，毕竟他所谈论的内容中，言天之处所占比例极小，最主要的内容是谈人事，而且，光有“天”的意志也不行，人的因素是重要的。

孔子是个极有理想和抱负的人，为宣扬其理想，他广招生徒，开门讲学；为实现其抱负，他从鲁国的中都宰、司寇一直做到“摄相”，而后，又周游列国，“干七十余君”，不可谓不努力了。而结果呢，却是屡屡失意、四处碰壁，使他恢复周礼、“天下为仁”的理想抱负遭到重挫，不得不发出“道不行”“吾道穷矣”的哀叹。显然，天虽然在当时的人们心目中有着神圣光环，在现实生活中却常常黯然失色。面对这种矛盾，他提出了“命”的范畴。在《论语》中，孔子及其弟子谈“命”的内容主要有：

> 五十而知天命。[1]
>
> 伯牛有疾，子问之，自牖执其手，曰：“亡之，命矣夫！斯人也而有斯疾也！斯人也而有斯疾也！”[2]
>
> 子罕言利与命与仁。[3]
>
> 子曰：“回也其庶乎！屡空。赐不受命，而货殖焉，亿则屡中。”[4]
>
> 司马牛忧曰：“人皆有兄弟，我独亡！”子夏曰：“商闻之矣：死生有命，富贵在天。君子敬而无失，与人恭而有礼，四海之内，皆

[1]《论语·为政》。

[2]《论语·雍也》。

[3]《论语·子罕》。

[4]《论语·先进》。

兄弟也。君子何患乎无兄弟也？”[1]

公伯寮愬子路于季孙。子服景伯以告，曰：“夫子固有惑志于公伯寮，吾力犹能肆诸市朝。”子曰：“道之将行也与？命也。道之将废也与？命也。公伯寮其如命何！”[2]

孔子曰：“君子有三畏：畏天命，畏大人，畏圣人之言。小人不知天命而不畏也，狎大人，侮圣人之言。”[3]

孔子曰：“不知命，无以为君子也。不知礼，无以立也。不知言，无以知人也。”[4]

根据以上言论可看出，在孔子心目中，命是一种超自然的神秘力量，人之生死、道之行废等，要受到命的支配，因而，它是可敬可畏的，正因为如此，孔子把天命列为君子“三畏”之首。那种不承认孔子有天命思想的观点，显然是站不住脚的。孔子不仅认为命可畏，而且认为命可知，并把是否知命作为“君子”的标准之一。孔子之所以提出命的哲学范畴，一方面是企图在大分化、大动乱的春秋时代开出一副缓和阶级矛盾和社会矛盾、安抚人们不满情绪的方剂，例如他说：“贤哉，回也！一箪食，一瓢饮，在陋巷，人不堪其忧，回也不改其乐。”[5] 又说：“君子居易以俟命。”[6] 显然，这就是宣扬一种“安贫乐道”“知命”“顺命”的思想；另一方面，孔子素以受“天德”者自居，结果却是其道不行，因而，在天的可信性受到动摇和挑战的情况下，加上社会上怨天、骂天思潮渐起，他就提出命的思想作为补充和取代，并从中获得一种挫折失意时的心理平衡和精神安慰。

孔子的“命”论中，有时用“天命”一词，更经常的则是用命的概念。在孔子之前，命一般就是指天命，而孔子所说的命，与天命既有联系也有微妙的区别。命是指一种神秘而玄妙的力量，这种力量对人的一

[1]《论语·颜渊》。

[2]《论语·宪问》。

[3]《论语·季氏》。

[4]《论语·尧曰》。

[5]《论语·雍也》。

[6]《礼记·中庸》。

生有一定的影响，起一种预定结局的作用，亦即命运。而其中，天命将“天”与“命”结合了起来，成为天之命，即天所决定的命运，它似乎较为宏观，从层次上也比一般的命要高，因而当“畏”；命则多指个人的际遇命运。值得注意的是，在孔子的言论中，谈的较多的是命，谈天命时极少。在《论语》中，“天命”一词仅在孔子的两次谈话中出现，一共出现了三次，“命”则出现了十余次，只是偶尔，二者意义相同。一般来说，孔子多说命而罕言天命，这并不是他的省略，而是反映出他的一种思想观念。例如，读《墨子》可发现，墨子崇天批命，但却很少批天命，可见，在当时，命与天命有时同义，有时却不完全一致。因此，我们或许可以得出这样的结论：孔子言命多，言天命少，这是天的观念在他头脑中逐渐淡化的一种表现。

不过，对于命与天命，孔子有时也心生疑惑：“回也其庶乎，屡空。赐不受命而货殖焉，亿则屡中。”[1] 颜回是孔子最为赏识的弟子，他知礼行仁、循规蹈矩，顺应天命，为什么却贫苦不堪？而子贡不安本分，为什么却常常能猜中行情而致富？孔子百思不得其解。

如果说天命观在孔子思想中占据了一定的地位的话，鬼神观的地位则远不如斯。相比之下，孔子对之采取的是一种较为轻视的态度。据《雍也》篇说：

> 樊迟问知，子曰：“务民之义，敬鬼神而远之，可谓知矣。”

鬼神之事，孔子既不能证实，又不能证伪，因此，他认为最好的态度是严肃地对待它，同时与之保持相当的距离。他平时不谈神论鬼：“子不语怪、力、乱、神。”[2] 也不愿别人来与他谈论鬼神，据《先进》：

> 季路问事鬼神，子曰：“未能事人，焉能事鬼？”曰：“敢问死。”曰：“未知生，焉知死？”

---

[1] 《论语・先进》。

[2] 《论语・述而》。

子路冒冒失失地向孔子询问有关鬼神方面的事，孔子不冷不热地予以回答，实际上是一种委婉的批评。

孔子对于天及天命的信奉与“笃信”有很大的不同，是打了折扣的。关于这方面，白寿彝先生有一段很有见地的分析，他说：“孔子所谓‘天’和‘命’，仍是宗周早期思想的传统形式，但有新的内容。第一，孔子不对‘天’和‘命’进行正面的阐述，不说‘天’和‘命’的威严，而是在说到人事上联系到‘天’或‘命’。这可以说，宗周初期是从天上说到人间，现在是从人间说到天上。第二，孔子在提到‘天’和‘命’的时候，主要是在具体事件上，由于感情上的不安和激动而发，不是在理论上有所申述，这似是旧的情绪的暴露，跟理性的认识应有所区别。第三，孔子并不认为‘命’是不能变更的，只是因为不赞成用他所认为不正常的手段去活动，才强调‘受命’……在传统思想的形式下，采取了经过修改的新的内容，这是孔子政治思想和学术思想的特点，这也正是春秋晚期不断发展的新旧势力的矛盾在孔子思想上的反映。在天与人的关系上，孔子显然是以人事为主的。”[1]

由上所述可以看出，孔子有一定的尊天崇命的思想意识，但是，如果把孔子的天道观置于历史长河中去考察的话，我们认为它已呈现出不少进步的特征。一是孔子天和命的观念显然已趋淡化。“天”字在《尚书》中，出现312次，是该书53个关键字中出现次数最多的，而在《论语》中，“天”字出现49次，在53个关键字中名列第7；“命”字，在《尚书》中共出现272次，名列第2，在《论语》中出现24次，与“义”“正”字并列第18位。[2] 一个字出现的频率及排列名次的变化，表面上看是数字问题，但是也从一定程度上提示了某种思想的微妙变迁。二是如前所述，他对天及天命也不无疑惑。三是孔子对鬼神采取了一种较为理性的疏远的态度。四是孔子言论上虽不免说天论命，但行动上却一直在不遗余力地尽人事，他周游列国欲推行其政治主张，虽四处碰壁，仍

---

[1] 白寿彝：《中国史学史》第一卷，上海人民出版社2006年版，第198页。

[2] 此字数统计据香港中文大学中国文化研究所编：《先秦两汉古籍逐字索引丛刊》之《尚书逐字索引》（香港商务印书馆1995年版）与《论语逐字索引》（香港商务印书馆1995年版）。

不放弃，若是真正痴迷于天及天命的话，也就认命了，在人事上是不可能这样执着的。总之，孔子的天道观中表现出了“以人事为主”的特点，这是颇为可贵的。

关于孟子的天道观与天人思想问题，在学术界存在着诸多的分歧及长期的争议。我们认为，孟子的天人关系方面的思想，其主流是重视人。孟子注意到人的因素在历史发展过程中的作用，他游说列国，谈政治，论礼乐，叙经济，说历史，都从不离开人这个核心。孟子有一段著名的言论：“天时不如地利，地利不如人和。”所谓“天时”，依据朱熹的解释：“谓时日支干、孤虚、王相之属也。”似与天命迷信类有关。孟子把“人和”因素置于地利乃至天时之上，突出地强调了人在历史进程中的重要作用。对孟子在历史治乱盛衰方面的论述进行分析，有助于我们形成对这个问题的正确认识。值得注意的是，孟子在总结自尧舜至他所处时代的治乱兴衰过程及原因时，强调的全是人本身的因素，只字未提“天”或“天命”，他实际上肯定了人在历史进程中的决定作用，这是非常难能可贵的。

当然，我们并不否认孟子思想中存在着天命观的因素，他说：“莫之为而为者，天也；莫之致而至者，命也。”把一切看来人无能为力的事，归之于天命。这种天命观，在他谈到上古君位交接时表现得最为明显。他认为舜继尧位，并不是尧禅让的结果，而是“天与之”；但他又认为，上天的意志与人民的意愿是有关联的。他引用《尚书·泰誓》的话“天视自我民视，天听自我民听”，说明上天的看法和听闻都出自人民。他还引用《尚书·太甲》“天作孽，犹可违；自作孽，不可活”之语，意为天降的灾祸还可以躲避，自作的罪孽，逃也逃不掉，实际上是强调了人的活动的重要意义。总之，我们虽不否定孟子思想中存在着一定程度的天命观，但应该看到，“在孟子的天论中减少了天的主宰性的成分”。[1] 从孟子对历史治乱盛衰的总结以及有关论述中，可以清楚地看出，对于促使历史发展变化的诸种因素中，孟子比较看重的还是人本身的因素，这无疑是一种进步的历史意识。

如果说孔子已经对鬼神表示出一种轻视的态度的话，那么，也可说

---

[1] 侯外庐等：《中国思想通史》第一卷，人民出版社1957年版，第395页。

鬼神的观念在孟子的意识中进一步淡化。在《孟子》一书中，“鬼”字不再出现，“神”字共出现4次，一次是《滕文公上》的“有为神农之言者许行”，一次是《万章上》的“使之主祭而百神享之，是天受之。使之主事而事治，百姓安之，是民受之也”，一次是《尽心上》的“夫君子所过者化，所存者神，上下与天地同流，岂曰小补之哉”，一次是《尽心下》的“可欲之谓善。有诸己之谓信。充实之谓美。充实而有光辉之谓大。大而化之之谓圣。圣而不可知之之谓神”。其中，真正宗教意义上的“神”字仅一次，即《万章上》中的“百神享之”，而显然，这次也非专门论神，而是捎带提到。

孟子认为历史发展的趋势也是可以预测的。在《梁惠王上》篇中，他对历史发展的趋势进行了预测，梁襄王问孟子：“天下恶乎定?”他回答说：“定于一。”这里，简短的三个字，就将历史发展的趋势：战乱将结束、全国将统一这一前景预测到了。他之所以能够对历史发展的趋势做出正确的预测，在很大程度上是基于他在对于历史盛衰的总结中所产生的一种“人”的历史意识，以及一种根据历史和时势对发展大势做出合理判断的敏感性。

(二）墨子天人观的矛盾与统一

墨子的天人观在先秦诸子中是很有特色的，他否定“命”论而肯定天志与鬼神，看似矛盾而不可理喻，但通过深入地分析其思想根源，可了解其中奥秘所在。

墨子坚决否定命的存在，为此，他提出了“言有三表”的主张，即主张从古代“圣王”之事、百姓耳闻目见之实情以及对国家百姓之利弊等三个方面来考察命。墨子尤其重视对“百姓耳闻目见之实情”的考察，他说：

> 今天下之士君子，或以命为亡。我所以知命之有与亡者，以众人耳目之情，知有与亡。有闻之，有见之，谓之有；莫之闻，莫之见，谓之亡。然胡不尝考之百姓之情？自古以及今，生民以来者，亦尝见命之物，闻命之声者乎？则未尝有也。若以百姓为愚不肖，耳目之情不足因而为法，然则胡不尝考之诸侯之传言流语乎？自古

以及今，生民以来者，亦尝有闻命之声、见命之体者乎？则未尝有也。[1]

墨子从古说到今，从百姓耳目之所见所闻到诸侯们的传言流语的情况，得出的共同结论就是：没有什么命的存在。

宣扬有命者不是也常称颂先王吗？那么，来看看先王是怎么说的吧。墨子列举了“先王之书”《仲虺之告》《泰誓》以及“商夏之诗书”等等，得出的结论仍然是：并无什么命的存在，所谓命，是“暴王作之”的产物。

墨子痛斥了命论的危害，他说：

> 今用执有命者之言，则上不听治，下不从事。上不听治则刑政乱，下不从事则财用不足。上无以供粢盛酒醴，祭祀上帝鬼神；下无以降绥天下贤可之士；外无以应待诸侯之宾客，内无以食饥衣寒，将养老弱。故命，上不利于天，中不利于鬼，下不利于人。而强执此者，此特凶言之所自生而暴人之道也。[2]
>
> 今虽无在乎王公大人，蕢若信有命而致行之，则必怠乎听狱治政矣；卿大夫必怠乎治官府矣；农夫必怠乎耕稼树艺矣；妇人必怠乎纺绩织纴矣。王公大人怠乎听狱治政，卿大夫怠乎治官府，则我以为天下必乱矣；农夫怠乎耕稼树艺，妇人怠乎纺绩织纴，则我以为天下衣食之财，将必不足矣。若以为政乎天下，上以事天、鬼，天、鬼不使；下以持养百姓，百姓不利，必离散不可得用也。是以入守则不固，出诛则不胜。故虽昔者三代暴王桀纣幽厉之所以共抎其国家，倾覆其社稷者，此也。[3]

墨子认为，有命论的危害是很大的，从王公大人、卿大夫到农夫、妇人，如果相信命的话，都不会努力去做好自己的本职工作，这就会造成“刑

[1] 《墨子·非命中》。
[2] 《墨子·非命上》。
[3] 《墨子·非命下》。

政乱”和“财用不足”两大恶果，势必天怨人怒，百姓离散，天下大乱，这也是三代暴王桀、纣、幽、厉之所以亡国的教训。因而，有命论实乃“暴人之道”，“执有命者之言，不可不非。此天下之大害也!”[1]

墨子否定命，却承认天与鬼，肯定天、鬼对于人事的作用，这也是其历史观的一个特点。墨子宣扬天志、明鬼，自有其目的和用意，不能简单地理解为唯心主义或宗教意识，尽管我们不能完全否定，墨子可能存在对天和鬼神的某种程度的信仰。

墨子认为，天是有意志的，是人和自然界的最高主宰，他说：

> 天为贵、天为知。[2]
>
> 今天下无大小国，皆天之邑也，人无幼长贵贱，皆天之臣也。[3]
>
> 当若天降寒热不节，雪霜雨露不时，五谷不孰，六畜不遂，疾灾戾疫，飘风苦雨，荐臻而至者，此天之降罚也。[4]

墨子认为，天是最为尊贵的，国是天之邑，人为天之臣；天威力巨大，各种灾害都是“天之降罚”。为何墨子对天如此推崇备至？通过分析不难发现，其重要目的在于通过宣扬天志来宣扬其政治主张，据《天志下》：“子墨子置立天之以为仪法，若轮人之有规，匠人之有矩也。”可见，墨子实际上是将天志作为测量与约束人们言行的规矩。那么，这些规矩亦即天志，究竟有哪些内容呢？墨子从多个方面及不同的角度进行了阐述：

> 然则天亦何欲何恶？天欲义而恶不义……然则何以知天之欲义而恶不义？曰：天下有义则生，无义则死；有义则富，无义则贫；有义则治，无义则乱。然则天欲其生而恶其死，欲其富而恶其贫，欲其治而恶其乱，此我所以知天欲义而恶不义也。[5]

---

[1]《墨子·非命下》。
[2]《墨子·天志中》。
[3]《墨子·法仪》。
[4]《墨子·尚同中》。
[5]《墨子·天志上》。

天之意，不欲大国之攻小国也，大家之乱小家也；强之暴寡，诈之谋愚，贵之傲贱，此天之所不欲也。不止此而已，欲人之有力相营，有道相教，有财相分也。[1]

天子为善，天能赏之，天子为暴，天能罚之。[2]

顺天意者，兼相爱，交相利，必得赏；反天意者，别相恶，交相贼，必得罚。[3]

由上可见，天志重义、扬善惩暴，恶相恶、相攻，倡相爱、相利，这与墨子"非攻""兼爱"等政治主张一致。稍加分析，我们不难得出这样的结论：墨子是企图借助天的权威来宣传和推行其政治主张，换言之，墨子将其政治主张披上了一件天志的外衣。从这种意义上来说，所谓"天志"，亦即墨志。

在墨子的论述中，鬼神的存在是毋庸置疑的。为此，他在《明鬼》篇中花费大量笔墨，援用了许多的所谓"事例"来论证鬼神的存在，将"无鬼"的言论一一予以批驳，俨然以鬼神论的卫道士自居，《明鬼》似乎是一篇论证鬼神存在的专论。但是，我们通过这一现象来透视其本质，可以发现，事情并不是那样简单，墨子的鬼神论其实另有深意。在《明鬼下》，墨子分别引用《周之春秋》等逸书的记载来说明鬼神的存在。值得注意的是，墨子并不是单纯地进行论证，而是在每引用一段材料之后加上他的一段评论。让我们来看看他是如何进行评论的。在引用《周之春秋》之后，他写道："为君者以教其臣，为父者以警其子，曰：'戒之！慎之！凡杀不辜者，其得不祥。鬼神之诛，若此之憯速也。'"在引用《燕之春秋》之后，他写道："诸侯传而语之曰：'凡杀不辜者，其得不祥。鬼神之诛，若此其憯速也。'"在引用《齐之春秋》之后，文中写道："是故子墨子言曰：'虽有深溪博林幽涧毋人之所，施行不可以不董，见有鬼神视之。'"这些评论的用意是告诉读者：鬼神除暴诛恶，明察幽隐，作恶者戒之。墨子论说鬼神之明与威力之强大，他说："故鬼神之

[1] 《墨子·天志中》。
[2] 《墨子·天志中》。
[3] 《墨子·天志上》。

明，不可为幽间广泽山林深谷，鬼神之明必知之。鬼神之罚，不可为富贵众强、勇力强武、坚甲利兵，鬼神之罚必胜之。”“鬼神之所赏，无小必赏之；鬼神之所罚，无大必罚之。”[1] 墨子认为，天下之所以乱，就是由于人们不知道鬼神的威力，“不明乎鬼神之能赏贤而罚暴也”，反之，“今若使天下之人，偕若信鬼神之能赏贤而罚暴也，则夫天下岂乱哉!”综合以上资料，可以看出，墨子所叙述的鬼神的功能与他所宣扬的天志是极为相似的，皆为扬善罚恶、赏贤除暴。其宣扬的目的也是相同的，不过是为了宣传自己的政治主张而已。

墨子非命而推崇天、鬼，这反映出其历史观的矛盾，表现出当时小生产者进步性与落后性兼而有之的双重性质，同时，也打上了他所处的动荡变化、充满矛盾的时代的烙印。但我们还应看到，非命论与天志及明鬼论两者也有一致之处：反对“有命论”，强调人的主观能动性、实践性并蕴含行善之意；天志、明鬼论把天、鬼神的功能也界定在监督人事、扬善惩恶层面，强调的也是人自身的实践及善恶。在谈天说鬼方面，他往往是“醉翁之意不在酒”。与其说他迷信天鬼，倒不如说他是“以神道设教”；宣扬天鬼，实际上更多的是他宣扬其学说的一种方法，而不是真正对天鬼的痴迷和皈依。张寿林说：“墨子欲实行其主义，乃利用古代迷信之心理，主张尊天信鬼，作《天志篇》《明鬼篇》以述其意。”[2] 这句话是有一定道理的。

(三) 荀子的天道观与历史观的双重突破

荀子的天道自然观是其思想中的闪光点，并与他的历史观密切相关。

首先，荀子揭示出天的自然特性。在先秦，天究竟是什么？对于人们来说，这是一个十分重大且极为严肃的命题。在一般人的心目中，天是非常神圣而神秘的，它浩茫而虚无，在冥冥之中控制着人世间的一切，故人们对之敬仰、畏惧而崇拜。儒家先师孔子可以疏远鬼神，但不得不畏天命。就连统治天下、富有四海的君王，亦必须常常颂天、祭天，以君父之礼事天。因为他是天之子——天子，其当君王的资格也被认为是

[1] 《墨子·明鬼下》。

[2] 《老子〈道德经〉出于儒后考》，见顾颉刚：《古史辨》第七册，朴社 1930 年版（影印本），第 317 页。

天所赐予的，称作“受天命”。而荀子，可谓是当时天崇拜热潮中的冷静思考者。他说：

天行有常，不为尧存，不为桀亡。

天有常道矣，地有常数矣。

日月星辰瑞历，是禹桀之所同也……繁启蕃长于春夏，畜积收藏于秋冬，是又禹桀之所同也。

列星随旋，日月递照，四时代御，阴阳大化，风雨博施，万物各得其和以生，各得其养以成。不见其事而见其功，夫是之谓神。皆知其所以成，莫知其无形，夫是之谓天。[1]

荀子认为，大自然的运行有一定的规律，这个规律不会因人世间统治者的好坏而存在或消失，日月星辰和历象，以及万物在四季的规律，无论是在明君统治下的治世，还是在暴君统治下的乱世，都是相同而无二致的。他将日月星辰运转、四季风雨变化等自然现象称为“神”，把物质自然界称作“天”，既然天是客观自然、抬头可见、有规律可循的，那么何神秘之有？

在此基础上，荀子进一步阐述了“天人相分”的观点，他说：

星坠木鸣，国人皆恐。曰：是何也？曰：无何也！是天地之变，阴阳之化，物之罕至者也。怪之，可也；而畏之，非也。夫日月之有蚀，风雨之不时，怪星之党见，是无世而不常有之。上明而政平，则是虽并世起，无伤也；上暗而政险，则是虽无一至者，无益也。夫星之坠，木之鸣，是天地之变，阴阳之化，物之罕至者也；怪之，可也；而畏之，非也。[2]

星星坠落、树木发出响声等现象，世人感到惊恐不安，并往往将这些现象与人世间的吉凶祸福联系起来。而在荀子看来，这只是“天地之变，

[1] 以上均出自《荀子·天论》。

[2] 《荀子·天论》。

阴阳之化，物之罕至者也”，这些现象，“无世而不常有之”，与人事无关，根本无须感到畏惧。他在回答“雩而雨，何也”，即为什么举行了求雨的祭祀仪式就下雨的问题时说：“无何也，犹不雩而雨也。”他指出，这没什么值得大惊小怪的，祈雨而下雨与不祈雨而下雨是一样的道理，因为天本来就要下雨，它和人是否举行祈雨活动没有关系。这是天的问题，与人事无涉。

荀子有一段论述，较为完整地表达了其“天人相分”的思想：

> 天行有常，不为尧存，不为桀亡。应之以治则吉，应之以乱则凶。强本而节用，则天不能贫；养备而动时，则天不能病；修道而不贰，则天不能祸。故水旱不能使之饥渴，寒暑不能使之疾，祆怪不能使之凶。本荒而用侈，则天不能使之富；养略而动罕，则天不能使之全；倍道而妄行，则天不能使之吉。故水旱未至而饥，寒暑未薄而疾，祆怪未至而凶。受时与治世同，而殃祸与治世异，不可以怨天，其道然也。故明于天人之分，则可谓至人矣。[1]

荀子这段话非常重要，它至少包括了四层含义。首先，荀子指出，“天”有自身运行、变化的规律，它不会因人世间统治者的好坏而改变；第二，吉凶由人，人世间的大吉大凶取决于统治者政治的治或乱；第三，若统治者励精图治，则天也不能使该国贫穷或遭受祸乱，相反，若统治者施行昏乱的政治，则天也不能使之富裕和吉利；第四，若能明白“天人相分”的道理，就是非常了不起的智者。[2]

荀子的天道自然观与历史观是紧密相连的，《天论》篇说：“治乱，天邪？曰：日月星辰瑞历，是禹桀之所同也，禹以治，桀以乱；治乱非天也。时邪？曰：繁启蕃长于春夏，畜积收藏于秋冬，是又禹桀之所同也，禹以治，桀以乱；治乱非时也。地邪？曰：得地则生，失地则死，

---

[1] 《荀子·天论》。

[2] 对荀子的“天人相分”，有的学者有不同的看法，例如，韩德民先生认为：荀子的天人相分“不过是强调，要把天人更高层次统一的基础，放置在主体后天的‘制天命而用之’的实践追求上”（韩德民：《荀子“制天命”说新解》，《中国文化研究》1999年第4期），可参考。

是又禹桀之所同也，禹以治，桀以乱；治乱非地也。《诗》曰：‘天作高山，大王荒之。彼作矣，文王康之。’此之谓也。”荀子认为，禹与桀顶的是同一片天，踩的是同样的地，四时之繁启蕃长、畜积收藏也是一样的，可见，禹时之所以成治世、桀时之所以成乱世，非天非地非时，乃人为因素造成。荀子还具体地分析了造成乱世的原因，指出，“楛耕伤稼，耘耨失岁，政险失民；田秽稼恶，籴贵民饥，道路有死人：夫是之谓人祅。政令不明，举错不时，本事不理，夫是之谓人祅。礼义不修，内外无别，男女淫乱，则父子相疑，上下乖离，寇难并至：夫是之谓人祅。祅是生于乱。三者错，无安国。”——所举这些，都是由于统治者造孽而导致社会动乱，与天有什么关系？因此，荀子称之为“人祅”。可见，是人类自己的活动写就了自己的历史，决定了社会历史发展的进程。荀子把是否认识到这一点作为区分“君子”与“小人”的重要标准，认为：“君子敬其在己者，而不慕其在天者，是以日进也；小人错其在己者，而慕其在天者，是以日退也。故君子之所以日进，与小人之所以日退，一也。君子小人之所以相县者，在此耳。”[1] 他指出，君子日益进步的原因，是由于他们重视自己的努力而不倚赖天，相反，小人倚赖天而不重视自身的努力，所以，日益走下坡路。重天还是重人的思想，竟决定着人们不同的发展方向和迥异的人生结局。

总之，荀子天道观的提出，也为其历史观开辟了一条通途。这使得荀子可以对历史发展形式、原因、动力及治乱兴衰之理等，抛弃天命观的束缚，进行较为理性的思考，做出一种在当时令人耳目一新的诠释，堪称在天道观与历史观上的双重突破，在我国史学思想史上具有重要的意义。

（四）诸子天人观的二重性及其与史学的关系

在先秦诸子的思想中，普遍地表现出一种怀疑甚至否定天与天命、在天人关系上重视人事的倾向。在诸子中，孔子是对天及天命较为信奉的一个，然而，历史与现实生活中所发生的许多事情，又使得他也不时地流露出对天及天命的疑惑，因而表现出“以人事为主”的特点。孟子重视天与天命，但又强调人的因素，强调人为。他的人和胜于地利、胜

[1] 《荀子·天论》。

过天时的论点，不仅反映了他对人的因素的重视，也表现出他对最高主宰“天”的怀疑，《孟子·尽心下》说：“圣人之于天道也，命也，有性焉，君子不谓命也。”既承认天命，又“不谓命”，这种看似矛盾的语言正反映出他对天命的疑惑。墨子不仅怀疑命，而且旗帜鲜明地否定有命论，在《墨子》一书中专设《非命》篇，对有命论的各种观点予以有力的批驳。在老子那儿，天成了没有意志、更非人世间主宰的自然的天，而命更是没有立足之处。韩非也是天与天命的怀疑和否定者。荀子则立《天论》专篇，系统地阐述其“天行有常”、天道自然、天人相分的思想。由上可见，对有意志的天及天命的怀疑与否定，是先秦诸子的共性，是其历史观的一个契合点。但是，在对待天及天命的态度上，诸子中又呈现出两重性的特点，即对天及天命既怀疑，又在一定程度上信奉。例如，孔子既崇天信命，又心怀疑惑；虽然疏远和轻视鬼神，但又不能断然否定它的存在。其他先秦诸子中，有不少也存在着类似的矛盾现象。

怎样看待诸子在天人关系上的两重性问题？我们认为，不能就事论事、孤立地看待这个问题，而应以开阔的角度来对此进行辩证分析。

诸子之所以普遍地存在着一种怀疑或否定天及天命的思想，首先，这是西周以来出现的怀疑天与天命思潮的继续和发展。在商王朝，统治者对天极为迷信，天被称为“上帝”，与其祖先神合而为一，成为至高无上的、不容置疑的绝对权威，他们也自认为是天之骄子，是不可变更的天命的膺受者。

至西周，统治者对待天及天命的态度发生了微妙而重要的变化：一方面，他们继承了商代统治者尊天的思想，仍然把天视为最高主宰；但在另一方面，前有商之代夏，后有周之代商，都相继地变革了天命，历史事实说明，天命不是一成不变的，这就使得天的神圣光环笼罩上一层阴影。于是，他们就产生了“天命靡常”“天命不易”[1]“惟命不于常”[2]的思想，对天命的永恒性予以怀疑与否定，甚至还发出“天不可信”的议论，对天的绝对权威提出挑战。这种对天及天命的怀疑思想流传下来，对诸子的思想产生了较为深刻的影响。

[1]《尚书·君奭》。
[2]《尚书·康诰》。

其次，诸子对历史与现实的考察，增加了其在对天的认识上的理性成分。诸子熟悉夏、商、周三代历史，在对历史发展过程的考察中，他们发现，社会变动、王朝倾覆的事例层出不穷，一顶顶标有“天佑”字样的王冠落地，加深了他们对“天命靡常”的理解；尤其是至春秋战国时期，社会剧烈动荡，礼崩乐坏，礼乐征伐不再自天子出，而是自诸侯出、自大夫出，江山易主、君臣易位已成常事。这种状况，一如人们所形容的，简直就是“天崩地坼”。既然天可崩，地可坼，天地自身都难保，那么，它们还有多大能量呢？

第三，春秋战国时期天文、历法等自然科学方面的进步，动摇了天命论的基础。《孟子·离娄下》说：“天之高也，星辰之远也，苟求其故，千岁之日至，可坐而致也。”即虽然天高星辰远，但只要了解了它们的运行轨迹，一千年的冬至，都可以坐着推算出来。天文学的进步，对于改变人们对天的认识有着十分重要的意义。天，不再神秘了，它日益呈现在人们面前的，是其自然、“有常”、与人事无涉的真实面目。

诸子中还有崇信天及天命的一面，要联系中国古代历史的特点来进行考察分析。随着社会历史的发展，人们对于人在社会发展进程中的作用、地位的认识当日趋清醒，对天命决定论的怀疑也会与日俱增，天文学的进步，更是逐渐撕开天的神秘面纱，还其自然有常的本来面目，这就动摇了天命论的理论基础。使人困惑的是，在中国古代社会，人们关于天的观念，并未与社会的发展及天文学的进步完全同步。在中国古代社会的绝大多数时期，崇信天及天命的观念，都成为影响很大的社会思潮。其中奥秘何在，最主要的原因是，统治者把宣传天及天命与维护其统治紧密地结合了起来。大凡改朝换代，统治者为了给其政权披上合法的外衣，无例外地都会在天及天命上做文章，他们编造神异故事，鼓吹君权神授，千方百计地证明自己是承受天命而登上君王宝座的，是天意的代表。因而，在中国古代历史上，没有哪个政权是不信奉天、不鼓吹天命的。就是对于天及天命有所怀疑的西周政权，也是一面疑天，一面又要维护天的权威，并鼓吹天命，宣扬“昊天有成命”[1]，“天休于宁

[1]《诗·周颂》。

（文）王，兴我小邦周，宁王惟卜用，克绥受兹命”[1]，“皇天既付中国民，越厥疆土于先王”[2]。统治者宣扬的天及天命的思想，对诸子也会产生影响，对诸子在天及天命观念的两重性特点的形成起着一定的作用。另外，诸子在对待天及天命的两重性观念，与其本身的学说主张有一定的关系，兹仍以孔子为例来说明。孔子学说主张的核心，是要恢复“周礼”，亦即西周的政治与礼仪制度，而“郊祭”等祭天之礼，是周礼的重要组成部分，也是孔子欲恢复的东西。崇天，才能与其崇礼、复礼保持一致，否则，就会自相矛盾。再，时代也是一个重要的因素。我们注意到，在春秋战国时期的各个不同的阶段，人们有关天及天命的观念，实际上是有差异的。我们不能忽视时代观念，亦即一个时代的群体意识对个体的影响。

我们可将春秋战国时期划分成三个阶段，即春秋时期、战国前期与中期、战国后期。在这三个阶段，对于天及天命的时代观念是不一样的。在春秋时期，怀疑天及天命的思潮兴起，但崇天及崇天命的传统力量仍很强大；在战国前期与中期，怀疑天及天命的思潮进一步发展，传统的崇天及崇天命的势力大为削弱；及至战国后期，怀疑与否定天的思潮完全占据上风。与此相应，在春秋时期这一疑天与崇天思潮斗争最为激烈的时期，诸子这方面的两重性也表现得最为明显，如孔子与墨子；到战国前期与中期，诸子中疑天思潮渐占据上风，但孟子等人这方面思想的两重性仍然表现得较为明显；及至战国后期，此时的诸子如荀子、韩非子等人，大多成了主宰之天以及天命的坚定的否定者。

先秦时期是中国史学的童年时期，其特点之一是“由远古传说之极为迟缓的进展，经过殷周、春秋、战国而步履逐渐加快”。[3] 在诸子兴起的春秋战国时期，史学初步创立，而史学创立的一个重要标志，就是天道观、天人关系思想的进步，换言之，亦即社会历史观上的人文主义倾向占据了上风。

---

[1] 《尚书·大诰》。

[2] 《尚书·梓材》。

[3] 白寿彝：《中国史学史》第一册，上海人民出版社 2006 年版，第 32 页。

二、历史盛衰与民心

诸子天人观落实到历史认识上，形成了有特色的历史盛衰论。

(一) 儒家学派的重民思想

在儒、道、墨、法诸家中，儒家学派的重民思想是比较突出的。

我们先来考察一下儒家创始人孔子的重民思想。孔子思想体系的核心是“仁”，而“仁”的思想中，实际上就包涵了重民的意蕴。据《论语·颜渊》：“樊迟问仁，子曰：‘爱人。’”关于孔子这段话中的“人”字，历来有不同的解释，这里，我赞同郭沫若先生的看法，他说：“古时候所用的‘人’字并没有我们现在所用的这样广泛。‘人’是人民大众，‘爱人’为仁，也就是‘亲亲而仁民’的‘仁民’的意思了……他的‘仁道’实在是为大众的行为。”[1] 由此推论，既然孔子的仁道有爱民、为大众之意，而“重”应为“爱”和“为”的必要前提，孔子的重民思想也就自然彰显了。孔子的重民，包含重视人民的生命尊严。据《论语·乡党》记载：“厩焚。子退朝，曰：‘伤人乎？’不问马。”孔子反对用木俑、陶俑来殉葬，他说“始作俑者，其无后乎！”[2] 咒骂最早制作木俑、陶俑来殉葬的人会断子绝孙。《孟子·离娄上》说“不孝有三，无后为大”，在中国传统社会，“无后”而不能传宗接代是最大的不孝，也是咒骂人的最厉害的字眼之一，一贯文质彬彬的孔子，怎么会如此勃然大怒而用这样“狠毒”的词句来骂人呢？《孟子·梁惠王上》对此有一段解释：“为其象人而用之也。”仅仅因为用像人的东西来殉葬，就激起了孔老夫子满腔怒火，如果用真人来殉葬的话，孔子更该怒火万丈了，而这正说明了他对人的高度重视。孔子提倡“修己以安百姓”，据《论语·雍也》：“子贡曰：‘如有博施于民而能济众，何如？可谓仁乎？’子曰：‘何事于仁，必也圣乎！尧舜其犹病诸？’”在孔子心目中，能广泛地给民众以实惠，又能帮助人民过得很好的人，不仅做到了“仁”，简直达到了“圣”的境地。《论语·尧曰》记载了孔子所重视之事：“所重：民、食、

---

[1] 郭沫若：《十批判书》，科学出版社1962年版。

[2] 《孟子·梁惠王上》。

丧、祭。”在孔子视为最重要的四件事当中，“民”列于榜首。孔子重视民心的向背，他提倡“得众”、使“天下之民归心”，并且把老百姓的信任作为立国的重中之重。据《论语·颜渊》：“子贡问政。子曰：‘足食，足兵，民信之矣。’子贡曰：‘必不得已而去，于斯三者何先?’曰：‘去兵。’子贡曰：‘必不得已而去，于斯二者何先?’曰：‘去食。自古皆有死，民无信不立。’”孔子把粮食充足、军备充裕、人民信任作为国家政治的三件大事，他认为，前面两件固然重要，但迫不得已、非去掉不可时只得去掉，唯独“民信”，对于一个国家来说是万万不可缺少的。孔子还提出了“庶民”“富民”“教民”“利民”的观点，这可视为孔子重民的施行方案，说明了孔子的重民并非是一种泛泛而谈。

孟子与孔子相比，重民思想有较大的发展。孔子重民，更多的是从道德的意义，从人与人的关系的角度讲爱人，孟子对重民则讲得更加具体，并对此进行反复强调。他在游说诸侯时，一再重申保民、重民的意义，提出“诸侯之宝三：土地、人民、政事”[1]，把人民作为统治者所应倚重的“三宝”之一。他对统治者迫害民众的行径，能予以无情的揭露和谴责。他还常引用《尚书·泰誓》中的一句话，“天视自我民视，天听自我民听”，以此来说明民心的极端重要性。孟子还大胆地提出了“民为贵，社稷次之，君为轻”[2]的思想，将民的地位和作用上升到一个空前的高度。这是中国民本思想史上的重要突破。

孟子重民，首先重视民心，他在对历史盛衰进行总结时，把民心的得失与天下的得失紧密地联系起来。

孟子认为，“仁”之施行与否，与历史上治乱兴衰关系密切。他说：“三代之得天下也以仁，其失天下也以不仁。国之所以废兴存亡者亦然。天子不仁，不保四海；诸侯不仁，不保社稷。”[3]得天下或失天下，决定于是仁还是非仁，国家的兴废存亡也取决于此，可见仁的至关重要性。在这里，孟子的仁，也是指仁政，孟子的仁政与仁是相通的。什么是仁?

[1]《孟子·尽心下》。
[2]《孟子·尽心下》。
[3]《孟子·离娄上》。

孔子最早提出仁的学说，樊迟问仁，他回答说“爱人”[1]。孟子说，“仁也者，人也”[2]，“亲亲，仁也”[3]，“仁者无不爱也”[4]，可见，他继承了孔子的仁的思想。但同时，孟子的仁论也具有新的特点，他将仁的思想与其性善论结合起来，从人性善的角度来叙述仁。他说，“恻隐之心，仁也”[5]，又说“人皆有所不忍，达之于其所忍，仁也”[6]，把仁归结为恻隐之心与不忍之心。在此基础上，孟子提出了仁政的学说，他说：“人皆有不忍人之心。先王有不忍人之心，斯有不忍人之政矣。以不忍人之心，行不忍人之政，治天下可运之掌上。”[7] 又说，“以不忍人之政而仁覆天下矣”[8]。他把仁政归结为出于不忍人之心的不忍人之政，认为只要行不忍人之政，就可使仁充满天下。

孟子认为，天下的得失兴衰，与民心的向背关系密切。《离娄上》指出：“桀纣之失天下也，失其民也；失其民者，失其心也。得天下有道，得其民，斯得天下矣；得其民有道，得其心，斯得民矣；得其心有道，所欲与之聚之，所恶勿施尔也。”又说“得乎丘民而为天子”[9]。孟子指出，历史上桀纣等人失去天下的原因在于丧失了民心，反过来，争取到民心，就能获得天下。

荀子是战国后期儒家学说的集大成者，他继承发展了儒家的重民思想，阐述了“水舟说”和“三得论”，在更为广泛、更为具体的层面上弘扬了这种思想。他说：

> 马骇舆，则君子不安舆；庶人骇政，则君子不安位。马骇舆，则莫若静之；庶人骇政，则莫若惠之。选贤良，举笃敬，兴孝弟，

[1]《论语·颜渊》。
[2]《孟子·尽心下》。
[3]《孟子·告子下》。
[4]《孟子·尽心上》。
[5]《孟子·告子上》。
[6]《孟子·尽心下》。
[7]《孟子·公孙丑上》。
[8]《孟子·离娄上》。
[9]《孟子·尽心下》。

收孤寡，补贫穷。如是，则庶人安政矣。庶人安政，然后君子安位。《传》曰："君者，舟也，庶人者，水也；水则载舟，水则覆舟。"此之谓也。[1]

在文中，荀子先从马惊车说到庶人惊政，认为就像马惊车会使坐车者坐不安稳一样，庶人惊政也将使执政者不能安居君位，因此，最好的办法就是惠民，包括修明政治、救济贫困等等，这样就能使百姓安政，百姓安政了，统治者也就能安位。荀子引用古代文献资料，阐述了"水舟说"，把国君比作舟，把民众比作水，揭示出水能载舟，也能覆舟的哲理，对统治者轻视民众的行径敲了警钟。荀子又指出：

用国者，得百姓之力者富，得百姓之死者强，得百姓之誉者荣。三得者具而天下归之，三得者亡而天下去之。天下归之之谓王，天下去之之谓亡。[2]

荀子认为，对于治国者来说，能得到百姓鼎力相助的可谓"富"，能得到百姓拼死相助的可谓"强"，能得到百姓夸奖的可谓真正的光荣，"三得"具备的，天下人都归附于它，可称为王，"三得"都失去的，天下人都离叛他，这就是"亡"。他还列举了历史上汤、武等人的例子来说明这个道理。荀子将得民与得天下、失民与失天下紧密地联系起来，应该说是对民众力量和作用的一种肯定。

在《议兵》篇中，荀子揭示出民与战争胜负的关系，提出了"壹民"与"附民"的主张。他说：

凡用兵攻战之本在乎壹民。弓矢不调，则羿不能以中微，六马不和，则造父不能以致远，士民不亲附，则汤武不能以必胜也。故善附民者，是乃善用兵者也，故兵要在乎善附民而已。[3]

---

[1]《荀子·王制》。
[2]《荀子·王霸》。
[3]《荀子·议兵》。

"壹民"，就是统一人民的意志，荀子把它视为"攻战之本"；"附民"就是使士民归依、团结在统治者的周围。荀子认为，善附民者就是善用兵者，如果做不到附民这一点，即使是历史上的圣王商汤和周武王，也不能取得战争的胜利。善"附民"，这是用兵之要领。

此外，荀子还提出了"节用裕民""以政裕民""计利而畜民""平政以齐民"等主张，表现出他对民的高度重视，荀子的重民思想，是对儒家"民本"思想的继承和发扬。

(二) 墨家与兵家的重民思想

墨子的重民思想主要表现在两个方面。一是揭露和抨击统治者迫害民众的行为，《墨子·节用上》说："今天下为政者，其所以寡人之道多。其使民劳，其籍敛厚，民财不足，冻饿死者，不可胜数也。"《墨子·节葬下》指出统治者的"寡人之道"就是害民之道。又写道："天子杀殉，众者数百，寡者数十；将军、大夫杀殉，众者数十，寡者数人。"揭露统治阶级杀殉的残酷。在《墨子·非攻下》，他还以大量的篇幅叙述"今王公大人天下之诸侯""劲杀其万民，覆其老弱""刺杀天民""贼虐万民""竭天下百姓之财用"等罪行。二是提倡爱民，墨子认为，"爱天下之百姓"，这是天志，是不能违背的。他大力宣传"兼爱"。"兼爱"是一种无等差的泛爱的主张，其中就包括了爱民的思想。在《墨子·兼爱下》，他具体地论述了作为统治者应该怎样爱民："为明君于天下者，必先万民之身，后为其身，然后可以为明君于天下。是故退睹其万民，饥即食之，寒即衣之，疾病侍养之，死丧葬埋之。"能不能做到这些，他认为是一个统治者能否成为明君的必要条件。

在春秋战国时期，以孙武为代表的军事家们，在其军事理论中表现出突出的重民思想。孙武在《孙子兵法》的开篇强调了军事的重要意义，说："兵者，国之大事，死生之地，存亡之道，不可不察也。"既然它关系到"国之存亡、人之死生"（杜牧注），如此之重要，那么，对它必须慎重地进行考察。孙武接着说"故经之以五，校之计，而索其情：一曰道，二曰天，三曰地，四曰将，五曰法。"孙武提出要考察与军事有关的五个方面，其中，他将"道"置于首位。什么是"道"？孙武的解释是：

“道者，令民与上同意也。故可与之死，可与之生，而民不畏危。”[1] 可见，孙武的“道”不是形而上的、抽象的东西，而是与民有关的一条原则，即“令民与上同意”，这里，少了民是不成的，民的重要性在这里得到了体现。孙武的“令民与上同意”实际上也是指要争取民心，王晰对此注曰：“道，谓主有道，能得民心也，夫得民之心者，所以得死力也，得死力者，所以济患难也。”可谓是深得孙武思想的真谛。孙武还在《孙子兵法·地形》中说：“故进不求名，退不避罪，唯民是保，而利合于主，国之宝也。”意为“进不求战胜之名，退不避违命之罪”（杜牧注），“进退违命，非为己也。皆所以保民命而合主利，此忠臣，国家之宝也”(张预注)。孙武提出在战争决策中要“唯民是保”，充分考虑到民众的生死安危这一因素，这是对西周以来保民思想的继承，而将保民思想融会于军事思想中，则是孙武的一个重要贡献。

孙膑的军事思想继承了孙武军事思想中的重民、保民观点，《孙膑兵法·八阵》中说：“夫安万乘国，广万乘王，全万乘之民命者，唯知道。知道者，上知天之道，下知地之理，内得其民之心，外知敌之情，阵则知八阵之经，见胜而战，弗见而诤，此王者之将也。”这段话中有两点值得注意，一是孙膑提出“全万乘之民命”的思想，二是“内得其民之心”的观点。“全万乘之民命”是要保民，“内得其民之心”是要重视民众意愿，亦即重民。两者的侧重点不同，但从大的方面来看，实际上是一致的。保民，是因为民重要；而保民，又是重民的前提，要重民，首先就必须做到保民。《孙膑兵法·兵失》中又说：“兵失民，不知过者也……兵不能胜大患，不能合民心者也。”他认为，军队失去民众的支持，是因为犯了过错而不知，军队不能战胜大的患难，是因为其所为不符合民众的意愿。他还在分析将帅作战失利的诸种因素时说：“民苦其师，可败也。”[2] 把老百姓对军队的不满作为导致战争失败的重要原因之一。

(三)《管子》以人为本的思想

《管子》一书对于民众的历史作用非常重视，明确地提出了“以人为

---

[1] 以上皆出自《孙子兵法·计》。

[2]《孙膑兵法·将失》。

本”的观点。《管子·霸言》中写道：“夫霸王之所始也，以人为本，本理则国固，本乱则国危。”《管子》作者认为，以人为本，是霸王之业的基础，而且它关系到国家的治乱安危。“本”，即百姓治理好了，国家就安定巩固，否则，国家就危乎殆哉。该书《霸形》篇也提到“齐国百姓，公（此指齐桓公）之本也”，即使是杰出的国君，也离不开民众这一“本”。在《管子·五辅》篇中，作者更是把民众的作用提高到了登峰造极的地步：“人不可不务也，此天下之极也。”指出，人心不可不重视，这是天下最为重要的问题。

《管子》“以人为本”思想之所以能够形成，一个非常重要的原因，是基于作者对历史经验教训的总结和认识。《管子·五辅》中写道：“古之圣王，所以取明名广誉，厚功大业，显于天下，不忘于后世，非得人者，未之尝闻；暴王之所以失国家，危社稷，覆宗庙，灭于天下，非失人者，未之尝闻。”作者的观点非常鲜明，自古以来圣王之所以能建功立业，名扬天下，流芳千古，无一例外都是由于得人心，由于坚持了以人为本；相反，自古以来暴君之所以亡国失天下，也无例外是由于失去了民心。

管子认为要“以人为本”，要得民心，首先要做到“顺民心”。《管子·牧民》中论述道：“政之所兴，在顺民心；政之所废，在逆民心。民恶忧劳，我佚乐之；民恶贫贱，我富贵之；民恶危坠，我存安之；民恶灭绝，我生育之。能佚乐之，则民为之忧劳；能富贵之，则民为之贫贱；能存安之，则民为之危坠；能生育之，则民为之灭绝。故刑罚不足以畏其意，杀戮不足以服其心。故刑罚繁而意不恐，则令不行矣；杀戮众而心不服，则上位危矣。故从其四欲，则远者自亲，行其四恶，则近者叛之。故知予之为取者，政之宝也。”这段论述列举了民心的四个方面，提出凡民“恶”的东西，其反面就是民之所欲，应从民之所欲，而不能行民之所恶。从民所欲，就能达到“远者自亲”，万民从之的功效，而行民所恶，则“近者叛之”，其统治也就岌岌可危了。《管子》的论述，充满着辩证法思想。作者认为，民之“欲”“恶”并不是绝对对立的，统治者处置得当，“欲”与“恶”也能互相转化。

针对春秋战国时期，统治者为了争霸和兼并战争以及自己的享受，加重赋税，搜括民财、滥用民力的现象，《管子》“以人为本”的思想强调了“取于民有度”的观点，指出“地之生财有时，民之用力有倦，而人君之欲无穷”，主张“取于民有度，用之有止”[1]，“不为不可成者，量民力也”[2]，“薄税敛，毋苟于民”[3]，反对“轻用众”和“赋敛厚”，认为“轻用众，使民劳，则民力竭矣，赋敛厚，则下怨上矣”[4]。一个国家若无赋税收入，固然“国将不国”，无法维持，但赋税、劳役太重，则民不堪承担，将导致民心离散或民心背叛，危及统治者的政权。因此“取于民有度”是调和这一矛盾的理想选择。“取于民有度”的观点既是管子为统治者拟定的施政策略，同时，也是作者“以人为本”思想的一种具体体现。

(四) 先秦诸子重民思想的两面性

对于先秦诸子的重民思想，也不能评价过高，事实上，诸子的重民思想存在着两面性的特点。这主要表现在，其一，诸子既重视民众，但有时也表现出鄙视民众的态度。例如，据《论语·子路》：“樊迟请学稼。子曰：‘吾不如老农。’请学为圃。曰：‘吾不如老圃。’樊迟出，子曰：‘小人哉，樊须也！上好礼，则民莫敢不敬。上好义，则民莫敢不服。上好信，则民莫敢不用情。夫如是，则四方之民襁负其子而至矣，焉用稼？’”孔子一方面有重民思想，但当他的学生提出想学种庄稼和种菜时，老夫子就发了一通不大不小的脾气，表面上是不赞同樊迟学稼，实际上也表现出他对劳动大众的一种偏见和蔑视态度。孟子虽喊出了“民为贵”的口号，但又将“劳力者”定格在“治于人”的地位。老子一方面谴责统治者对人民的剥削，另一方面，也露骨地表现出他的愚民思想，主张统治者对民众采取“虚其心，实其腹，弱其志，强其骨，常使民无知无欲”的统治方式，以达到所谓的“无为而治”[5]，并鼓吹“古之善为道者，非以明民，将以愚之”[6]。在法家中，韩非竟然对“得民心”这一传统的重民观点进行了批判，对人民群众公然采取一种鄙视的态度，

[1] 《管子·权修》。
[2] 《管子·牧民》。
[3] 《管子·五辅》。
[4] 《管子·权修》。
[5] 《老子·三章》。
[6] 《老子·六十五章》。

他在《显学》篇说："今不知治者必曰'得民之心'，欲得民之心而可以为治，则是伊尹、管仲无所用也，将听民而已矣。民智之不可用，犹婴儿之心也……夫求圣通之士者，为民知之不足师用。"在这段论述中，韩非子首先对"得民心"的思想进行了批评，他认为这是"不知治者"所提出来的，这是对西周以来的民本思想的否定。他还将民众的智慧即"民智"比作婴儿的意识，即"婴儿之心"，列举了许多的"事例"并加以论述，力陈"民智之不可用"。

其二，诸子重民，也重"圣"，且两相比较，天平常常向圣人那头倾斜。诸子虽不乏重民的思想，但在其历史观中，圣人是推动历史发展的更为重要的动力。在诸子的著述中，常出现"先王""圣王""圣人"等名称，他们都属于圣人一类，其共同特征是：臻于完美的道德情操、突出的治国政绩。孔子视上古君王尧舜为具有崇高道德之圣人，并用"巍巍乎""荡荡乎"极言其功绩，文、武等先王以及周公也是孔子心目中的圣人，孔子甚至在睡梦中也常常梦见周公，他曾叹说道："久矣吾不复梦见周公!"[1] 作为贵族地主阶级知识分子的孟子，表现出一定的英雄史观。他对尧、舜、禹、汤、文、武等圣王在历史上的作用和功绩进行渲染和夸大，并臆造出一个"五百年必有王者兴"的历史发展模式，认为每隔几百年，就会出现一个圣人来创造新的历史。他在言谈中，张口"圣人"，闭口"先王"，"言必称尧舜"[2]，特别热衷于歌颂尧、舜、汤、文、武、周公、孔子等圣人的历史功绩，他宣称："文王一怒而安天下之民""武王亦一怒而安天下之民"，将个人在历史上的作用夸大到了不适当的地步。他还将人分为"先知先觉"和"后知后觉"两类，认为英雄和圣人是属于"先知先觉"一类。孟子的"五百年必有王者兴"的论述，其实也寓有英雄创造历史的思想。他还曾经毫不谦虚地宣称："由周而来，七百有余岁矣。以其数，则过矣；以其时考之，则可矣。夫天未欲平治天下也，如欲平治天下，当今之世，舍我其谁也?"[3] 公然把自己

[1] 《论语・述而》。

[2] 《孟子・滕文公上》。

[3] 《孟子・公孙丑下》。

看作拯救百姓的救世主，这与孔子的“文王既没，文不在兹乎”[1]，“天生德于予，桓魋其如予何”[2] 的思想如出一辙。墨子重先王，荀子法后王，但无论是先王或者是后王，都是他们心目中的圣王、圣人。在老子的学说中，圣人是其常常讴歌的对象，是道德与理想的楷模和化身。在韩非的著述中，“圣人”一词也经常出现，他认为，在历史上，社会生产的进步，人民物质生活水平的提高，文明的进步，都应归功于圣人的发明创造，表现出了明显的英雄史观。这实际上是对历史的一种颠倒。事实上，所谓圣人的发明创造，只能是建立在人民群众的生产实践和生活经验上，而韩非子只谈“有圣人作”所带来的进步，只字不提人民群众在这些方面的贡献，显然是其“圣人史观”“英雄史观”的流露。另一方面，他极力主张尊君，主张君主专制，突出君主个人在社会历史中的作用。在他看来，民众不过是群氓而已，是微不足道的，这反映出韩非历史观中与进步思想相对立的另一面。

在诸子那儿，崇圣与重民有时并行不悖，但也常常相抵牾，崇圣有时伴随的是贬民。例如，老子鼓吹的“圣人之治”，其中的一项重要内容就是“常使民无知无欲”，使民众成为没有知识、没有欲望、浑浑噩噩的群氓。

诸子继承了西周以来的重民思想，并在剧烈动荡的时代中看到了民众的作用，但由于他们的阶级出身、所处地位等因素的影响，使得其重民思想受到一定的限制。他们中的大多数不是出身于贵族，就是身居要职，这使得他们很自然地有一种地位上的优越感、一种高于民众的自我感觉，这就使得他们在重视民众的同时，又在一定程度上存在着鄙视民众的思想，呈现出两面性的特点。

三、屈原对宇宙、古今的探索及其历史观念

生活在战国后期的屈原，不仅以其宏大的气魄、开阔的视野、奇幻的构思、瑰丽的文采和撼人心弦的强烈情感，抒写了两千多年前绚烂的

---

[1] 《论语·子罕》。

[2] 《论语·述而》。

楚国文化以及一位古代杰出的爱国主义诗人与旷世奇才的人生际遇和心灵之歌，并且上下求索，穷幽极渺，寻奥宇宙，探赜古今，表现出一位伟大思想家敢于怀疑和批判、大胆地探求真理的勇气和厚重而丰富的历史观念。

（一）屈原宇宙观的新精神

浩茫宇宙，是人类及万物生存的空间，也是人类历史发生、发展、变化及无数历史人物创造历史或表现自我的大舞台。自人类有意识以来，宇宙之源、宇宙之本、宇宙之形、宇宙之奥，一直是人们孜孜不倦地进行探索的对象。屈原对有关天宇问题的探索表现出极大的兴趣和热忱，其著名诗篇《天问》中，用了很大的篇幅来探讨这一问题。在《天问》的篇首，他写道：

> 曰：遂古之初，谁传道之？上下未形，何由考之？冥昭瞢暗，谁能极之？冯翼惟像，何以识之？明明暗暗，惟时何为？阴阳三合，何本何化？圆则九重，孰营度之？惟兹何功，孰初作之？

诗人问：那远古开端的情况，是谁把它传述下来的？那时候天地还没有形成，又依据什么去进行考察？那时昼夜不分，一片混沌，谁能够清楚地认识它？元气充满空间无形唯象，怎样才能辨别明白？宇宙中既有光明又有黑暗，这究竟是什么原因？阴阳和元气三者结合着，它们谁是本原谁是演化？传说圆天高有九层，是谁把它度量划分？如此巨大的工程，又是谁最初创建它？[1] 屈原在《天问》的开篇，就对有关宇宙的起源、本原及演化等重大问题提出了疑问，这表现出他作为一个诗人的丰富想象力和作为一个思想家的深邃的洞察力。

更为难能可贵的是，屈原以其探寻真理的无拘无畏精神，向传统的宇宙观念提出了怀疑和挑战。

在我国古代，由于农业生产、制订历法以及探究天人关系等方面的需要，人们在远古时期就开始观察天象，在春秋战国时期，已有了不少

---

[1] 本章中有关屈原诗的译文，主要依据或参考的是杨逢彬先生编注的《楚辞》，湖南出版社 1994 年版。

有关天文现象的记录，并且在此时甚至更早的时候，就出现了解释天的宇宙论。然而，由于当时生产和科学技术发展水平的限制，人们对天的解释往往是片面的、不科学的、形而上的。例如，在屈原所处时代盛行的“盖天说”就是这样的一种宇宙论。“盖天说”的基本理论是“天圆地方”“天动地静”，天在上，地在下，天是圆形的，地是方形的，天像一把张开的伞斜罩在地上，以北极星为轴心，和地的中心昆仑山遥遥相对，日月星辰都围绕着北极星这个轴心运转，昼夜也由此产生。

屈原在《天问》中对“盖天说”提出了疑问：“斡维焉系？天极焉加？八柱何当？东南何亏？”作者问道：天的“轴承”又连接在何处？天的极边延伸到何处？八根擎天柱坐落在何方？（既有擎天柱的支撑）为何大地的东南会亏缺？这就对“盖天说”的北极星为天的轴心、天体绕斗枢转动、地不满东南等论点提出了怀疑和质问。屈原在同诗中又写道：“九天之际，安放安属？隅隈多有，谁知其数？天何所沓？十二焉分？日月安属？列星安陈？……角宿未旦，曜灵安藏？……日安不到，烛龙何照？”作者问道：九天之际的边界啊，各到何处又怎样连接？天边有多少角落和弯曲，有谁知道它们的数目？天与地在什么地方相合？十二辰又是怎样来划分？日月和什么连接在一起？群星又列置于什么上面？当东方还未放亮之际，光辉的太阳在哪里躲藏？太阳哪有照耀不到的地方？为何（西北无日光）要由烛龙来照耀？针对“盖天说”所认为的诸如天似圆盖，其周边与地接合，日月星辰由斗枢维系，天则西北既倾而三光北转等情况，屈原连珠炮般地提问，既是对“盖天说”的怀疑，也是对它的批驳。

屈原在对传统的宇宙观提出疑问的同时，也表现出自己在这方面的思想认识的特点。首先，这表现出诗人对宇宙问题的极大关注。宇宙空间是人类生存之所，自古以来，人们认为天与人的关系密不可分，对天的关心和探讨，从某种角度来看，也是对天人关系的探讨、对人的历史的发展动因及环境的思考。屈原在《天问》等诗篇中，对宇宙的起源和本原，天地形状、结构以及日月星辰运行，时辰划分等，或进行叙述，或提出问题，给予了高度的重视。而这种重视，既与屈原作为诗人和思想家所具有的深邃思想和探研精神有关，也与他所担任过的职责有关。屈原是一个求知欲和钻研精神很强的人，加上他忧国忧世、“哀民生之多艰”，促使他奋发而起，“上下而求索”，探寻天地以及社会的各种奥秘。屈原曾任楚怀王左徒。左徒之职，约与周之史官相同，而史官长期以来是兼掌天文和历法的，例如，《史记·天官书》记载说，昔之“传天数”者，就是周王朝著名的史官史佚，在《史记·太史公自序》中，司马迁自称司马氏为重黎之后而世典周史。史官的职责，也使得屈原比一般人更多地关注天的问题。其次，屈原所探究的天的性质，是自然之天、物质之天。在屈原的一些诗篇如《离骚》《九歌》中，有不少关于天的描述：天上有祥云缭绕，有琼台楼阁，有尊严的天帝、威力巨大的天神和美丽动人的仙女——然而这些，只是诗人为抒发自己的情怀，运用浪漫主义的写法所虚构的“天堂”图景，他对于天的真正意义上的探索，主要是在《天问》篇。在该篇有关对天的叙述与疑问中，基本上没有天帝神仙、琼楼玉阁，只有孤寂之天、光明、黑暗、太阳、月亮和群星，是看得见或感受得到的真实的存在，是自然的三维空间。读屈原的《天问》中有关天的内容，不禁使人联想起荀子《天论》中“天行有常，不为尧存，不为桀亡”的自然之天，屈原与荀子大体上是同时代人，共同的时代背景，共同的求真精神，使得他们笔下的天的特性也是相似的。

屈原对于传统宇宙观的怀疑与批判，既表现出他对这一问题的重视，同时也反映出他的一种不为传统观念所束缚、敢于怀疑、勇于批判、追求真理的可贵精神。他的疑天、问天，也为他进一步的疑古、论古在观念上起了一种先导的作用。

（二）屈原的疑古精神与历史观念

1. 屈原的疑古精神

屈原以其探寻真理的勇气，独步千古，在其诗作尤其是在《天问》一诗中，对古代的许多传说和历史记载提出了大胆的怀疑和批判。屈原的疑古，既有对传说和历史记载的可靠性问题，亦即史料的真实性问题的疑问，也有对传统的历史观念的质疑和批判。而且这种疑问常常是兼二者而有之。

从孔子肇始，儒家学派对上古帝王尤其是尧舜赞扬有加，及至孟子，更是继承了这一传统，他“言必称尧舜”，对尧舜极尽美化之能事。屈原的态度有所不同，在他的诗篇中，很少提到尧舜。例如，在《天问》中提到尧舜的地方总共仅四五处，不到提及鲧的数量的一半，而且，在这几处当中，既有对他们的正面评价，也不乏对他们的怀疑与批评。诗人问道："鲧何听焉？顺欲成功，帝何刑焉？永遏在羽山，夫何三年不施？"大意是，鲧想顺应众望把水治好，帝尧为何还要把他诛伐？长期把他拘禁在羽山，过了很长时间还不放他？可见，这样的圣人，其神圣性的确是值得怀疑的。至少，圣人也不是完美无缺的。

根据传统观念，周公、文王、武王也是近乎完美的圣人或圣王，武王伐纣的战争，被认为是"仁义之师"讨伐不义的典范。而在《天问》中，屈原却对周武王的某些行为提出了疑问和诘难，他问道："到击纣躬，叔旦不嘉。何亲揆发，足周之命以咨嗟？"即，周武王攻击纣王的遗体，对此周公很不满意，为什么周公帮武王来谋划，待到完成大命时又叹息？这里，屈原披露了一段为儒家学派所讳言的史实，即武王竟然对失败的敌人的尸体进行攻击。在该诗的后面一段中，诗人再次提到这一问题："武发杀殷，何所悒？"即武王砍下纣王的脑袋，他怎么会有那么大的怒气？关于这句诗，历来有不同的解释。一种观点认为，"杀殷"，是指对纣王的讨伐战争，例如，夏大霖在《屈骚心印》中解释说，"此言武王伐纣，皆若或使之也。"刘梦鹏在《屈子章句》中解释说，"言奉天伐暴，何所不安？救民水火，安得不急？"将这句话用以美化武王。而蒋骥、丁晏等人引用古代文献对这句话所做的解释较为合理。蒋骥在《山带阁注楚辞》中说："《汲书》，武王至纣死所，射之三发，击以轻吕，斩以黄钺，折其头，县大白之旗。《尸子》，武王亲咋纣头，手污于血，不温而食，犹猛兽然。"丁晏在《楚辞天问笺》中解释说："《逸周书》，武王适王所，乃克射三发，而后下车，击之以轻吕，斩之以黄钺，折县诸太白。《墨子》，武王折纣而系之赤环，载之白旗。《论衡》，纣赴火死，武王就斩以钺，悬其首于太白之旗，其说皆与史公合。"认为屈原的诗意，是叙述武王行动之残暴。笔者同意蒋、丁的解释。武王怒气冲冲地屠戮敌人尸体的残忍行为，连他的叔叔周公旦都感到太过分了，而从事这种行为的主体，竟然被人们视为君王的楷模和道德的化身，对此，诗人是充满疑惑的。

长期以来，鲧被视为治水失败而遭受严惩的历史罪人，而屈原在他的诗中却对此提出了疑问："鸱龟曳衔，鲧何听焉？顺欲成功，帝何刑焉？"他叙述说，巨大的旋龟成群结队、首尾衔接而爬行，鲧如何受其启发而修筑长堤？他想顺应众人的意愿，完成治水之功，为何帝尧却施刑罚于他？作者问道，为什么鲧致力于治水却有着悲惨下场。在同诗中，他又写道："伯禹愎鲧，夫何以变化？纂就前绪，遂成考功……鲧何所营？禹何所成？"在这里，屈原揭示了治水英雄禹与鲧的关系，认为禹不仅在血缘上源出于鲧，而且，他的成功也是建立在继承前人事业的基础上的，换言之，鲧在治水方面的功绩也是不能抹杀的。屈原还写道：鲧"咸播秬黍，莆雚是营"，描述鲧教人们播种黑黍，并清除地上的水草芦苇之功绩。接着，他再次发问："何由并投，而鲧疾修盈？"即，为什么鲧遭到放逐，难道他的罪行不容饶恕？在此，作者并未直接回答这个问题，留给人们的是值得深思的疑问。在《离骚》篇中，屈原借其姐姐之口，对这一问题给予了颇具震撼力的回答："鲧婞直以亡身兮，终然殀乎羽之野。"原来，鲧遭极刑的重要原因是由于他的刚直。这样，屈原通过自己的考证和思索，在对鲧的功过评价上，对传统观念提出了疑问和挑战，并提出了与众不同的看法。

在周代，昭王南巡和穆王西行是西周历史上的两件大事。昭王十九年（前969）的南巡，其所乘船只沉于汉水，昭王与随从尽溺死，周军伤亡惨重，周王室的力量遭到削弱；穆王的西行，对开辟我国的西北通道、加强我国西北地区各族人民的经济和文化交流，具有深远的意义。然而，昭王和穆王为何要巡行，其动机、目的何在，众说纷纭。屈原对此提出了疑问，他在《天问》中说："昭后成游，南土爰底。厥利惟何，逢彼白雉？穆王巧梅，夫何为周流？环理天下，夫何索求？"诗人对昭王南巡是为了获得楚国的白羽山鸡的说法提出了质疑，并企图探求穆王西行的真正原因。屈原的疑古，既对一些传统的历史传说、历史资料、历史观念提出了怀疑或不同的看法，又提出了一些重要的历史问题供人们思考，这表明他具有非常深刻的历史意识。

2. 屈原对天命史观的怀疑和批驳

屈原生于斯、长于斯的楚国，自古以来巫风盛行，天命的观念也较为浓郁，客观而论，在这样的环境下，屈原也难以完全不受天命观的影响。可贵的是，作为诗人与思想家的他，在对历史和现实的思考中，能够努力去摆脱天命观的束缚，并对传统的天命观提出怀疑和批判，从人的角度去分析历史成败盛衰的原因。例如，在《天问》中，他在叙述殷商历史时谈道："帝乃降观，下逢伊挚。何条放致罚，而黎服大说？……初汤臣挚，后兹承辅；何卒官汤，尊食宗绪？""彼王纣之躬，孰使乱惑？何恶辅弼，谗谄是服？比干何逆，而抑沈之？雷开何顺，而赐封之？何圣人之一德，卒其异方：梅伯受醢，箕子详狂。"从诗中，我们可以看到，汤之所以能够成功地创建商王朝，是由于他重用贤人、顺应民心，而相反，纣王重用谗谄小人，残酷地迫害正直的大臣，他的昏庸残暴，最终导致了商王朝的倾覆。由此可见，王朝的兴衰，是由于人的因素使然，并非天命的结果。人的历史，是人们自己写就的。

在其诗中，屈原还直接地对所谓的"天命"表示了疑惑。针对人们关于王朝的兴建是上天授命的结果的传统观念，诗人在《天问》中问道："授殷天下，其位安施？反成乃亡，其罪伊何？"即，上帝把天下授给殷王朝，这王位是根据什么授予的？等它建成了又使得它灭亡，殷之罪过何在？接着，诗人又写道："皇天集命，惟何戒之？受礼天下，又使至代之？"意为上天在降赐大命的时候，对受命之君怎样告诫？既然让他受命治理天下，为什么又派别人来取代他？这两段诗句都有一个共同的尖锐的问题，即，既然上天授命于殷商，按理，应保佑它永获福祉，长盛不衰才是，为什么又使它灭亡？潜台词中还包括，即使殷商有罪过，作为赐其天命的上天，也应能够及时匡正之，不使它灭亡。这种二律背反的现象，恰恰说明所谓"天命"之不可信。屈原还列举了历史上一些好人落得悲惨下场的事例，并发问道："天命反侧，何罚何佑？"天命是多么反复无常，它究竟惩罚谁、保佑谁？由此对所谓的"天命"再次提出了质疑。

当然，由于毕竟是生长、生活在鬼神、天命观念以及巫风盛行之地，屈原也不能超然免俗，在他的《离骚》等作品中，也有天国天宫、"仙境神界"以及月神、风神、云神、雷神等等，但他的这种描述，主要是出于一种对现实黑暗政治的愤懑和无奈心境的宣泄，也是他对建立一种美好世界的理想的追求。与那种出自宗教信仰而对天帝神仙顶礼膜拜的虔诚心态是迥然相异的。在屡遭迫害打击、进退两难、走投无路的情况下，屈原有时也会怀着矛盾的心理去占策问卜，但这种占策问卜的结果往往是理性战胜了天命。《卜居》一诗颇为典型地记载了这种事例。在诗中，作者写道，屈原遭受放逐已经三年，一直不能与国君谋面，他尽忠为国，却遭受谗言攻击，心烦意乱，不知如何是好，于是找到太卜郑詹尹请他占卜，待太卜摆好占卜工具，屈原遂陈述说：我应该勤勤恳恳，忠实自守，还是去敷衍人事，专讲应酬？我应该不顾一切，远走高飞，保持着我的真面目、真性情，还是去奴颜婢膝，专事奉承，对一位骄傲的妇人诺诺连声？我应该干干净净、公正无私，决不为贪污的恶毒所沾染，还是马马虎虎、糊糊涂涂，没有丝毫的骨气，一味贪婪？我应该昂起头来，就像千里马，还是随波逐流，像水中的野鸭？我应该同骏马一道，任重载远，还是拖拖沓沓，做驽马的尾巴？坏人当道，是非黑白颠倒，好人背时，有力无处报效。啊，我不再说了！我的廉洁正直，谁人知道？听罢屈原的陈述，太卜放下蓍草，拱手而谢，说：尺有所短，寸有所长，聪明有时会蠢，本领有时不够。阁下的问题，是数理所难猜透。就是请教上帝，他也只好搔头。请凭你的良心，自己去奋斗，我的龟甲和蓍草实在丢了丑。诗中的叙述寓意深刻，它以问卜开头，以龟卜失灵、太卜无能为力告终，从某种意义上说，这实际上也是宣告天命观的破产。

（三）屈原的历史观念及其对历史盛衰的总结

屈原对历史非常重视，在其作品中常常流露出一种强烈的历史意识，尤其是《离骚》《天问》等诗作表现得更为突出，兹以对《天问》一诗的统计资料来说明这一问题。在《天问》一诗中，共提出问题 173 个，其中，与历史人物、历史事件有关的问题 93 个，大约占问题总数的 53%，这反映出他对历史问题的高度重视。屈原之所以对历史问题如此重视，其重要原因之一，是他具有以史为鉴的自觉意识，他把历史作为一面镜子来对照自己和反观现实，从历史中总结出完善个人与匡国济世的经验教训。

屈原仰慕历史上有德行的君主或贤人，在《离骚》中，他深为感叹地抒写道："昔三后之纯粹兮，固众芳之所在。"赞扬禹、汤和文王公正无私的品德；又写道："謇吾法夫前修兮，非世俗之所服。"表明了他以古代圣贤为法的态度以及他的所为不为世俗所理解的苦恼。他还善于将正反两方面的历史人物进行对照比较，以此来确定所应效法的对象以及人生的价值取向，他说："彼尧舜之耿介兮，既遵道而得路。何桀纣之猖披兮，夫唯捷径以窘步。惟夫党人之偷乐兮，路幽昧以险隘。"认为尧舜耿直，沿着正道走上坦途，而桀纣狂妄邪恶，为贪捷径而落得走投无路。

这样两相比较，以谁为法，以谁为戒，一目了然。在屈原心目中，彭咸是他最钦佩和最值得效法的历史人物之一。彭咸，商朝大夫，为人正直无私、刚直不阿，后因直谏而君王不听，愤而投水自尽。在《离骚》一诗中，屈原明确表示“愿依彭咸之遗则”，并以“吾将从彭咸之所居”之句作为全诗的结尾，表示了他要效法彭咸的坚定决心。通过对屈原与彭咸事迹的比较，我们发现，两人的品质、性格、遭遇乃至以投水自尽作为人生结局的做法都颇为相似，可见，屈原不仅在理论上认识到以史为鉴的重要性，而且在他的人生实践中也是这样努力去做的。

“日月忽其不淹兮，春与秋其代序!”屈原具有历史变化的思想，他认为，日月不停地运行，春天去了，秋天不久也要降临；大自然的变化是如此，人类历史的发展变化又何尝不是这样!

屈原注重对历史盛衰变化的总结。读《天问》，犹如读一首气势磅礴的宏伟史诗，这首诗以疑问的形式出现，叙述或涉及了从远古的神话传说时期到夏、商、西周乃至春秋战国时期的历史，在诗中，记载了远古以来的许多重要的历史事件，如鲧、禹治水，鲧遭极刑，夏启代益，桀伐蒙山，汤逢伊尹，王亥丧羊，汤伐夏桀，比干被害，梅伯受醢，箕子佯狂，武王伐纣，夷、齐采薇，昭王南巡，穆王西行，幽王之死，齐桓九合诸侯，申生自杀，吴楚争战，成王弑君等等。尽管该诗并非编年史，但从诗中，人们可以清楚地看到历代王朝盛衰的脉络，从夏之兴建到夏之衰亡，又从商之兴盛到商之崩溃，再从周之兴旺到周之式微，时而浓墨重彩，时而轻笔勾勒，以其神来之笔，绘成了一幅颇具特色的我国先秦时期历史盛衰变化图。

那么，历史盛衰变化的原因何在？历代王朝何以盛又何以衰？屈原对这个问题进行了认真的思考和总结。

屈原在考察历史盛衰的诸因素时，基本上摒弃了天命史观，而聚焦于人的因素。屈原遭受排斥、陷害，被迫流浪四方，使他能够较多地接触并了解中下层人民，他热爱祖国，同情人民疾苦，“长太息以掩涕兮，哀民生之多艰”。他写道：“皇天之不纯命兮，何百姓之震愆？民离散而相失兮，方仲春而东迁。”他感叹道：“瞻前而顾后兮，相观民之计极。”他为民生多艰、百姓流离失所而悲哀，提倡回顾过去，展望未来，对人民的意图要观察周全，具有一定的民本思想。他认为，一个王朝或诸侯国之所以能够建立、兴盛，与统治者重视和任用贤人有密切的关系。他在诗中列举了大量的历史事例来说明这一问题，例如，禹用皋陶、汤用伊尹、武丁用傅说、文王用吕望、齐桓公用宁戚、秦缪公用百里奚等等，这些贤人大多有一个共同的特征，即出身卑微或经历曲折，屈原在《九章·惜往日》中写道："闻百里之为虏兮，伊尹烹于庖厨。吕望屠于朝歌兮，宁戚歌而饭牛。"这些人当中，有的当过俘虏，有的做过厨师，有的曾为屠夫，有的养牛放牧，但是，有远见的政治家们并不因为他们的卑微出身而鄙视他们，而是高度重视并重用这些贤人，在《离骚》篇中，屈原借巫咸之口，叙述了禹汤等人求贤若渴、不拘一格地任用贤人的事迹："汤禹严而求合兮，挚、咎、繇而能调。苟中情其好修兮，又何必用夫行媒？说操筑于傅岩兮，武丁用而不疑。吕望之鼓刀兮，遭周文而得举。宁戚之讴歌兮，齐桓闻以该辅。"在说到文王寻访吕望时，诗人形象地描述道："师望在肆，昌何识？鼓刀扬声，后何喜？"当文王听到吕望摆弄屠刀的声音，即找到思慕已久的吕望时，竟抑制不住自己喜悦的心情，在这里，屈原用一"喜"字，把文王求贤的迫切心理以及当时见到贤人的喜悦之情，当然，也把作者本人对这段历史的深刻理解，生动地反映了出来。正是这些贤人，没有辜负求贤者的知遇之恩，他们尽力地发挥出自己的才干，在推翻旧王朝、建立新政权或巩固政权、振兴国家的事业中立下了不朽的功绩。有一种说法认为，屈原列举这些事例的目的，是发泄自己因不受重用并遭到排斥、陷害而产生的强烈不满。我们认为，这种观点至少是片面的。因为屈原本人出身于贵族家庭，与他所列举的那些历史人物的出身和背景是完全不同的。屈原的历史总结，主要是出自他在充分了解了历史长河盛衰变化的特点之后而产生的一种历史意识，而并非仅仅由于个人恩怨。

一个王朝或一个政权为什么会由盛而衰，屈原在对历史的考察中也产生了自己的深刻认识，他总结出两条历史教训，其一，重用小人、排斥贤人是导致国家衰亡的重要原因。他在《天问》中写道：那殷纣王的为人啊，是什么使他如此糊涂昏庸？为何厌恶辅助他的贤臣，而重用那些谗谄的小人？接着，他叙述了正直的比干落得悲惨的下场、梅伯直谏被剁成肉酱、箕子见纣王拒谏被迫装疯等事例，来说明纣王之昏庸以及商王朝灭亡的原因。他在《离骚》中总结道："后辛之菹醢兮，殷宗用而不长。”将纣王残害忠良与殷商政权的崩溃直接地联系了起来。他在《惜往日》中又写道：“吴信谗而弗味兮，子胥死而后忧。”认为吴王夫差轻信谗言而不加辨别，在逼死子胥之后，亡国之忧接着降临。其二，统治者贪图逸乐或行动邪僻，也是加速政权衰亡的因素。在《离骚》一诗中，他重点举出了夏统治者荒淫逸乐以至败亡的事例：“启《九辩》与《九歌》兮，夏康娱以自纵。不顾难以图后兮，五子用失乎家巷。”“羿淫游以佚畋兮，又好射夫封狐。固乱流其鲜终兮，浞又贪夫厥家。”“浇身被服强圉兮，纵欲而不忍，日康娱而自忘兮，厥首用夫颠陨。”“夏桀之常违兮，乃遂焉而逢殃。”他指出，夏启得到《九辩》《九歌》，他用来安逸娱乐、放纵自己，不顾危难也不考虑后果，他的五子因而发动了内乱。后羿纵欲淫乱而沉溺于田猎，不得善终，美妻也被寒浞所占。浇身披坚甲，自恃强梁，日日逸乐不已，最终脑袋落地。夏桀违背正理、妄行不义，最后遭到祸殃。屈原意味深长地列举这许多的事例及其后果，表明了他对这个问题的深刻认识。

出于总结历史盛衰的需要，屈原对包括历史传说、历史文献在内的各种史料进行了一些搜集、整理和考证工作，这就使得他获得了较为丰富的历史资料。因而，一方面他能够据此对一些不正确的传统的历史观念提出挑战，另一方面，他的作品中所包含的大量史料，弥补了一些历史事件史料不足的缺憾，有助于人们对一些历史事件的更为正确和全面的了解。例如，有关夏初政权交接之事，是一个上留有原始社会末期痕迹、下对以后中国奴隶社会的政权继承制度有深远影响的历史事件，而先秦史书中却很少有这方面的记载。在《天问》一诗中，有一段重要的叙述：“启代益作后，卒然离孽，何启惟忧，而能拘是达？皆归射鞫，而无害厥躬；何后益作革，而禹播降？”说的是禹继承上古的禅让制，把王位让给伯益，但禹子启却不干，而要“代益作后”，经过激烈的争斗和许多曲折，伯益的部下终于交出了武器，启取得了最后的胜利。这段叙述使我们认识到，原始社会向奴隶社会的过渡、王位禅让制度向世袭制度的转变，并非如有的人所想象的那样，是一种轻歌曼舞似的自然演进，而是一个伴随着血雨腥风、残酷斗争的艰难过程。后来出土的《汲冢书》也记载了启与伯益争夺王位之事，尽管记载的细节与《天问》不尽相同，但所记载的该事件的斗争性质和结果与屈原的叙述是一致的，这就证明屈原对这一重大历史事件的把握是基本准确的，对殷的历史的记载也很有史料价值。尤其对殷前期的历史，长期以来，史家记载几乎阙如，而《史记·殷本纪》也仅记了名号而无事迹；近代之后，殷墟甲骨文出土，王国维作《殷墟卜辞中所见先公先王考》，从该文的考证中可知，《天问》所载亥、季、恒几代殷王事迹，与历史事实基本相符，可见其重要的史料价值。此外，对鲧、羿、寒浞、汤、武王等人的记载，都可作为后人研究这些人物的重要参考资料。

屈原的历史观念及其对历史盛衰的总结予后世史学以一定的影响，其中，对司马迁史学的影响最为彰著。司马迁在《史记·屈原列传》中对屈原的遭遇流露了极大的同情，对屈原的人品、才智表示出深深的仰慕之情，他评价屈原“博闻强志，明于治乱”，称赞其诗“上称帝喾，下道齐桓，中述汤武，以刺世事。明道德之广崇，治乱之条贯，靡不毕见……推此志也，虽与日月争光可也”。司马迁在《史记》中，叙述了从传说中的黄帝到司马迁所处时代的我国三千多年的历史，他“通古今之变”、见盛观衰，揭示出我国古代历代王朝盛衰兴亡的客观过程及其特点，并且，书中表现出对天命论的怀疑和批判、流露出对人民的同情以及忧国忧民的情怀，这些，显然都在一定程度上受屈原诗歌的影响。鲁迅先生称《史记》为“无韵之《离骚》”，看到了两者的联系以及相同和相似之处。

第三节　先秦诸子重视社会物质生活及生产与社会分工的思想

社会物质生活及生产、社会分工是历史发展中的两个不可忽视的方面。这是因为，在社会历史的发展进程中，社会物质生活及生产对社会历史的发展进程起着重要的制约作用；社会分工既是社会历史发展的必然，同时，它又推动着社会历史的进步。对这两方面，先秦诸子均有一些可贵的认识，在一定程度上表现出他们的朴素唯物史观，体现出其历史观中的进步因素。

一、重视社会物质生活诸方面

食。先秦诸子各家都强调“食”在社会稳定中的意义。孔子既重礼和仁，也重视“食”。据《论语·颜渊》：“子贡问政。子曰：‘足食，足兵，民信之矣。’”子贡问政事的治理，孔子的第一反应就是“食”，是啊，民无食，国家怎么治理呢？据《论语·尧曰》，孔子一生最重视四件事，食为其中之一。孙武的军事思想中，把粮食作为关系到战争胜负的重要因素，他提出“三军足食”的观点，强调要保证三军将士的粮食供给；当军队深入到敌军重地时，孙武认为应将“继其食”，即保障军队的粮食供给作为大事来落实。孙武还明确地提出，在战争中，军队“无粮食则亡”[1]，把军队是否有充足的粮食上升到关系战争胜负、军队存亡的战略高度。李筌对此注曰：“无粮食者，虽有金城，不重于食也……是以善用兵者，先耕而后战。”可谓深得孙武这方面思想的精髓。《管子》强调了食的重要性，认为，世上唯有一种东西，得到它就可以生存，失去它必然死亡，这就是粮食：“得之必生，失之必死者，何也？唯粟。”接着，又假设了如果没有粮食，不能吃饭的严重后果：“一日不食，比岁歉，三日不食，比岁饥，五日不食，比岁荒，七日不食，无国土，十日不食，无畴类，尽死矣。”这就以浅显的文字，通俗的道理，阐明了其关于“命属于食”[2]，即粮食与生命相连接，关系到人个体乃至人类的生死存亡的观点。韩非子强调基本的物质生活条件和生产劳动对于人类生存及历史发展的极端重要性，他说：“人不食，十日则死；大寒之隆，不衣亦死。谓之衣食孰急于人，则是不可一无也，皆养生之具也。”[3]不食不衣，必死无疑，道理虽然简单，但韩非子以凝重的语气将之表述出来，这反映出他对这一问题的深刻认识。

土地。孟子提出诸侯有“三宝”，把土地置于首位。孟子政治思想的核心是“仁政”理论，而仁政理论与其关于土地的思想是密切联系在一

[1]《孙子兵法·军争》。
[2]《管子·枢言》。
[3]《韩非子·定法》。

起的。《孟子·滕文公上》说："夫仁政必自经界始。经界不正，井地不钧，谷禄不平。是故暴君污吏必慢其经界。经界既正，分田制禄可坐而定也。"意思是说，实行仁政，一定要从划分治理田界开始。孟子还提出了著名的"恒产"论，认为贤明的国君应使民众具备生活必需的基本产业。他为民产开了一份清单："五亩之宅，树之以桑，五十者可以衣帛矣。鸡豚狗彘之畜，无失其时，七十者可以食肉矣。百亩之田，勿夺其时，八口之家可以无饥矣。"[1] 从这份清单看，其主要的东西还是土地。孟子描绘了古代"方里而井，井九百亩，其中为公田，八家皆私百亩，同养公田，公事毕，然后敢治私事"的"井田制"。这些，都可见孟子对于土地问题的高度重视。《管子》提出"地者政之本也"[2]，把土地视为国家政事的根本，又说"地者，万物之本原，诸生之根菀也"[3]，认为土地是万物的根本，是包括人类在内的"诸生"赖以生存的根源。反之，"谷非地不生"[4]，"不务地利则仓廪不盈"[5]，就是说，没有土地就没有粮食，不重视地利、粮仓，国库就不能充实。

水。《管子》一书突出地表现出了其重视水的思想，认为水是万物的本原："水者何也？万物之本原也，诸生之宗室也。"[6] 强调水是万物本原。与此同时，《管子》也强调地是万物之本原，但这万物本原的二元论并不是二元对立，而是揭示出这二者的有机联系。书中认为"水者，地之血气，如筋脉之通流者也，故曰：水，具材也"[7]。说明水是大地的血气，它就像人身上的筋脉，起着流通的作用，因此水是构成万物的原始材料。在作者看来，水之重要性甚至在地之上。

[1]《孟子·梁惠王上》。
[2]《管子·乘马》。
[3]《管子·水地》。
[4]《管子·八观》。
[5]《管子·牧民》。
[6]《管子·水地》。
[7]《管子·水地》。

二、社会物质生活及生产与社会治乱兴衰的关系

先秦诸子认识到社会物质生活及生产与治乱兴衰有着一定的关系。《孟子·滕文公上》说："民之为道也，有恒产者有恒心，无恒产者无恒心。苟无恒心，放辟邪侈，无不为已。"认为人民应有固定的产业，有固定的产业才会有一定的原则，没有固定的产业就不会有固定的原则，而没有固定的原则，老百姓就会胡作非为、犯上作乱。《管子》认为，物质生活及生产的状况与国家的治乱兴衰密切相关，因而是统治者制定治国方略所应考虑的第一要素，在《治国》篇中，作者写道：

> 凡治国之道，必先富民，民富则易治也，民贫则难治也。奚以知其然也？民富则安乡重家，安乡重家则敬上畏罪，敬上畏罪则易治也。民贫则危乡轻家，危乡轻家则敢陵上犯禁，陵上犯禁则难治也。故治国常富，而乱国常贫。是以善为国者，必先富民，然后治之。昔者，七十九代之君，法制不一，号令不同，然俱王天下者，何也？必国富而粟多也。

文中明确地提出"凡治国之道，必先富民"的观点，并进而论述民富何以易治，民贫何以难治的道理，并且，作者还对历史的经验进行了总结，从中得出结论，古代能够"王天下"，即治理天下的国君，都具有一个共同的特点，这就是"国富而粟多"。在同篇，作者还进一步论述了劳动者的生产劳动与治国的关系："民作一则田垦，奸巧不生。田垦则粟多，粟多则国富，奸巧不生则民治，富而治，此王之道也。""民事农则田垦，田垦则粟多，粟多则国富，国富者兵强，兵强者战胜，战胜者地广。"通过农业生产劳动，一方面使奸巧不生，另一方面使得国富兵强，国家不就大治了吗！《管子》还论述道："不生粟之国亡，粟生而死者霸，粟生而不死者王，粟也者，民之所归也。"强调了粮食的重要性，认为它关系到国家的存亡，关系到统治者的霸王之业及民众之归顺。粟生于地，因此，《管子·乘马》又阐述了土地的重要意义，说："地者，政之本也，是故地可以正政也，地不平均和调，则政不可正也。"把土地作为政治的

根本。

先秦诸子还看到了社会物质生活及生产与人们的精神风貌及民俗的关系。《墨子·七患》说“今有负其子而汲者，坠其子于井中，其母必从而道之。今岁凶、民饥、道饿，重其子此疚于坠，其可无察邪？故时年岁善，则民仁且良；时年岁凶，则民吝且恶。”年成好，生活有保障，老百姓就“仁且良”，年成不好，生活成问题，老百姓就“吝且恶”，这话当然也不是完全正确，但墨子能认识到社会物质生活及生产对人民的道德情操的影响，这就透露出了一些朴素唯物论的气息。《孟子·梁惠王上》说：“是故明君制民之产，必使仰足以事父母，俯足以畜妻子，乐岁终身饱，凶年免于死亡。然后驱而之善，故民之从之也轻。今也制民之产，仰不足以事父母，俯不足以畜妻子，乐岁终身苦，凶年不免于死亡。此惟救死而恐不赡，奚暇治礼义哉？”孟子在这段话中，从正反两个方面论述了道德风貌与物质基础的关系。正面的议论是：老百姓有了一定的产业，能够赡养父母、抚养妻儿，年成好，丰衣足食，年产不好，也不至于饿死，然后再把他们引上为善之路，那就很容易了。反面的训诫是：老百姓产业不足，生活上得不到基本保障，拯救自己都怕来不及，哪还有什么闲心去学习礼义呢！这就揭示出道德风貌与物质基础的关系。对这一正一反的议论，朱熹分别注曰：“此言民有常产而有常心也”，“此所谓无常产而无常心者也”，可谓是深得孟子思想之精要。《管子》也认为，物质生活决定人们的道德风貌：

> 凡有地牧民者，务在四时，守在仓廪，国多财则远者来，地辟举则民留处，仓廪实则知礼节，衣食足则知荣辱。[1]

《管子》认为，所谓“礼节”“荣辱”并不能游离于社会物质生活及生产之外，它与财富及温饱问题关系密切。人民富足了，自然就会遵守礼节，人民解决了温饱问题，自然就会懂得荣辱。在《管子·水地》篇中，作者还论述道：“地者，万物之本原，诸生之根菀也。美恶、贤不肖，愚俊之所生也。”把土地与人们的道德甚至智力状况联系在一起，并把前者作为决定性的因素，表现出作者朴素的唯物史观。

---

[1] 《管子·牧民》。

韩非子用物质生活的供求关系来解释历史上社会道德风尚的变化。他说：

> 古者，丈夫不耕，草木之实足食也；妇人不织，禽兽之皮足衣也。不事力而养足，人民少而财有余，故民不争。是以厚赏不行，重罚不用，而民自治。[1]

韩非子认为，在上古时代，人民不争斗，是由于人少财多，供过于求，而相反，当今之世的“民争”则是由于人多财少，供不应求。道德风尚是建立在一定的经济基础之上的社会现象，是各种经济、政治思想因素综合作用的结果，它的变化，往往涉及多种因素，不能仅仅归结于由于人口问题而引起的物资生活的供求关系的变化，但是，他能意识到人口因素及物质生活的供求关系在其中的作用，应该说，这具有一定的唯物主义因素。韩非子还认识到物质生活条件对社会风俗习惯有一定的影响，《韩非子・五蠹》说：“夫山居而谷汲者，媵腊而相遗以水；泽居苦水者，买庸而决窦。故饥岁之春，幼弟不饷；穰岁之秋，疏客必食。非疏骨肉爱过客也，多少之心异也。是以古之易财，非仁也，财多也；今之争夺，非鄙也，财寡也。”就是说，住在山上的人需要到山下取水，因此，水就显得非常珍贵，在节日里，人们以水相赠。而住在水乡的人却苦于水患，要雇工排涝。在饥荒之年，粮食缺乏，亲兄弟来了，不留他吃饭；而在丰收之年，粮食充足，就是不认识的过路人，也要留他吃顿饭。这并不是疏远亲骨肉而亲近过路客，而是粮食多少情况的不同导致的。古代看淡财物，并不是古人讲究仁道，而是当时财物多；现在人们争夺财物，也不见得是由于现在的人卑鄙，而是因为现在财物太少。他认为风俗民情的变迁，与物质条件关系密切，要受着物质条件的制约。

三、关于社会分工的思想

通过对历史与现实的考察，孟子、荀子等人产生了对于社会分工的初步认识。距今 2300 年左右，在当时的一个小国滕国（在今山东滕州市

---

[1] 《韩非子・五蠹》。

境内），发生了一场颇有意义、堪称我国历史上第一次围绕社会分工问题的辩论。《孟子·滕文公上》记载，当时农家学派的代表人物许行主张，“贤者与民并耕而食，饔飧而治”，即贤人（包括国君）也要像老百姓那样耕田、做饭，同时要治理国家。孟子反问道：许行一定要自己织布才穿衣吗，戴的帽子是自己亲手织的吗，做饭用的炊具、种田用的农具是自己做的吗？许行的门徒陈相回答说：不是，是用粟米换来的。孟子就这个话题展开了有关社会分工方面的议论。孟子认识到分工是社会发展的必然结果，是不能逆转的，他说：“一人之身，而百工之所为备，如必自为而后用之，是率天下而路也。”指出社会不可不分工，若要一身兼百工，天下人就要贫穷，社会也将混乱。孟子列举了古代尧、舜、禹等人治理天下、操劳国事的事例，说明他们不可能有时间去从事耕种活动，由此论证管理国家政事与农业生产之间的分工、官民的分工是合理的。孟子还提出了劳心劳力的理论，他说：“或劳心，或劳力；劳心者治人，劳力者治于人；治于人者食人，治人者食于人：天下之通义也。”对待孟子的这一理论，应进行一分为二的分析。一方面，这流露出孟子代表的地主阶级鄙视劳动者的思想；另一方面，在我国历史上，是他第一次把劳动区分为脑力劳动和体力劳动，承认随着社会历史的发展而出现的这两大类劳动分工，这又是应予肯定的。

荀子提出了著名的“明分使群”论，其中，包含着社会分工的思想。《荀子·王制》说：“水火有气而无生，草木有生而无知，禽兽有知而无义，人有气、有生、有知，亦且有义，故最为天下贵也。力不若牛，走不若马，而牛马为用，何也？曰：人能群，彼不能群也。”在这里，他勾勒出了一幅人类社会起源简图：水火（无机物）—草木（有机物、植物）—禽兽（动物）—人。荀子认为，人在力气上不如牛，在奔走速度上不如马，但却能役使这些动物，其原因就在于“人能群”，能组成社会，而动物则不能。荀子又说：“人何以能群？曰：分。”人为什么能“群”呢？荀子的回答是“分”，因此，在对历史与社会的思考中，荀子提出了“明分使群”论，他认为：

> 故百技所成，所以养一人也。而能不能兼技，人不能兼官。离居不相待则穷，群而无分则争；穷者患也，争者祸也，救患除祸，

则莫若明分使群矣。[1]

荀子的“明分使群”理论蕴含有等级划分及社会分工的思想。

荀子强调人的等级的划分，他认为，“无君以制臣，无上以制下，天下害生纵欲。欲恶同物，欲多而物寡，寡则必争矣。”[2] 没有君臣上下的等级划分，物资少而人们的欲望多，势必引起纷争，又说：“故人生不能无群，群而无分则争，争则乱，乱则离，离则弱，弱则不能胜物；故宫室不可得而居也，不可少顷舍礼义之谓也。能以事亲谓之孝，能以事兄谓之弟，能以事上谓之顺，能以使下谓之君。”[3] 他认为，要避免纷争动乱，就要划分等级。荀子还论证了礼的起源：“礼起于何也？曰：人生而有欲，欲而不得，则不能无求；求而无度量分界，则不能不争；争则乱，乱则穷。先王恶其乱也，故制礼义以分之，以养人之欲，给人之求。使欲必不穷乎物，物必不屈于欲。两者相持而长，是礼之所起也。”[4] 以此进一步来说明社会等级划分的必要性和必然性。

荀子的“分”还有一层意思，即社会分工，既然“能不能兼技，人不能兼官”，那么不分工，社会就无法发展。他非常重视社会分工，说：“相高下，视垸肥，序五种，君子不如农人；通财货，相美恶，辩贵贱，君子不如贾人；设规矩，陈绳墨，便备用，君子不如工人；不恤是非然不然之情，以相荐撙，以相耻怍，君子不若惠施、邓析。”[5] 认为分工的结果使从事不同工作的人各有所长。他说：“农分田而耕，贾分货而贩，百工分事而劝，士大夫分职而听，建国诸侯之君分土而守，三公总方而议。”[6] 他认为，社会有了合理的分工，农、贾、百工以及君主、三公和士大夫各司其职，国家就能得到很好的治理。值得注意的是，荀子的等级思想和社会分工思想也是相关联的，他说：“故仁人在上，则农以力尽田，贾以察尽财，百工以巧尽械器，士大夫以上至于公侯，莫不

[1]《荀子·富国》。
[2]《荀子·富国》。
[3]《荀子·王制》。
[4]《荀子·礼论》。
[5]《荀子·儒效》。
[6]《荀子·王霸》。

以仁厚知能尽官职。夫是之谓至平。”[1] 在他眼中，上有“仁人”统治，下有农民、商人及工匠各尽其力，且大小贵族官僚各尽其职，俨然就是一幅太平盛世图。

荀子关于社会起源和“明分使群”的理论，从根本上揭示出人与动物的区别及造成这些区别的原因，肯定了社会分工以及等级制度在人类产生和发展过程中的作用，应该说，是有一定眼光的，表现出一种进步的历史观。

恩格斯指出：“当人的劳动的生产率还非常低，除了必需的生活资料只能提供微少的剩余的时候，生产力的提高，交换的扩大，国家和法律的发展，艺术和科学的创立，都只有通过更大的分工才有可能。这种分工的基础是，从事单纯体力劳动的群众同管理劳动、经营商业和掌管国事以及后来从事艺术和科学的少数特权分子之间的大分工。”[2] 孟子、荀子等人关于社会分工的思想，反映了战国时期商品经济发展的要求，肯定了社会历史发展的一种趋势，应该说，具有一定的进步意义。

先秦诸子重视社会物质生活及生产与社会分工的思想，对我国史学产生了深远的影响。

在孔子所编著的史书《春秋》中，重视社会物质生活及生产的思想就得到了具体体现。《春秋》记事简略，以 1 万多字记载了 240 多年的历史，可谓是惜墨如金，其内容取舍自有一定的法度，但在该书中，还是多次记载了与社会物质生活及生产有关的史事。例如，在庄公七年（前 687）记载“秋大水，无麦苗”，在庄公二十八年记载“大无麦、禾”，在宣公十年（前 599）记载“饥”，在宣公十五年记载“饥”，在襄公二十四年（前 549）记载“大饥”等等。水灾、虫灾对农业生产造成损害，影响到粮食收成，孔子对此也颇为重视。《春秋》一书中，共记载“大水”9 次、“虫”11 次，这些，都反映了孔子对于粮食生产及吃饭问题的高度重视。

[1] 《荀子·荣辱》。

[2] 《马克思恩格斯选集》第 3 卷，人民出版社 1972 年版，第 221 页。

第五章　先秦诸子与传统史学思想（下）

第一节　先秦诸子对于历史知识的运用

“以史为鉴”、总结历史经验教训并运用历史知识来为现实服务，在我国可谓是源远流长，成为我国民族历史思维的一个传统。先秦诸子的学术与“史”本有着一种渊源上的关系，他们掌握着丰富的历史知识，继承和发扬了我国民族历史思维的这一传统。善于总结历史的经验教训，运用历史知识来进行议论，同时注意对历史进行诠释，构成了先秦诸子学说的一个突出特点，同时也反映出他们高度重视历史知识的史学思想。

一、重视历史知识的学术渊源和思想基础

诸子与“史”原本就有一种紧密的联系。班固在《汉书·艺文志》中提出诸子之学出于王官的观点，尤其是他明确地写道：“道家者流，盖出于史官，历记成败存亡祸福古今之道，然后知秉要执本，清虚以自守，卑弱以自持，此君人南面之术也。”这就从诸子源流方面揭示出其与王官之学特别是史官的关系。后世学者如章学诚、龚自珍等人有类似的看法。

近代以来，著名学者如章太炎、钱穆等对“王官”之说基本予以赞同，并且对诸子的起源与史的关系进行了更为深入的探讨。章太炎于1906年发表了很有影响的《论诸子学》一文，文中写道：“古之学者，多出王官……《史记》称老聃为‘柱下史’，《庄子》称老聃为‘征藏史’，道家固出于史官矣。孔子问礼老聃，卒以删定六艺，而儒家亦自此萌芽。墨家先有史佚，为成王师，其后墨翟亦受学于史角。阴阳家者，其所掌为文史星历之事，则《左氏》所载瞽史之徒能知天道者是也。其他虽无征验，而大抵出于王官。”[1] 文中重申了“诸子出于王官”的观点，对中国古代关于诸子源于史的论述，进行了概括和分析，并明确地表明了自己的态度。钱穆先生认为：“古代学术分野，莫大于王官与家言之别”，“王官学掌于‘史’，百家言主于诸子……诗书六艺初掌于王官，而家学之兴实本焉，百家莫先儒、墨，儒、墨著书皆原本诗书”。[2] 他既道出了王官之学与诸子百家之学的分野，更陈述了王官之学掌于“史”，而诸子百家之学本于王官之学的观点，把诸子源流与“史”结合在一起。刘师培先生认为，诸子百家皆出于史。他说：

> 儒家出于司徒，然周史六弢以及周制周法皆入儒家（又按，《晏子春秋》、《虞氏春秋》、陆贾《新语》，皆史编之，列入儒家者，亦儒家有史学之证），则儒家出于史官……
>
> 墨家出于清庙之守，然考之周官之制，太史掌祭祀，小史辨昭穆（见《周礼·春官》），有事于庙，非史即巫，则墨家出于史官，纵横家出于行人，然会同朝觐，以书协礼事，亦太史之职（见《周礼·春官·太史》），则纵横家出于史官。

又说：

> 法家出于理官，名家出于礼官，然德刑礼义，史之所记（又按，

[1] 章念驰编订：《章太炎演讲集》，上海人民出版社2011年版，第37页。

[2] 《两汉博士家法考》，见钱穆：《两汉经学今古文平议》，商务印书馆2001年版，第191页。

《周礼》外史掌六典而兼及刑罚，则法家通于史。《礼记》言黄帝正名百物，而左史倚相亦序百物，则名家亦通于史），则法、名两家亦出于史官。

杂家出于议官，而孔甲《盘盂》亦与其列；农家出于农稷之官，而安国书册（汉史孔安国也）参列其中；小说家出于稗官，而《虞初周说》，杂伺其间，则杂家、农家、小说家亦莫不出于史官，岂仅道家云乎哉。[1]

根据刘师培先生的考证，道家、儒家、墨家、法家以及名家、杂家、农家、小说家等诸子百家，基本上源出于史。由此可见，先秦诸子与“史”有一种天然的、紧密的关系，这是诸子之所以能在运用历史知识方面有突出表现的重要基础。

除了以上所述诸子与“史”的天然联系之外，还有几个因素值得注意。

历史意识的增强，是诸子大量运用历史知识的重要动因。伴随着人类历史的发展历程，一方面是生产力水平的提高、物质文明的进步，另一方面则是人类本身意识的觉醒。人类的意识，既指人类对自然界的不断扩大和深化的认识，也指人类的自我意识，其中，“认同危机”的出现，是人类自我意识发展的一个必然过程。根据现代心理学的研究，人类个体以及各民族在发展到一定的阶段时，都会产生所谓“我是什么?”“我或我们从何而来”的困惑，这就是“认同危机”。“认同危机”促使人们去探索人类生命的起源及人类社会的发生、发展过程，从某种意义上来说，它也是一种历史意识。在诸子的著述中，明显地表现出了这种“认同危机”，例如，孟子追述了从洪水滔天、五谷不登的洪荒年代到“五谷熟而民人育”时代的发展历程；荀子则探索了社会的起源，揭示了人之所以能脱离动物而发展出人类社会的原因；庄子追述到远古容成氏、大庭氏、伯皇氏、中央氏、栗陆氏、骊畜氏、轩辕氏、赫胥氏、尊卢氏、祝融氏、伏羲氏、神农氏时代的历史；商鞅将历史分为上世、中世、下

[1] 刘师培：《古学出于史官论》，见杜维运、黄进兴编：《中国史学史论文选集》，台北华世出版社 1976 年版，第 44—45 页。

世；韩非子从“人民少而禽兽众”的上古时代叙述到“当今之世”，将历史划分为上古、中世、当今以及上古之世、中古之世、近古之世、当今之世。

二、对历史知识的运用及方法

运用历史知识来说理，这是先秦诸子较为普遍采用的一种方式，其中，墨子、孟子、韩非等人表现得尤为突出。

通览《墨子》一书，人们会产生一个深刻的印象：该书各篇虽是政论文，但史料却非常丰富，作者十分注重运用历史知识来发表议论、分析论证，并且，在运用历史知识进行议论方面形成了鲜明的特色。这些特色包括如下几方面。

其一，贯通古今，旁征博引。

《墨子》一书引用历史事例来进行议论，其跨度上至上古时期的尧、舜、禹之史，中至文、武、厉、幽之史，近至“当今之主”“当今之君”之事，亦即当代史，贯穿数千年，可谓是“通古今之变”。

墨子的历史知识甚为丰富，他在《墨子》一书中旁征博引，运用了非常丰富的历史资料来议论说理。据统计，在现存《墨子》42篇中（《城守》诸篇不包括在内）共引用历史事例105例，每篇平均引用历史事例2.5则（又，书中出现的历史人物达106人之多)。这种情况，在先秦诸子著作中是较为典型的，这固然可以说明墨子学识的渊博，但更说明了墨子对于援史入论、史论结合的重视以及在这方面所做出的巨大努力。

其二，寓理于史，见识卓然。

墨子叙事，有时纵横议论，滔滔不绝，有时则列举史事，议论不多，寓理于史，引人思索。例如，墨子在强调国防的重要性时，列举了历史上的教训：“夫桀无待汤之备，故放；纣无待武之备，故杀。桀纣贵为天子，富有天下，然而皆灭亡于百里之君者，何也？有富贵而不为备也。”[1] 通过列举历史上因不重视防备而致杀身亡国的往事，国防的重要意义自然而然地凸显了出来。又如，墨子在论述“尚贤”的必要性时

[1]《墨子·七患》。

说道："故古者尧举舜于服泽之阳，授之政，天下平。禹举益于阴方之中，授之政，九州成。汤举伊尹于庖厨之中，授之政，其谋得。文王举闳夭、泰颠于罝罔之中，授之政，西土服。"[1] 这样，古代明君不拘一格地重用贤人而导致天下大治的系列史事一举，"尚贤"的重要性也就不言而喻了。

墨子之所以能得心应手、恰到好处地运用史料来说理，这与他具有良好的史学修养与卓越的历史见识有密切的关系；反过来说，正因为他见识卓绝，才能从容驾驭丰富的史料，收到良好的说理效果。

其三，使用排比，增强气势。

《墨子》一书在运用历史知识来说理时，行文常常以排比的形式出现，例如："昔者文公出走而正天下；桓公去国而霸诸侯；越王勾践遇吴王之丑而尚摄中国之贤君。"[2] 他以此说明，只要不怕失败，忍辱负重，发愤图强，终能"败而有所成"。又如："是故比干之殪，其抗也；孟贲之杀，其勇也；西施之沉，其美也；吴起之裂，其事也。故彼人者，寡不死其所长，故曰'太盛难守'也。"[3] 借此说明"招木近伐""太盛难守"的道理，要求统治者特别注意保护有特长的贤士。再如："周成王之治天下也，不若武王；武王之治天下也，不若成汤；成汤之治天下也，不若尧舜。故其乐逾繁者，其治逾寡。自此观之，乐非所以治天下也。"[4] 用以说明声乐对治国无益，"乐非所以治天下"的道理。墨子使用排比的句式，列举历史事实，阐明其政治主张，铿锵有力、掷地有声，增强了论证的气势和感染力，常能取得良好的论证效果。

其四，正反比较，结论自明。

《墨子》一书在运用历史知识论述时，常常采用正反比较的方法，例如："昔三代圣王，禹、汤、文、武，此顺天意而得赏也。昔三代之暴王，桀、纣、幽、厉，此反天意而得罚者也。"[5] 又如："非独染丝然也，国亦有染。舜染于许由、伯阳，禹染于皋陶、伯益，汤染于伊尹、

---

[1]《墨子·尚贤上》

[2]《墨子·亲士》

[3]《墨子·亲士》

[4]《墨子·三辩》

[5]《墨子·天志上》。

仲虺，武王染于太公、周公。此四王者，所染当，故王天下，立为天子，功名蔽天地。举天下之仁义显人，必称此四王者。夏桀染于干辛、推哆，殷纣染于崇侯、恶来，厉王染于厉公长父、荣夷终，幽王染于傅公夷、蔡公谷。此四王者，所染不当，故国残身死，为天下僇，举天下不义辱人，必称此四王者。”[1] 正反双方不同的做法，不同的结局，构成鲜明的对照，以此说理，理直气壮，以此推论，结论自明。

《墨子》对于历史知识的运用，说明作者具有丰富的历史知识和很强的历史意识，作者驰骋于古史资料的园地，使其议论颇为增色，并大大地增强了它们的感染力和说服力。

孟子具有非常丰富的历史知识，对唐、虞、夏、商、周、春秋的历史以及战国当代史都很熟悉。我国上古的历史，由于年代久远，历史文献残缺，遂使得许多问题都成了千古之谜，而孟子在这方面却掌握了不少的资料，并且有一定的研究。例如，商周土地制度的特点如何，这是关系到商周社会性质研究以及我国古代史分期的重要问题，在先秦史籍中，对这方面的记载极为罕见，孟子根据他的研究，得出了有影响的见解："方里而井，井九百亩，其中为公田，八家皆私百亩，同养公田，公事毕，然后敢治私事。"孟子还谈到相关的赋税制度，他说："夏后氏五十而贡，殷人七十而助，周人百亩而彻，其实皆什一也。"[2] 对于古代的商税制度，孟子提出了"关市讥而不征"的看法，认为政府在关卡和市场，只稽查，不征税，实行"零关税"。他还指出，"古之为市也，以其所有易其所无者。"[3] 认为我国古代早期的贸易是以以货易货的形式出现的，这个观点无疑是正确的。至于说到向商人征税的原因，孟子讲了一个故事，说从前有一个"贱丈夫"（意为卑鄙的人），想一个人独吞所有做买卖的好处，他爬到高处，东看看，西望望，人们都认为这家伙卑劣，因此征他的税，向商人征税由此开始。这种说法当然不足为凭，但是，这是否也含有这样一种意蕴，即上古时期贸易由小到大，乃至于后来出现了巨贾大富，若此，则又与上古史实相去不远了。

---

[1] 《墨子·所染》。
[2] 《孟子·滕文公上》。
[3] 《孟子·公孙丑下》。

此外，孟子对西周的官爵和俸禄制度，也进行过考察和研究，在回答北宫锜所提出的这方面的问题时，孟子谦虚地说，“轲也尝闻其略也”，但实际上，孟子对西周官爵等级的划分、各等级（包括农夫）享有土地、俸禄的情况都做了较为详细的介绍。尽管其所叙的真实程度如何，还有待于做进一步的考证，但至少可以看出，孟子在这方面的确是做过一番认真研究的。在《孟子》一书中，孟子用了大量的篇幅来叙述历史上君王和杰出人物的事迹，几乎每一篇都有叙及。其中，尤以《万章》篇为典型，该篇从唐尧、虞舜一直谈到孔子、百里奚，显示出他在这方面丰富的历史知识。其中，尤以对舜的叙述最为详细：从舜小时所遭受的父亲和弟弟的迫害，谈到他的发迹，以及后来他如何协助尧治理国事、在当上天子之后又如何管理国家等等，几乎可视为一篇虞舜传。这些叙述的可靠程度如何，能否作为信史，对这个问题，应该持慎重态度，进行客观的分析。在封建时代，出于维护儒家统治思想与圣人地位的需要，对孟子的这些叙述，往往不加辨析，全盘肯定，这当然不是科学的态度。而在 20 世纪出现的几次疑古、批儒思潮中，又每每不分青红皂白，将孟子有关上古君王事迹的叙述，统统斥为编造，似乎也言之过激。其实，孟子的这些叙述，有的是有文献依据的，包括他当时尚能见到而现在已经失传的一些资料，有些则是采用了千百年来口耳相传的资料（即“口碑史料”）。就连以撰写信史著称的“通古今之变”的大史学家司马迁，在其《史记》中也引用了部分孟子的叙述。可见，简单地全盘否定，其理由并不是很充足的。当然，孟子的这些叙述中，是否有某些以讹传讹甚至自己编造的成分，不能排除这些可能性的存在，应进行具体细致的辩证考析。

孟子古史知识丰富，谈论历史如数家珍，运用历史知识来阐述其政治伦理观点、说服别人得心应手，在对于历史知识的运用方面形成了自己的特色。他常常采用的方法有如下几种：

其一是直言相陈法。即直截了当地叙事说理，别人需要知道哪方面的史事，孟子就尽其所知，直言相告，无所隐讳。例如，齐宣王想了解有关“王政”的情况，孟子遂即告诉他说：“昔者文王之治岐也，耕者九一，仕者世禄，关市讥而不征，泽梁无禁，罪人不孥。老而无妻曰鳏，老而无夫曰寡，老而无子曰独，幼而无父曰孤。此四者，天下之穷民而无告者，文王发政施仁，必先斯四者。”[1] 说得具体、明白，达到了孟子宣扬仁政的目的，齐宣王听完后连称：“善哉言乎！”

其二是顺势发挥法，即利用可以利用的机会和场合，接过别人的话题，运用所掌握的历史知识，顺势发表一番议论。据《孟子·梁惠王上》，有一次，孟子去会见梁惠王，梁惠王正站在池塘旁边，顾盼着翱翔的大雁、嬉闹追逐着的麋鹿。他见孟子来了，突然发话题问道：“贤者亦乐此乎？”孟子巧妙地顺着这一问话，引用《诗经》和《尚书》中的资料，叙述文王与民同乐以及夏桀丧尽民心的史事，以说明仁政、爱民的意义，并阐述“贤者而后乐此，不贤者虽有此，不乐也”的道理，可谓是接得巧妙，谈得自然，合情合理。

其三是古今对比法，当谈到现实中的某一件事时，孟子常常将相类似的某历史事件拿来对照。例如，齐国攻打燕国，后来击败并攻占了燕国，其他诸侯就商议着发兵救燕，齐宣王有点害怕，就问孟子怎么办。孟子将历史上商汤的灭夏战争与齐的伐燕战争进行了比较，他说，商汤的军队“东面而征，西夷怨，南面而征，北狄怨”，都盼望商汤的军队早日到来，齐伐燕的战争，燕“民以为将拯己于水火之中也，箪食壶浆以迎王师”，在战争的深得民心方面，两者是相同的，但在战争的具体过程中，两者又大相径庭了。汤在伐夏时施仁政，不扰乱老百姓的正常生产和生活，诛除暴君，安抚民众，就像下了一场及时雨，而齐伐燕则大开杀戒，并进行破坏和抢掠，加上齐“倍地而不行仁政”，遂导致面临天下诸侯夹击的局面，因此，齐应立即遣返燕的俘虏，停止搬运燕的宝器，再与燕人协商择立一位新的燕王，然后，齐国从燕撤军，这样，即可望各诸侯停止兴兵[2]。通过古今比较，孟子分析了齐伐燕这场战争与汤伐夏之战的共同点与不同点，指出了齐对燕政策的弊端，并提出了摆脱困境的方法，在古今的交相辉映之中，点燃了人们的智慧之光。

孟子引用史事说理自然贴切、恰到好处，以史喻理，寓理于史，论据充足，逻辑严密，并且，他的叙述生动形象，善做比喻，具有很强的感染力，常常达到较好的说理效果。

---

[1] 《孟子·梁惠王上》。
[2] 《孟子·梁惠王下》。

韩非子高度重视历史知识的积累及其运用，这在《韩非子》一书中突出地表现了出来。在该书中可见，韩非子运用历史知识的方法丰富而多彩，大致可归纳为四端。一是以史料作为其观点的佐证。他探讨问题时常常举出一个或多个历史事例来证明其观点，或者在论述过程中，将史实很自然地糅合进去。例如，他在《十过》篇中列举了君臣易犯的十种错误，其中，关于“小忠”，他写道：

> 奚谓小忠？昔者楚共王与晋厉公战于鄢陵，楚师败，而共王伤其目。酣战之时，司马子反渴而求饮，竖谷阳操觞酒而进之。子反曰：“嘻！退，酒也。”谷阳曰：“非酒也。”子反受而饮之。子反之为人也，嗜酒，而甘之，弗能绝于口，而醉。战既罢，共王欲复战，令人召司马子反，司马子反辞以心疾。共王驾而自往，入其幄中，闻酒臭而还，曰：“今日之战，不穀亲伤。所恃者，司马也，而司马又醉如此，是亡楚国之社稷而不恤吾众也。不穀无与复战矣。”于是还师而去，斩司马子反以为大戮。故竖谷阳之进酒，不以仇子反也，其心忠爱之而适足以杀之。故曰：行小忠，则大忠之贼也。

竖谷阳忠爱子反，知子反嗜酒故敬之以酒，结果却使子反误了战机，并因此而掉了脑袋，通过这个事例，说明了行小忠而害大忠的道理。

关于“贪愎”，他则举了智伯的例子。智伯既率韩、魏、赵伐范、中行而灭此二国，贪心未泯，竟又先后向韩、赵、魏三国索地，赵国不从，遂举兵攻赵，最后，三国联合反抗智伯，智伯落得个“身死军破，国分为三”的下场，成为天下的笑柄。通过这个历史事例，韩非子生动地说明了“贪愎好利，则灭国杀身之本”的道理。

第一种方法，是韩非子在著述中最为常用的方式，《韩非子》一书的绝大多数篇章都采取了这种史论结合的方式。第二种方法是《喻老》篇所采取的形式，即以具体史实说明抽象道理的方法：先列举史实，再引出道理。这种形式，可谓是韩非的一个创举。第三种方法是《说林》篇的形式。《说林》篇汇集了71则历史资料和传说故事，分为上（34则）、下（37则）两部分，其内容非常丰富，涉及政治、军事、经济、外交等方面，有的在后面以一两句话略予评论，大多是以资料的形式排列，一般认为这是韩非积累起来供写作论文时引用的原始资料。四是“储说”的形式。“储说”，就是储存资料和传说故事之意。韩非在这里汇集和储存了大量的历史资料和民间传说故事，因篇幅过大而分为《内储说》和《外储说》，其中，《内储说》分为上、下，《外储说》分为左、右，左、右又分别分上、下，共6篇。与《说林》不一样，内、外储说的体例是，先提出论点，后举例予以说明，其中，论点叫作“经”，举例叫作“说”。一经之下，说又多端，例如，其《内储说·七术·经一》“参观”之下，就有相应的“说”包括“侏儒之梦见灶”“哀公之称‘莫众而迷’”“齐人见河伯”等历史资料与传说故事9则，经说结合，前后呼应，达到了较好的说理效果。

韩非子是先秦法家思想的集大成者，而先秦思想家对于历史知识的积累和运用，在韩非这里也发展到极致。这一方面是时至战国末期，史学的发展，史书的增多，历史资料的日见丰富，使得韩非掌握大量的历史资料成为可能；另一方面，与史学的发展相适应，思想家对史学的认识，对史学功能的思考也在不断深化，这就形成了一种“以史为鉴”、以史为用的自觉意识，这种意识，在韩非子著书立说的实践中，得到了充分的体现，并且构成韩非子立论的一大特色。

三、先秦诸子对历史的诠释

先秦诸子在运用历史知识时还表现出一个重要特点，即重视对历史的诠释。根据现代诠释学的理论，人们在对历史与现实进行诠释时，都有自己特定的诠释立场。这种诠释立场，是人们据以理解历史和现实的意义基点。“面对以往的世界和眼前的现实，人们有不同的态度和取舍，所做的诠释与评价也不同。之所以如此，一个重要原因就在于人们的诠释立场不同。”[1] 一个人的诠释立场的形成，受诸多因素的影响和制约。首先，要受诠释者所处的大环境、大背景的影响。按照海德格尔的观点，人所居住的世界从一开始就是被别人解释过了的世界，围绕着人的事物都已被“命名”了，一切理解活动都有其据以展开的“前理解”，亦即别

[1] 刘耘华：《诠释学与先秦儒家之意义生成》，上海译文出版社2002年版，第3页。

人的解释在先，构成了理解者的“基本假设”。另一方面，由于每个诠释者的家庭、文化背景、人生际遇、气质、性格及个人修养的不同，这就使得每个诠释者都有其独特的个性，这种个性，势必使得传统的意义世界融入诠释者的个人价值，使其对于历史与现实的解释带上程度不同的个人色彩，形成自己的诠释立场。诠释立场在诠释过程中起着至关重要的作用，它往往为诠释规划意义的生成方向。（“意义”在此的含义，按赫斯的解释是文本的意义和读者的会解，加答默尔则认为是文本、历史和读者等不同意义“视域”的融合。）

兹以孟子为例，看看先秦诸子是怎样对历史进行诠释的。在孟子对历史的诠释中，我们发现，其诠释立场与诠释意义生成方向的关联是非常紧密的，其诠释立场的内涵主要表现为仁政、爱民以及个人修养等方面，因而，其诠释意义也就顺着这些方向而展开，下面试举例说明。据《孟子·梁惠王下》：

> 齐人伐燕，取之。诸侯将谋救燕。宣王曰：“诸侯多谋伐寡人者，何以待之?”孟子对曰：“臣闻七十里为政于天下者，汤是也。未闻以千里畏人者也。《书》曰：‘汤一征，自葛始。’天下信之。东面而征，西夷怨；南面而征，北狄怨。曰，奚为后我?民望之，若大旱之望云霓也。归市者不止，耕者不变。诛其君而吊其民，若时雨降，民大悦。《书》曰：‘徯我后，后来其苏。’今燕虐其民，王往而征之。民以为将拯己于水火之中也，箪食壶浆，以迎王师。若杀其父兄，系累其子弟，毁其宗庙，迁其重器，如之何其可也?天下固畏齐之强也，今又倍地而不行仁政，是动天下之兵也。王速出令，反其旄倪，止其重器，谋于燕众，置君而后去之，则犹可及止也。”

在这段叙述中，孟子两次引用《尚书》中有关汤征葛国历史事件的记载，并对它们进行了诠释，诠释内容所表现出来的则是孟子自己的思想。其一，施仁政者，民心归之，虽小国，也无敌于天下；其二，不行仁政者，民心叛离，虽大国，亦危乎殆哉。孟子常常因小段的史料而引申出大段的诠释，生成出许多的意义，出现“过度诠释”的现象，但其中有一点是确定的，即他的诠释所生成的意义，都与他的诠释立场保持一致。

加答默尔认为，“诠释学是历史意识的普遍手段，对于这种手段来说，除了理解表现和表现中的生命外，不再有任何其他的真理认识。历史中的一切东西都是可理解的，因为一切东西都是本文。‘正如语词的字母一样，生命和历史都有一种意义。’所以，对历史过去的探究，最后被狄尔泰认为是解释，而不是历史经验。”[1] 他又说，“历史的联系最终必须被理解成一种意义联系，这种意义联系从根本上就超越了个体的体验视域。意义联系就像一件巨大而又陌生的本文，诠释学必须帮助对它进行破译。”[2] 也就是说，历史意识的表述要借助诠释的方式，二者有着紧密的关系，而对历史的研究也是一种诠释，历史的联系，归根到底是一种意义的联系。

《孟子》一书中，对历史事例的引用多达一百余例，表面看来，有的历史事例的人物、时间、地点及发生背景等都不相同，彼此之间似乎了无联系，好像是孟子信手拈来，其实，若对它们予以仔细分析，可发现在它们之间，往往有着一种“意义”的联系。兹将《孟子》一书中对历史事例的引用情况及各事例之间的意义联系列表如下：

《孟子》引用和诠释历史事例情况一览表

篇　名	引用历史事例的件数	时　代				孟子的诠释（意义生成方向）		
		夏朝及夏之前	商朝	西周	春秋战国	仁政、爱民方面	义、礼、修养方面	其他
梁惠王上	3	1		1	1	2		1
梁惠王下	16		7	7	2	10	2	4
公孙丑上	20	2	4	4	10	3	13	4
公孙丑下	4		1	1	2		4	
滕文公上	18	8		2	8	10	3	5
滕文公下	19	4	1	2	12	4	10	5
离娄上	23	10	4	3	6	10	3	10

[1] 汉斯-格奥尔格·加达默尔著：《真理与方法》，洪汉鼎译，上海译文出版社 1999 年版，第 311 页。

[2] 汉斯-格奥尔格·加达默尔著：《真理与方法》，洪汉鼎译，上海译文出版社 1999 年版，第 671 页。

续表

篇　名	引用历史事例的件数	时　　代				孟子的诠释（意义生成方向）		
		夏朝及夏之前	商朝	西周	春秋战国	仁政、爱民方面	义、礼、修养方面	其他
离娄下	17	6	1	4	6	8	4	5
万章上	16	7	4	1	4	4	6	6
万章下	12	4		8		12		
告子上	1	1				1		
告子下	12	1	1		10	1	9	2
尽心上	4	1	1	1	1	1	3	
尽心下	9	2	1	1	5		6	3
合　计	174	47	25	35	67	66	63	45

从表中我们可以看出，《孟子》14 章中，共引用历史事例 174 件，其中，解释为与实施仁政、爱民有关的内容 66 件，占总引用事例的约 38%，与“义”“礼”、修养有关的内容 63 件，占总引用事例的约 36%，两项合并共 129 件，占总引用事例 174 件的约 74%。可见，孟子所引用的历史资料，大多与一种“意义”有关联，这种“意义”主要是其仁政、爱民以及义、礼、修养等思想主张。可见，孟子还是很善于利用历史诠释这一手段的。

孟子对历史的诠释，有利于其思想主张的宣扬，它是孟子对古史进行整理与研究的动因之一，也是他在说理论证的过程中大量地运用历史知识的直接原因。基于一定的诠释立场对历史进行诠释，以史论政，史论一体，构成孟子学说的一大特色，这也是许多先秦诸子学说的显著特色。这种特色，在一定程度上，可谓是对先秦这一“中国史学的童年时期”（白寿彝先生语）史学与诸子学说密切关系的一种昭示。

先秦诸子对于历史知识的运用也存在着两重性。一方面，他们为了达到良好的说理效果，在引用历史资料来叙述和论证时，要尊重历史事实，以增强其论述的可信度；另一方面，他们为了宣传自己的学说主张，有时又置历史的真实性于不顾，对历史资料的诠释，不是实事求是，而是曲解史事，做出与历史事实不相符合的、有利于自己观点的解释。更有甚者，他们有时还编造历史或改动历史资料。应该指出的是，在运用历史知识进行论证所出现的两重性的现象，就其程度来说，在诸子中的分布是不均等的。例如，在《庄子》一书中，有许多的“历史”故事，这些故事中的人物，有名有姓，而且往往是人们耳熟能详的历史人物如孔子、老子等等，但稍加辨析就不难发现，这些故事中有相当大的部分是庄子的戏说或假托，是当不得真的。而在韩非子等人的著述中，在对历史知识的运用方面，虽然也有夸张、失实之处，但其中有许多资料是经得起考证的，是可信的。其中，有些资料的真实性问题，曾长期遭到人们的怀疑，但后来被地下发掘出的资料证明了其可靠性。因而，在评判诸子运用历史知识方面的两重性问题时，亦应因人而异。

第二节　先秦诸子与中国史学的初创

一、先秦诸子的史学实践

先秦诸子与先秦史官所进行的史学实践，与中国史学在先秦的初步创立密切相关。先秦诸子在著书立说中重视对历史知识的运用，从一定意义上说就是一种史学实践，但从史学的创立和发展的角度看，孔子的史学实践无疑更具典型意义。

孔子的史学实践主要表现在两个方面。一是对包括《诗》《书》《礼》《易》等在内的古代历史文献的整理。对孔子是否整理过上述典籍，存在着不同看法，这很正常，在这方面，我们基本同意周予同先生的观点，他说：“孔子为了讲授的需要，搜集鲁、周、宋、杞等故国文献，重加整理编次，形成《易》《书》《诗》《礼》《乐》《春秋》六种教本，这种说法是可信的。”[1] 稍有异者，我们认为《春秋》是孔子的著作，不属“整理”的一类。在孔子所整理的文献中，对史学而言，最为重要的是《尚书》，尽管“六经皆史”，但还得承认各部典籍的侧重点和特色的不同，

[1] 周予同：《周予同经学史论著选集（增订本）》，上海人民出版社 1996 年版，第 801 页。

从史料价值来看，《尚书》是其中最高的，并且，它作为中国历史上第一部历史文献资料汇编，其地位也是不可挑战的。二是《春秋》一书的编著。《春秋》记事始于鲁隐公元年（前722），止于鲁哀公十四年（前481），记载了春秋两百多年的历史，以记鲁国的历史为主，兼及周王室和其他诸侯国。《春秋》是中国历史上第一部私人编修的历史著作，是我国现存第一部编年体史书，也是我国现存第一部史学著作，由此可见，它在中国史学发展史上具有非常突出的地位。既然有如此多的“第一”，有人遂称孔子为“中国史学之父”，自然不无道理。

二、历史编年思想与历史分期思想

孔子所著《春秋》不仅是我国史学史上现存第一部史书，而且，其中体现出历史编年的重要思想。《春秋》记事的一个首要特点就是采用历史编年的方式，时间线索非常清晰，这说明，在孔子的历史意识中，时间意识占有突出的地位，重时，是孔子史学思想的一个重要特点。史书从形式上看，必须把一定时期的历史从无限的过程中割裂出来，成为有起止的阶段性的过程集合。无论是“通史”还是“断代史”，史书的编撰都必须有时间上的起与止，在这个相对有限的过程中，事物发生又有时间上的顺序，这就是编年系事，所谓“比事”的哲学价值也就在这里。《春秋》较为严格地遵守了这些原则。在一定意义上说，《春秋》的编撰具备这种历史过程的无限与有限结合的意识。《春秋》编年系事进一层又有四时的严格编排，《春秋》开篇就是“春王正月”，把时间的问题放在首位。《春秋》的记事逐年编排很严格。这些是《尚书》不曾具备的。《春秋》不能视为“断烂朝报”，其记事虽比较简单，但有时也能做到有头有尾，如对城濮之战的记载就较为完备。时间，是史学的基本要素之一，在史学著作中，它使得历史事件依据其发生的时间先后，呈现出一种有秩序的排列，使得历史发展的历时性得以充分展现。如果没有这种排列，历史就将变得因果不明、逻辑混乱；如果没有历时性的展现，历史学也就失去了存在的前提。在《春秋》以前的历史记载中，时间记载的遗缺或不详是其明显的缺陷：在甲骨文中，许多只是记了日而没有记年月；在金文中，有的记了年月日，有的则完全没有记时间；在《尚书》

中，有不少篇没记时间，有的虽记了，但不详细，全书中只有《洛诰》一篇在篇末完整地记了年月日。《春秋》一书在对 240 多年历史的记载中，“以事系日，以日系月，以月系时，以时系年”，年年相次，没有间断，这在中国史学史上堪称是一个大的进步，它使得我国的历史记载提升到可以被称为史学的阶段。

先秦诸子在俯瞰历史长河，观察历史变迁时，并不满足于对历史知识的一知半解，也不会将审视历史的目光凝滞于历史过程中的某一点或某一段，而是能够以“通变”的史学意识，纵览古今，根据自己的理性的思维，将历史划分为不同的阶段，并总结出各阶段的不同特点。在这方面，最早的认识者及实践者是孔子。他论述道：

> 天下有道，则礼乐征伐自天子出。天下无道，则礼乐征伐自诸侯出。自诸侯出，盖十世希不失矣；自大夫出，五世希不失矣；陪臣执国命，三世希不失矣。天下有道，则政不在大夫。天下有道，则庶人不议。[1]

他把春秋时代及以前的历史划分为“天下有道”“天下无道”两大时期和礼乐征伐“自天子出”“自诸侯出”以及“自大夫出”三个阶段。孔子是视礼乐征伐的主宰者的变化情况，而做如此的划分，其思想的出发点仍是希图维护周天子的权威、恢复周礼，但是，他的这种叙述，从一个侧面揭示出了历史发展的不同时期的特点，这是值得人们注意的。此外，孔子及其后学还把在他们生活时代之前的历史划分为两个发展阶段。据《礼记·礼运》：

> 孔子曰：“大道之行也，与三代之英，丘未之逮也，而有志焉。大道之行也，天下为公。选贤与能，讲信修睦，故人不独亲其亲，不独子其子，使老有所终，壮有所用，幼有所长，矜、寡、孤、独、废、疾者，皆有所养。男有分，女有归。货恶其弃于地也，不必藏于己；力恶其不出于身也，不必为己。是故谋闭而不兴，盗窃乱贼

[1] 《论语·季氏》。

而不作，故外户而不闭，是谓大同。今大道既隐，天下为家，各亲其亲，各子其子，货力为己，大人世及以为礼。城郭沟池以为固，礼义以为纪；以正君臣，以笃父子，以睦兄弟，以和夫妇，以设制度，以立田里，以贤勇知，以功为己。故谋用是作，而兵由此起。禹、汤、文、武、成王、周公，由此其选也。此六君子者，未有不谨于礼者也。以著其义，以考其信，著有过，刑仁讲让，示民有常。如有不由此者，在势者去，众以为殃，是谓小康。”

孔子及其后学对大同之世的描绘，有一定的理想化的成分，但也在一定程度上反映了原始社会时期社会生活的某些特点；至于“小康之世”家天下的有关描述，亦有符合殷周社会特征之处。将以往历史进行阶段性的划分，这本身也是难能可贵的。

庄子将历史划分为“至德之世”和乱世两个阶段。他认为，三皇五帝之前是“至德之世”，关于“至德之世”的情况及其特点，《庄子》在多处进行了描述。在《庄子·胠箧》篇中叙述了容成氏、大庭氏等人的时代，人民自给自足，互不往来、怡然而乐的生活情况：“民结绳而用之，甘其食，美其服，乐其俗，安其居，邻国相望，鸡狗之音相闻，民至老死，而不相往来。”盛赞“若此之时，则至治已”。在《庄子·马蹄》篇中称：“至德之世，其行填填，其视颠颠。当是时也，山无蹊隧，泽无舟梁；万物群生，连属其乡；禽兽成群，草木遂长。是故禽兽可系羁而游，乌鹊之巢可攀援而窥。夫至德之世，同与禽兽居，族与万物并，恶乎知君子小人哉!”称颂“至德之世”民风淳朴、不争、无为以及与自然融为一体的情况。庄子认为，经历了“至德之世”的黄金时期之后，自三皇五帝以降，则进入乱世，他说：“三皇五帝之治天下，名曰治之，而乱莫甚焉。”[1]在这个乱世中，“子有杀父，臣有杀君，正昼为盗，日中穴阫”[2]。他认为，“自三代以下者，天下何其嚣嚣也？且夫待钩绳规矩而正者，是削其性者也；待绳约胶漆而固者，是侵其德者也；屈折礼乐，呴俞仁义，以慰天下之心者，此失其常然也……自三代以下者，天下莫

[1] 《庄子·天运》。

[2] 《庄子·庚桑楚》。

不以物易其性矣。小人则以身殉利，士则以身殉名，大夫则以身殉家，圣人则以身殉天下。故此数子者，事业不同，名声异号，其于伤性，以身为殉，一也。”[1] 又说：“甚矣夫，好知之乱天下也！自三代以下者是已：舍夫种种之民，而悦夫役役之佞；释夫恬淡无为，而悦夫哼哼之意。哼哼已乱天下矣！”[2] 从不同的角度和方面，庄子对“至德之世”以后的“乱世”进行了揭露和抨击。

《商君书·开塞》写道：“上世亲亲而爱私，中世上贤而说仁，下世贵贵而尊官。”将历史划分为“上世”“中世”“下世”三个时期。韩非把春秋战国以前的历史分为“上古之世”“中古之世”“近古之世”“当今之世”四个阶段，又把远古以来至他所处时代的历史划分为“上古”“中世”“当今”三个时期，从历史阶段的划分形式来看，类似于《商君书》的划分法，但他们描述的各个时期所表现出的特点不一样。

三、对历史人物的评价

先秦诸子在著书立说中，议论历史、评价人物之处甚多，如何评价历史人物，这是史学思想的一个重要的问题。对此，先秦诸子有了一定的认识，且初步形成了一些特色。兹以孔子对历史人物的评价为例，略说明之。

孔子对于历史人物的评价所持的态度和方法，是孔子史学思想的一个有特色的部分，对于三种历史人物，孔子采取了三种有差异的态度和方法。

其一，对传说中的上古“圣王”尧、舜等人，孔子推崇备至。据《论语·泰伯》：“子曰：大哉尧之为君也，巍巍乎！唯天为大，唯尧则之，荡荡乎，民无能名焉，巍巍乎其有成功也，焕乎其有文章！”据《论语·卫灵公》：“子曰：无为而治者其舜也与，夫何为哉，恭己正南面而已矣。”据《论语·泰伯》：“子曰：巍巍乎，舜禹之有天下也而不与焉！”在孔子看来，尧、舜功业辉煌，道德崇高，是民众拥戴的国君。根据顾

[1] 《庄子·骈拇》。
[2] 《庄子·胠箧》。

颉刚先生的考证，在中国的文献记载中，禹出现的时间较早，而尧、舜的名字和事迹最早就是出现在《论语》中，《论语》中的这些论述实际上为以后人们述、评尧舜定下了基调。至战国时期，孟子又补充了许多关于尧舜的故事，此后，史学家们为尧舜作传，或在"论""赞""评""曰"中评论尧舜，大体上没有超出孔、孟所划定的界限。

其二，对有德行的历史人物，孔子赞扬有加。孔子说："泰伯其可谓至德也已矣，三以天下让，民无得而称焉。"[1] 又说"伯夷、叔齐不念旧恶，怨是用希"[2]，"不降其志，不辱其身，伯夷、叔齐与！"[3] 泰伯是殷末人，伯夷、叔齐是殷末周初人，这三人有一个共同的特点就是谦让，泰伯把君位让给弟弟季历（周文王之父），伯夷、叔齐互相谦让君位，结果谁也不肯继位，一道出逃，隐居于首阳山，最终饿死在那里。孔子说，"君子无所争"[4]，对不争而让的人，孔子深有好感。他认为这三人是德行高尚的人，因而对他们大加赞扬。

其三，对有争议的历史人物，孔子能实事求是地予以分析、评价。在这方面，最典型的例子是孔子对管仲的评论。管仲是春秋初年齐国著名的政治家，他匡扶齐桓公成就霸业，政绩显著，但是，以儒家的道德标准去衡量，其人品又存在不少缺陷，因此，后人对他的评价毁誉不一。孔子是如何评价管仲的呢？据《论语》：

> 子曰："管仲之器小哉！"或曰："管仲俭乎？"曰："管仲有三归，官事不摄，焉得俭？""然则管仲知礼乎？"曰："邦君树塞门，管氏亦树塞门，邦君为两君之好，有反坫，管氏亦有反坫，管氏而知礼，孰不知礼？"[5]
>
> 子路曰："桓公杀公子纠，召忽死之，管仲不死。"曰："未仁乎？"子曰："桓公九合诸侯，不以兵车，管仲之力也。如其仁，如

---

[1]《论语·泰伯》。
[2]《论语·公治长》。
[3]《论语·微子》。
[4]《论语·八佾》。
[5]《论语·八佾》。

其仁。”[1]

子贡曰：“管仲非仁者与？桓公杀公子纠，不能死，又相之。”子曰：“管仲相桓公，霸诸侯，一匡天下，民到于今受其赐。微管仲，吾其被发左衽矣。岂若匹夫匹妇之为谅也，自经于沟渎而莫之知也？”[2]

对于孔子所认为的管仲的缺点，如器量小、不节俭、不知礼等，孔子毫不含糊地予以道明，而当子路等人指责管仲不能为主死节，非仁人时，孔子则坚决地给予驳斥。他充分地肯定了管仲相桓公“九合诸侯，不以兵车”“一匡天下”的历史功绩，连声说“如其仁如其仁”，并一字千钧地指出：“微管仲，吾其被发左衽矣。”颂扬了管仲对于整个华夏民族所做出的历史贡献。孔子实事求是地评价了历史人物功过两方面的情况，可谓是“爱而知其丑，憎而知其美”，也可说是两分法。

四、先秦诸子关于历史文献考证思想的论述

中国古代考据学历经几千年的发展，形成我国历史文献学的传统之一，追根溯源，我们应首先探讨先秦诸子考证思想的萌芽。

首先，先秦诸子关于历史考证必要性的思想。先秦诸子意识到对史事做出正确辨别、判断的困难，《韩非子·显学》说：“世之显学，儒、墨也。”“故孔、墨之后，儒分为八，墨离为三，取舍相反不同而皆自谓真孔、墨，孔、墨不可复生，将谁使定后世之学乎？孔子、墨子俱道尧、舜，而取舍不同，皆自谓真尧、舜，尧、舜不复生，将谁使定儒、墨之诚乎？”韩非在这里举了两个事例，一个是有关真孔、墨的问题，另一个是有关真尧、舜的问题。这两个事例的共同之处是：认识主体对所认识的客体存在着分歧，而作为认识客体的历史人物已经作古，不可能复生，因而，对史实的正确判断就成为难题。韩非的这段话，实际上是在论说历史考证的必要性。

[1]《论语·宪问》。
[2]《论语·宪问》。

第二，先秦诸子重“征”的思想。所谓“征”，就是证据，也就是研究问题可以依据的材料。孔子说：“夏礼，吾能言之，杞不足征也；殷礼，吾能言之，宋不足征也。文献不足故也，足则吾能征之矣。”[1] 孔子认为，他能说出有关夏礼的情况，但杞国不足以作证，他也能说出殷礼的情况，而宋国不足以作证，这些都是因为文献（“文”指历史文献，“献”指“贤者”）不足的原因，如有足够的文献，则可以引来作证了。孔子这段话抒发了他对文献不足的感叹，表达了他对文献资料的高度重视以及言之有征的思想。这应是中国历史上这方面思想的最早表达。《墨子》中也有重“征”的思想，据《墨子·非命上》：“故言必有三表。何谓三表？子墨子言曰：有本之者，有原之者，有用之者。于何本之？上本之于古者圣王之事。于何原之？下原察百姓耳目之实。于何用之？废以为刑政，观其中国家百姓人民之利。此所谓言有三表也。”墨子指出，发表议论不能信口开河，而应该有本有原，“本”“原”在这里都是依据的意思。韩非提出了“参验”的观点，他说：“殷、周七百余岁，虞、夏二千余岁，而不能定儒、墨之真；今乃欲审尧、舜之道于三千岁之前，意者其不可必乎！无参验而必之者，愚也；弗能必而据之者，诬也。故明据先王，必定尧、舜者，非愚则诬也。愚诬之学，杂反之行，明主弗受也。”[2] 韩非认为，无“参验”亦即证据，就对事物做出判断，那就是愚蠢；不能断定材料、证据的正确与否就引以为据，那就是欺骗。这里，韩非提出了两个重要的观念，一个是“征”的重要性，一个是判断“征”的正确性的重要性。

第三，对文献资料或历史传说敢于怀疑的精神。孟子说：“尽信《书》，则不如无《书》。吾于《武成》，取二三策而已矣。仁人无敌于天下。以至仁伐至不仁，而何其血之流杵也？”[3]。孟子是儒学传人，而在儒家，《诗》《书》等文献是其学习的经典，在《孟子》中对其引用的也不少。尽管如此，孟子还是对之不迷信，对其中的一些内容，公然提出怀疑及不同的看法。虽然他的分析也不一定正确，但其中所体现出的敢

[1] 《论语·八佾》。
[2] 《韩非子·显学》。
[3] 《孟子·尽心下》。

于怀疑的理性批判精神是十分可贵的。对“尽信《书》，则不如无《书》”之语，程子曰：“载事之辞，容有重称而过其实者，学者当识其义而已；苟执于辞，则时或有害于义，不如无书之愈也。”对此评价很高。孟子的这段话，堪称是开启历史文献辨伪及考证思维的千古名言。子贡曰：“纣之不善，不如是之甚也。是以君子恶居下流，天下之恶皆归焉。”[1] 子贡这段话意味深长，很值得研究。纣王是商王朝的亡国之君，早在武王伐纣时，就在誓师大会上公布了他的三大罪状，即“惟妇言是用。昏弃厥肆祀，弗答；昏弃厥遗王父母弟，不迪。乃惟四方之多罪逋逃，是崇是长，是信是使，是以为大夫卿士；俾暴虐于百姓，以奸宄于商邑”。[2] 此后，西周王朝一直把他作为失德亡国方面的典型。周公说：“呜呼！其在受德暋，惟羞刑暴德之人，同于厥邦，乃惟庶习逸德之人，同于厥政。帝钦罚之。”[3] 就是在颁布戒酒令时，也不忘这一反面教材：“无若殷王受之迷乱，酗于酒德哉！”[4] 千余年来，至子贡时，基本上已成定论。而子贡竟然敢对此唱反调，对传统观念提出怀疑和挑战，这的确是不容易的。更值得注意的是，在这里，子贡总结出一条对于研究和考证历史人物方面颇具启发意义的理论，对历史上失败的、恶名昭著的人物，也要冷静地想一想，是否“天下之恶皆归焉”，反过来还可以考虑，“居上流”的历史人物，会不会出现“天下之善皆归焉”的情况。子贡是孔子的高足，他的这段话应该在一定程度上反映了孔子的思想。

第四，阙疑的思想。阙疑的思想为孔子所创，据《论语·子路》：“君子于其所不知，盖阙如也。”又据《论语·为政》，“子曰：‘多闻阙疑，慎言其余，则寡尤；多见阙殆，慎行其余，则寡悔。言寡尤，行寡悔，禄在其中矣。’”孔子的阙疑思想包括两层意思：一是对未知的东西，宁使其阙如，也不随意议论或著述；二是主张对有怀疑的地方存疑，持谨慎态度地加以保留，不做主观推论。孔子在著《春秋》时，体现了其阙疑的思想，有的史事因史料缺乏，他不大清楚，因此阙而不书。对

[1] 《论语·子张》。
[2] 《尚书·牧誓》。
[3] 《尚书·立政》。
[4] 《尚书·无逸》。

此，顾炎武曾进行了评论，他在《日知录》卷四“王入于王城不书”条中写道：“襄王之复，左氏书夏四月丁巳，王入于王城，而经不书。其文则史也，史之所无，夫子不得而益也。”由此，我们对孔子的阙疑思想能有一个更为具体的理解。“阙疑”的思想从某种意义上来说，也是一种求真的思想，不清楚的地方就让它不清楚而不妄加增益，有疑问的地方，就让疑问保留，而不妄加评说，这种态度运用于史学实践，才有可能产生真正的“信史”。

附一　先秦诸子的学术渊源与史学的关系[1]

在中国史学史上，对于经与史的关系问题，相对研究得较多，但子与史是怎样的关系，则论述得比较少。虽有学人提出诸子亦史的命题，但未能展开讨论。兹拟从先秦诸子与史官及可作为史书来看待的六经的关系，来探讨其学术渊源，以此进一步理解先秦诸子与史学的关系。

一、先秦史官与诸子之学

（一）学在官府、学术下移与诸子兴起

在殷周时期，学术为官府所垄断，即学在官府。章学诚说："三代盛时，《礼》以宗伯为师，《乐》以司乐为师，《诗》以太师为师，《书》以外史为师，三《易》《春秋》亦若是则已矣。又安有私门之著述哉。"[2]这说明，三代的学术文化掌握在政府官吏手中，学在官府，当时没有私人著述。汪中说："昔在成周，礼器大备，凡古之道术，皆设官以掌之。

[1] 此篇是林晓平博士论文《先秦诸子与史学》（中国社会科学出版社 2009 年出版）中的部分内容，兹略作修改，作为与本书内容相关的附录。

[2] 章学诚：《校雠通义》卷一。

官失其业，九流以兴，于是各执其一术以为学。”[1] 亦说明诸子兴起是“官失其业”，才导致“九流以兴”。

春秋中后期，学在官府的境况出现大变化。据《左传》记载孔子之语：“吾闻之，天子失官，学在四夷，犹信。”[2] 所谓“天子失官”，反映了社会动荡、王室衰微以及官府之学受到冲击的情况；“学在四夷”，既肯定了边远地区对文化的保存，也是对文化扩散、学术下移情况的写照。“四夷”不能简单地理解为少数民族地区，而是指远离周王朝中心的四方区域。

学在四夷的初始阶段是文化官吏的播散。关于这方面，孔子以礼乐为例，说：“大师挚适齐，亚饭干适楚，三饭缭适蔡，四饭缺适秦，鼓方叔入于河，播鼗武入于汉，少师阳、击磬襄入于海。”[3] 这可谓是一幅学散于四夷的文化官吏播迁图。

大师亦即太师，据《周礼·春官宗伯》：“大师：掌六律、六同，以合阴阳之声。”可见，大师为政府的乐官[4]。接下来的“亚饭”“三饭”“四饭”等也是乐师。他们本集中在官府，为乐官系统的成员，后来迁往各地。有意思的是，他们的迁徙地分别是东方的齐、南方的楚、中原的蔡、西方的秦，以及黄河、汉水及大海之滨，犹如星星之火，使文化广泛播撒于四夷。

从学在官府到学在四夷，嬗变的后果是私学的出现与诸子之学的兴起。

孔子无疑是在中国早期的私学创办中做出过大贡献者，但不一定就是最早的私学创办者。据王充《论衡·讲瑞》：少正卯讲学，使“孔子之门，三盈三虚”，王充的说法当有所据。当时已有了其他的私学，而且，少正卯的私学办得也很兴旺。诸子之学皆为私学，春秋后期至战国时期，诸子百家纷纷涌现。

《庄子·天下》叙述了学术下移、诸子百家纷起的情况：

---

[1] 汪中：《述学·墨子后序》。

[2] 《左传·昭公十七年》。

[3] 《论语·微子》。

[4] 又据《周礼》，除了掌乐之外，大师还参与和祭祀有关的一些活动。

圣有所生，王有所成，皆原于一……其数散于天下而设于中国者，百家之学时或称而道之。天下大乱，贤圣不明，道德不一，天下多得一察焉以自好。譬如耳目鼻口，皆有所明，不能相通。犹百家众技也，皆有所长，时有所用。虽然，不该不徧，一曲之士也。判天地之美，析万物之理，察古人之全，寡能备于天地之美，称神明之容。是故内圣外王之道，暗而不明，郁而不发，天下之人各为其所欲焉以自为方。悲夫，百家往而不反，必不合矣！后世之学者，不幸不见天地之纯，古人之大体，道术将为天下裂。

《天下》篇在此勾勒了这样一幅图景：道术原于一——数散于天下—天下大乱。百家诸子之学各执一端，从“多得一察焉以自好”到“各为其所欲焉以自为方”，以至“道术将为天下裂”，学术分裂，不能相通。《天下》篇的这段论述很有启发意义，它描述了从学在官府到学术下移、诸子百家蜂起的过程，概述了中国古代学术发展的大势。

从学在官府到学在四夷及诸子兴起的历史性转变的出现，绝不是偶然的现象，它是时势发展之必然。以下几个方面值得注意。

1. 时代呼唤诸子出世

诸子兴起是时代变动的反映，它在时代变动中汇成思潮，对时代变动又产生冲击。春秋时期开始，由于王权的衰落、诸侯国的兴起，政治格局发生了很大的变化。由此造成的直接后果就是，天子威望下降，周王室对天下的控制、天下对周王室的向心力大大削弱，官吏对王室感到绝望，纷纷出走而散布于四方。

班固虽倡诸子出于王官之说，但同时，他也清楚地看到时代与诸子兴起的关系。他说：“诸子十家，其可观者九家而已。皆起于王道既微，诸侯力政，时君世主，好恶殊方。是以九家之术，蜂出并作，各引一端，崇其所善，以此驰说，取合诸侯。”[1] 班固这段话很值得品味，一是以简扼的“王道既微，诸侯力政”八个字概括出诸子兴起时政治格局的变化；二是道出了当时的思想文化产生的背景：“时君世主，好恶殊方”，所谓“好恶殊方”，是指当时的各诸侯国君有着不同的思想，不同的动机

[1] 《汉书·艺文志》。

目的，不同的价值评判观念，以及不同的思想文化需求；三是指出诸子是适应时代的这一需求而“蜂出并作”的，并以他们的学说来“取合诸侯”，接受时代的呼唤。据《墨子·鲁问》：“子墨子曰：‘凡入国，必择务而从事焉。国家昏乱，则语之尚贤、尚同；国家贫，则语之节用、节葬；国家憙音湛湎，则语之非乐、非命；国家淫僻无礼，则语之尊天、事鬼；国家务夺侵凌，则语之兼爱、非攻。’”从这段话可以得知，墨子在不同的诸侯国，根据不同的情况，重点宣扬与之相适应、能治其弊端的思想学说，所谓“择务而从事”实际上就是诸子适应时代以及不同国家情况的坦言。学在官府的文化态势适应“王天下”的时代，诸子蜂起、百家争鸣，则适应诸侯纷争的时势。

意识形态与其所产生的时代有着密切的关系。恩格斯在《自然辩证法》一文中说：“每一时代的理论思维，从而我们时代的理论思维，都是一种历史的产物，在不同的时代具有非常不同的形式，并因而具有非常不同的内容。”[1] 对理论思维与时代的关系进行了阐述。马克思和恩格斯又指出：“一切划时代的体系的真正的内容都是由于产生这些体系的那个时代的需要而形成起来的。”[2] 直接阐明了“划时代体系”的产生与“时代的需要”两者的紧密关系。反观先秦诸子的产生与其时代的关系：时代提供了诸子兴起的物质基础；诸子之学的产生是时代的需要；诸子将其对时代、社会深入观察的结果写入了其著述中，构成其思想学说的重要特色；先秦诸子具有“救世之弊”的强烈动机。

2. 诸子学说涌动体现出先秦学术走势

钱逊指出：直到殷商时期，中国人在外部世界面前，思想上还完全是被动的，他们还没有把自己作为主体去认识世界和认识自己，还没有把自己从外部世界分离出来、独立出来。[3] 他认为在殷商时期还谈不上有真正的思想学术。根据侯外庐的观点，中国古代的思想学术从殷周之际出现，“由殷、商之际古代思想的起源，经过西周‘学在官府’之学，

[1] 恩格斯：《自然辩证法》，《马克思恩格斯选集》第 3 卷，人民出版社 1972 年版，第 465 页。

[2] 马克思、恩格斯：《德意志意识形态》，见《马克思恩格斯全集》第 3 卷，人民出版社 1956 年版，第 544 页。

[3] 钱逊：《先秦儒学》，辽宁教育出版社 1991 年版，第 4 页。

以至东迁前后的思想，是中国古代思想的第一阶段”[1]，经过第二阶段即“东迁以后的思想以至缙绅先生的儒学”的过渡，进入诸子百家争鸣的第三阶段。在“学在官府”的阶段，人们的思想观念较之以前已大为丰富，产生了“以德配天”的思想、“敬天保民”的思想、“礼”“孝”“先王”的观念以及“以史为鉴”的史学思想等等，已有了大量的、较为深厚的思想文化积累。按照学术发展的一般规律，当思想文化的积累达到一定的程度，就会以分化的形式继续发展，犹如水行于山涧，容量已大，乃分解成无数注细流组成的瀑布，腾身而下，飞流直泻三千尺，以磅礴的气势继续行进。在此阶段，史官文化大行其道，史官在记载历史的客观进程方面做了许多的工作，留下了大量的文字记载，但这也需要进一步地爬梳、整理，并上升到一定的理论高度，而这，传统的官学是不能胜任的。学术发展的趋势，使得以史官文化为核心的王官之学已容纳不下当时思想文化的丰富内涵，并且成为阻碍其进一步发展的桎梏。[2] 因而，学术下移、百家诸子蜂拥而现、“道术将为天下裂”遂不可避免。

3. 诸子兴起的经济文化因素

诸子兴起于经济发展、文化交流的社会。经济变动并不是机械地与思想发展相联结，但通过不同的形式，曲折地作用于文化思潮，则可以肯定。齐鲁文化、楚文化以及稷下文化等的出现，正是与经济文化交往的加强有着十分重要的关系。春秋时期，铁和牛耕的普遍使用，使得生产水平因此得到很大的提高，构筑了文化发展所需的物质基础。由于生产力水平的提高，社会分工也有了进一步的发展，《孟子》《荀子》中关于社会分工问题的议论，实际上是当时社会分工得到发展的情况的写照。在当时，脑力劳动与体力劳动得以进一步分工，大量“劳心者”的出现，使得更多的人可以从事思想文化的创作，这一条件，在西周官学时期是不具备的。可以说，西周时期的社会经济基础与社会分工，只能支撑官学那种将文化集中在极少数人手中的文化垄断状态；而春秋战国时期的

---

[1] 侯外庐：《中国思想通史》第一册，人民出版社 1957 年版，第 17 页。

[2] 刘师培曾指出了史官文化的两个弊端，即“一曰上级有学而下级无学”，“二曰有官学而无私学”，这实际上也是对西周官学弊端的指陈。

经济基础，就可支持学术下移、文化扩散、更多的人接受教育并从事文化学术事业的状况。在当时，文化传播工具的发展，也是促使诸子兴起的重要物质条件。

(二) 史官职掌与先秦诸子

我国古代史官设置得很早，据说在夏代，由于夏桀暴虐无道，“夏太史令终古出其图法……乃出奔如商”[1]。似乎夏王朝已有了史官。在殷商甲骨文中，出现了“史”“作册”“内史”“太史”等名称，参诸其他历史文献资料，我国至迟在商朝已设置了史官，当属确定无疑。

大凡一种学术文化的兴起，不能为无源之水、无本之木。学术文化具有传承性，任何学术文化的形成皆应不同程度地吸收了前代与同时代的一些文化因子，先秦诸子也不例外。近代以来，更多的学者探讨了先秦诸子的学术渊源问题，其中，刘师培提出了著名的“古学出于史官论”，认为诸子百家都出于史官。他说：

> 儒家出于司徒，然周史六弢以及周制周法皆入儒家，则儒家出于史官。
>
> 阴阳家出于羲和，然羲和苗裔为司马氏，作史于周，则阴阳家出于史官。
>
> 墨家出于清庙之守，然考之周官之制，太史掌祭祀，小史辨昭穆，有事于庙，非史即巫，则墨家出于史官。
>
> 纵横家出于行人，然会同朝觐，以书协礼事，亦太史之职，则纵横家出于史官。
>
> 法家出于理官，名家出于礼官，然德刑礼仪，史之所记，则法、名两家亦出于史官。
>
> 杂家出于议官，而孔甲《盘盂》亦与其列。农家出于农稷之官，而安国书册，参列其中。小说家出于稗官，而《虞初周说》，杂侗其间。则杂家、农家、小说家，亦莫不出于史官，岂仅道家云乎哉。[2]

---

[1]《吕氏春秋·先识》。

[2] 刘师培：《古学出于史官论》，见杜维运、黄进兴编：《中国史学史论文选集》，台北华世出版社 1976 年版。

刘师培在《汉书·艺文志》诸子出于王官论的基础上，逐一推论为“出于史官”，揭示出先秦诸子学术渊源与史官的关系。但问题在于，其中有的论述含有一些牵强的成分。例如，他仅仅因“德刑礼仪，史之所记”，就断定“法、名两家亦出于史官”，若照此理，司马迁《史记》记载了五帝以来政治、经济、文化等等许多方面的情况，那古代的政治、经济、文化岂不都出自司马迁。显然，这种推断的方式并非十分严谨。

笔者认为，要说明先秦诸子学术渊源与先秦史官的关系，除了根据一些有关先秦诸子与史官之间关系的资料之外，还应当从先秦史官的职责、思想等方面着手探究，这将有助于我们更深入、全面地认识中国古代史学形成过程中的一系列问题。

首先，史官主要职掌之一就是记录史事。

要探索先秦史官的职责，就必然要涉及对“史”字原义的解释。对史字最早进行解释的是许慎的《说文解字》，其说曰：“史，记事者也，从右持中，中，正也。”此说得到不少人的赞同，但也有一些著名学者对此进行了补充说明或提出了新的见解，而什么是“中”，成为研究的重点。江永说：“凡官署簿书谓之中，故诸官言治中受中，小司寇断庶民狱讼之中，皆谓簿书，犹今之案卷也。此中字之本义，故掌文书者谓之史。其字从又，从中，又者右手，以手持簿书也。”[1] 把“中”释为簿书，“史”则释为“掌文书者”。吴大澂同意许慎“史”为“记事者”的说法，但认为“中”为册，持中即持册之象。罗振玉指出：“中”象册形，“史事等字从之”，但“非中正字”。[2] 章太炎认为：“中字纯象册形”，“中本册之类”。[3] 王国维在其《释史》中，对“史”字做了细致的考证，王氏释“中”为盛算之器，并由此进一步推出薄书亦是中，持中即持书，其解释可谓是独辟蹊径。沈刚伯依据《曲礼》“史载笔”、《左传》“南史氏执简以往”等语，并旁证以古希腊文字，认定“以手持中”之“中”乃像笔与简之形，因释“史”为载笔执简之人，即能写字之人。[4] 劳榦

[1] 江永：《周礼疑义举要》。

[2] 罗振玉：《殷虚书契考释三种》，中华书局2006年版。

[3] 章学诚：《章氏丛书·文始》，世界书局1982年版。

[4] 《说“史”》，见杜维运、黄进兴编：《中国史学史论文选集》，台北华世出版社1976年版。

在《史字的结构及史官的原始职务》一文中，别出心裁地将“史”字构想为“从右持钻，钻是象钻龟而卜之事，因为卜筮之事是史官最重要的职务，而记事为后起”[1]。

以上诸种观点，看似众说纷纭，但实际上，除了劳榦的说法与众不同之外，其余的可谓是大同小异，把持中的“中”解释为簿书、册、盛册之器、简与笔等等，都与写字、记事有关，笔者认为，许慎将“史”释为“记事者”基本上是正确的。在先秦时期，史官记事范围非常广泛，其中，统治者的言、行历来是史官记载的重点。[2] 此外，据《左传·襄公二十九年》：“鲁之于晋也，职贡不乏，玩好时至，公卿大夫相继于朝，史不绝书。”又据《史记·廉颇蔺相如列传》，在著名的渑池之会中，秦赵二国国君各令其御史记对方国君在会上或鼓瑟，或鼓缶之事，这说明，当时国与国之间的会盟、交往，是史官必须记载的重要内容。《左传·宣公二年》载：“乙丑，赵穿攻灵公于桃园。宣子未出山而复。大史书曰：赵盾弑其君。以示于朝。”可见，国中发生的大事，亦史官必须记载的内容。《史记·孟尝君列传》：“孟尝君待客坐语，而屏风后常有侍史，主记君所与客语。”可知，有的重要人物的府内，还有史官秉笔，载其言行。除此之外，自然界的天象异常、阴阳失衡、自然灾变等也是史官书记的内容。

其次，编修史册是先秦史官的第二个重要职责。

与记载史事密切相关的是编修史册，记载史事是编修史册的基础，编修史册是记载史事工作的延伸和结果。先秦史官不仅记载历史，而且编著了不少的史书。先秦时期的史书，绝大部分为史官所编修。可见由于史官承担着记事记言和编修史册的职责，在先秦，许多文献资料和著作都出自史官之手——或为他们所记载，或为他们所编著。先秦史官记载的最早的历史文献为甲骨文，周公说殷先人“有册有典”[3]。刘家和说：“殷人曾有历史记载，这是殷人和周人所共知而无疑的。”[4] 这些

---

[1] 见杜维运、黄进兴编：《中国史学史论文选集》，台北华世出版社 1976 年版。

[2] 亦即《礼记·玉藻》所谓“动则左史记之，言则右史记之”，《汉书·艺文志》则曰：“左史记言，右史记事”，后世学者对此多有争议，存疑。

[3] 《尚书·多士》。

[4] 刘家和：《对于中国古典史学形成过程的思考》，见《古代中国与世界》，武汉出版社 1995 年版。

册、典及历史记载，当为史官所记或所编的历史文献。先秦时期的史类文献和著作，除了常见的《尚书》《春秋》《左传》《国语》《战国策》《竹书纪年》《世本》《逸周书》《铎氏微》《虞氏春秋》《楚书》《穆天子传》等之外，据刘节的研究，见于先秦诸书中所引的史籍还有数十种。其中包括："志"类10种；"记"类6种；"史记"类有2种；"春秋"类有5种，另有所谓"百国春秋"；"谱"类2种；"书"类10种；"经"类2种；"箴"类4种；"春秋家类"7种；"杂类"10种。[1] 这些史书，绝大部分为史官所编著。另外，除了"书之竹帛"的形式之外，"镂之金石，琢于盘盂"[2]，也是周代史官记事的一种重要的表现方式。"镂之金石，琢于盘盂"的作品，又称为"金文"，白寿彝指出，"金文作为历史记载是有意识的"[3]，它对周代的分封制度、土地制度、宗法制度以及军事、文化包括史学的一些情况皆有反映，如毛公鼎、史惠鼎、墙盘、麦彝等等，有着很重要的史料价值。[4] 大量的金文资料，也成为诸子获取历史资料的重要来源。

诸子著书立说，常依据或引用史书类的材料，关于这方面，司马迁看得十分清楚。他在《史记·十二诸侯年表》中说："孔子因史文次春秋，纪元年，正时日月，盖其详哉。"又说孔子"故西观周室，论史记旧闻，兴于鲁而次春秋"。指出孔子作《春秋》所依据的就是"史文"和"史记旧闻"。这些"史文"与"史记旧闻"当为史官所编著，因为在孔子之前，没有私人著述，更无私修史书，所有史书类著述皆为史官所记或编著。司马迁又指出："及如荀卿、孟子、公孙固、韩非之徒，各往往捃摭春秋之文以著书，不可胜纪。"这里的"春秋之文"泛指史书类。必须指出的是，司马迁所说绝非空言，而是言之有据的。稍举例证明之。例如，《尚书》为诸子引用甚广的史书；墨子说曾见过"百国春秋"，[5]《墨子》一书具体引用的史书就有《周之春秋》《燕之春秋》《宋之春秋》

[1] 参见刘节：《中国史学史稿》，中州书画社1982年版。
[2] 《墨子·兼爱下》。
[3] 白寿彝：《中国史学史》第一册，上海人民出版社1986年版。
[4] 参见唐兰：《西周青铜器铭文分代史征》，上海古籍出版社2016年版。
[5] 孙诒让：《墨子间诂附录·墨子佚文》。

《齐之春秋》等春秋类史书。[1]《孟子》一书中也提到晋之《乘》、楚之《梼杌》、鲁之《春秋》等等。[2] 另外，诸子著述中所引用或提及的史类著作还有《记》《春秋之记》《丹书》《丹图》《大度之书》《道经》《夏箴》《法言》《齐谱》等等。这些史学著作大多也是史官们的作品。

先秦史官的第三个重要职责是掌管文献典籍。

据《周礼》："史掌官书以赞治"[3]，"大史掌建邦之六典"，"小史掌邦国之志"。[4]《礼记·月令》说："乃命大史守典奉法"，可见史官与文献典籍的关系。《吕氏春秋·先识》："晋太史屠黍见晋之乱也，见晋公之骄而无德义也，以其图法归周。"所谓"图法"，即太史所掌管的国家的各种文献档案。《史记·老子韩非列传》："老子者，楚苦县厉乡曲仁里人也……周守藏室之史也。"唐司马贞对此"索隐"说："藏室史，乃周藏书室之史也。"以上，都是这时期史官掌管各种文献典籍之佐证。另，先秦史官大多知识渊博、学贯古今，这也与史官担任掌管文献的职责不无关系。金毓黼说："至谓六经百家之学，悉出于史官，究有断限不明之嫌，若谓其书悉掌于百司之史，则无可疑者也。"[5] 金德建也指出："西周以及春秋初期和中期大量的古典文献，引起后人珍视的学术宝库，当初都由官府人员世代掌守。这些王官实际性质上属于史官。史官垄断着文献资料并不外传。他们据有的种种知识便是所谓'官学'了。"[6] 他们都对先秦史官掌文献典籍之情况予以了充分的肯定。在春秋战国之际，由于王室的衰落，官失其学，从学在官府到学在四夷，文献典籍也随之流散于地方，成为诸子著书立说的重要资料依据。

先秦史官还有一个重要职责也与周王朝、诸侯国的礼制活动有密切的关系。

据《竹书纪年》："（周平王）四十二年……鲁惠公使宰让请郊庙之

[1]《墨子·明鬼下》。

[2]《孟子·离娄上》。

[3]《周礼·天官冢宰》。

[4]《周礼·春官宗伯》。

[5] 金毓黼：《中国史学史》，上海古籍出版社 2014 年版，第 23 页。

[6] 金德建：《先秦诸子杂考》，中州书画社 1982 年版，第 3 页。

礼。王使史角如鲁谕止之。”又据《吕氏春秋·当染》：“鲁惠公使宰让请郊庙之礼于天子，桓王使史角往，惠公止之，其后在于鲁，墨子学焉。”两则材料说得是同一件事，即因为郊庙之礼的事宜，应鲁惠公之请，史角被桓王派遣去鲁国，后为鲁惠公所挽留不归，其后代也在鲁国，成为墨子的老师。墨子之学导源于此。

这里，就此做相关的一些考察，以见一斑。一是关于史角的身份。在先秦历史文献中，关于史角的资料极少，主要见于以上所引的《竹书纪年》和《吕氏春秋》。孙诒让说：“案《汉书·艺文志》，墨家以《尹佚》二篇列首，是墨子之学出于史佚。史角疑即尹佚之后也。”[1] 认为史角可能是西周著名史官史佚之后。又据席涵静考证，史角是周平王时的王室史官，于周平王四十二年（前729）出使鲁国。[2] 二是关于史官职责与庙及郊庙之礼的关系。汪中说：“古之史官，实秉礼经以成国典，其学皆有所受。”[3] 说明了史官与礼的紧密关系。柳诒徵也指出：“礼由史掌，而史出于礼。”[4] 肯定了史官掌礼之职。《竹书纪年》和《吕氏春秋》都说史角是因郊庙之礼一事去鲁国的，班固说“墨家者流，盖出于清庙之守”，也当与这两则材料有关，那么，史角为何因郊庙之礼之事去鲁国，换言之，史官与庙及郊庙之礼有何关系呢？据《周礼·春官宗伯》“大史”条，大史的职责包括：“大祭祀，与执事卜日。戒及宿之日，与群执事读礼书而协事。祭之日，执书以次位常，辨事者考焉，不信者诛之。”可见，在先秦，史官要从事重要的祭祀活动，郊庙之礼当然也属于大祭祀，与史官关系密切。又据《左传·闵公二年》：“狄人囚史华龙滑与礼孔以逐卫人，二人曰：‘我，大史也，实掌其祭。’”《说文解字》段注“礼”曰：“礼有五经，莫重于祭。”可见，祭为礼中之重，而史官掌祭礼。汪中《述学·墨子序》说：“夫有事于庙者，非巫则史，史佚、史角皆其人也。”进一步说明了“庙”与史官的关系。也等于为“墨家者流，盖出于清庙之守”之言做了脚注，说明墨家源出于史官。三是关于

[1] 孙诒让：《墨子间诂·墨子传略》。

[2] 席涵静：《周代史官研究》，台湾福记文化图书有限公司1983年版，第60页。

[3] 汪中：《述学·墨子序》。

[4] 柳诒徵：《国史要义》，中华书局1948年版，第5页。

墨子师法的史角抵鲁之后的身份。我认为，史角抵鲁之后也为史官。这是因为，先秦史官大体上为世袭，据《荀子·荣辱》："循法则、度量、刑辟、图籍，不知其义，谨守其数，慎不敢损益也；父子相传，以持王公，是故三代虽亡，治法犹存，是官人百吏之所以取禄秩也。"文中所说的对图书典籍"谨守其数"及"父子相传，以持王公"与《庄子·天下》中"旧法世传之史"有着相近的意思，皆叙述了历史文献的掌管者世代相传的状况。因而，史角"在于鲁"的"其后"，其职也当属史官之类。这样，说墨子之学出于史官，就有了站得住的理由，而这又与史官掌礼的职责有密切的关系。

以上所举是与诸子学术起源关系较为紧密的史官的各项重要职责。[1] 从这四项职责来看，先秦史官在中国古代学术史上的作用十分重要，对先秦诸子的学术起源的影响也非常之大。先秦诸子的学术渊源与史官的关系可谓了然。

二、先秦史官文化与诸子史学观念

在诸子兴起之前的三代时期，先秦文化的主流是史官文化。[2]

龚定庵说："周之世官，大者史。史之外无有语言焉，史之外无有文字焉，史之外无人伦品目焉。"[3] 可见史官文化在先秦的重要意义。刘师培说，"周代之学术即史官之学也"，并通过论述"六艺出于史""九流出于史""术数方技之学出于史"等等，强调了史官文化在中国文化史上

[1] 此外，先秦史官还承担着不少其他职责，如"宣达王命"、为统治者提供咨询、掌管祭祀与卜筮以及掌天象历法等等。参见林晓平：《春秋战国时期史官的职责与史学传统》，《史学理论研究》2003年第一期。

[2] 阎步克先生认为：从西周的文化之中可以辨析出乐师和史官两个子系统，而这两者中，"乐师之事更具文化性，而史官之事，则更具实用性、政治性"，乐师"偏重文化"而史官"偏重政治"。（参见阎步克：《乐师、史官文化传承之异同及意义》，见《乐师与史官》，生活·读书·新知三联出版社2001年版）对此观点，本人不敢苟同，因为无论是从史官所承担的职责而言，还是从其对于后世文化的影响而论，史官文化作为先秦文化的主流都是无可置疑的。

[3] 龚自珍：《古史钩沈·论一》。

的开山作用。[1]

中国史学具有许多优良传统，如秉笔直书、“通变”、关注现实的传统、“究天人之际”、文史结合、博学通识等，都滥觞于先秦史官文化。先秦诸子史学观念的产生，也与先秦史官文化有着密切的关联。这种关联，在以下四个方面表现得尤为显著。

1. 历史变化的思想

先秦史官表现出强烈的历史变化观。先秦史官在政坛上相当活跃，他们要应答各类政坛上人物的咨询，说明历史的前途、社稷的命运。在历史大动荡的时代，历史变化、变易的观点，成为他们思想的基本方面。史墨与赵简子的对话，突出地反映出先秦史官的历史变化思想，据《左传·昭公三十二年》：

> 赵简子问于史墨曰：“季氏出其君，而民服焉，诸侯与之，君死于外，而莫之或罪。”对曰：“……天生季氏，以贰鲁侯，为日久矣，民之服焉，不亦宜乎？鲁君世从其失，季氏世修其勤，民忘君矣，虽死于外，其谁矜之？社稷无常奉，君臣无常位，自古以然。故《诗》曰：高岸为谷，深谷为陵，三后之姓，于今为庶……在《易》卦，雷乘《乾》曰《大壮》䷡，天之道也。”

在回答有关“季氏出其君”问题时，史墨先从鲁君与季氏政治得失的历史过程分析该事件的直接原因，然后，以历史变化的思想，并从历史哲学的高度来论述江山易主、君臣易位这一历史发展变化的规律，并引用《诗经》的诗句和《周易》的卦象来论证这种变化的合理性。

掌管古今历史资料，使史官们得以观览历史长河的盛衰变化，形成关于历史变化的观念；而掌管《周易》这部充满变化思想的著作，更增强了他们的变化观念。

《周易》是一部充满变化思想的著作，司马迁认为：“《易》著天地阴

[1] 参见刘师培：《古学出于史官论》，见杜维运、黄进兴编：《中国史学史论文选集》，台北华世出版社 1976 年版。

阳四时五行，故长于变。”[1] 孔颖达在《周易正义》中说：“夫易者，变化之总名，改换之殊称。”程颐说：“易，变易也，随时变易以从道也。”[2] 朱熹说：“易，书名也，其卦本伏羲所画，有交易变易之义，故谓之易。”[3]《周易》不仅以“爻”“卦”象征万事万物，通过它们的组合、变化来表示事物的曲折变化，而且，还直接地表述通变思想：“在天成象，在地成形，变化见矣”，“通变之谓事”，“通其变，使民不倦”，“汤武革命，顺乎天而应乎人，革之时，大矣哉！”[4]《周易》的变化观予先秦史官以深刻的影响，据《左传》《国语》等历史文献记载，在先秦时期，史官们常以《周易》的变化观为指导思想来论述、预测历史发展的前途，或在以《易》占筮的过程中，运用《周易》的变化思想来对事物进行分析。

先秦史官的历史变化观也对先秦诸子产生深刻的影响。司马迁称老子为“周守藏室之史”，他在《史记·老子韩非列传》中写道：“老子所贵道，虚无，因应变化于无为，故著书辞称微妙难识。”班固在《汉书·艺文志》中说：“道家者流，盖出于史官，历记成败存亡祸福古今之道，然后知秉要执本，清虚以自守，卑弱以自持，此君人南面之术也。”老子曾为史官，而史官“历记成败存亡祸福古今之道”这一职业特征使其深谙历史的盛衰变化，这种历史变化观贯穿于他的整个学说中，折射出辩证思维的睿智之光。老子的变化思想对其他诸子产生了深远的影响。从被班固列为道家的诸子看，孙武曰：“战者以正合，以奇胜，故善出奇者，无穷如天地，不竭如江海。”[5] 杜牧对此注曰：“以正道合战，以奇变取胜也。”张预注曰：“言应变出奇，无有穷竭。”所谓“奇”，即蕴变化之意，这与老子的变化观，尤其是老子“以奇用兵”的思想如出一辙。庄子继承了老子的变化思想，并在其基础上又有所发展，他认为从绝对道体的高度看世界，万事万物的性质及存在都是相对的、暂时的，因为

[1]《史记·太史公自序》。

[2] 程颐：《伊川易传》。

[3] 朱熹：《周易本义·上经·序》。

[4]《易·系辞》。

[5]《孙子兵法·兵势》。

它们都处于不断的变化中。鉴于老子与史官的特殊关系，这种影响，从某种意义上说，也可说是史官对诸子思想的影响。史墨关于历史变化的议论，对诸子的历史变化思想也产生了深刻的影响。《墨子·尚贤上》说，“官无常贵，而民无终贱”，这可谓是对史墨思想的继承和发展。《孟子·万章下》说：“君有大过则谏，反覆之而不听，则易位。”这句话表面上是阐述“贵戚之卿”要谏君之过，实际上表达了孟子的历史变化观：贵为一国之君者，若不听劝谏则可使其“下课”，这说明国君的位置并不是一成不变的，而是大可变易的，这与“君臣无常位”的观点何其相似，显然在一定程度上受到史墨思想的影响。可以这样认为：史墨的“君臣无常位”为孟子的“易位”说提供了理论依据。因为“君臣无常位”，所以可以“易位”；因为“无常位”是“天之道”，因而“易位”也是合理的。在对待历史变化的认识上，诸子的思想与史官的观念相通。

2. 天人观念

先秦史官对天人关系的重视，也予诸子以一定的影响。据《国语·周语下》，单襄公在回答鲁成公的问题时说：“吾非瞽、史，焉知天道?”韦昭注：“史，太史，掌抱天时，与太师同车，皆知天道者。”《左传·桓公十七年》：“冬，十月朔，日有食之。不书日，官失之也。天子有日官，诸侯有日御。日官居卿以底日，礼也。日御不失日，以授百官于朝。”根据杨伯峻的考证，日官即太史。《左传·哀公六年》：“是岁也，有云如众赤鸟，夹日以飞三日。楚子使问诸周大史。”《礼记·月令》：“乃命大史守典奉法，司天日月星辰之行，宿离不贷，毋失经纪，以初为常。”从以上材料中可知，先秦史官懂天象，且掌天文。[1] 掌天文历法，这既是因为记事的需要，也是祭祀的需要。由于掌天文，史官必须关注天，包括天的常象、天的异象及自然灾害；而由于记载历史的职责，史官又必须关注人事。这双重的关注，必然要导致对天人关系的思考和探索。值得注意的是，先秦史官在对天象的解释中，有时表现出朴素唯物的观点，例如，《左传·僖公十六年》：

[1] 另据《汉书·司马迁传》，司马迁说，“文史星历，近乎卜祝之间”，他本人曾参与著名的《太初历》的编修。可见，直到西汉初年，史官的职责中仍然保留有与天文历法有关的成分。

> 春，陨石于宋五，陨星也。六鹢退飞，过宋都，风也。周内史叔兴聘于宋，宋襄公问焉，曰："是何祥也？吉凶焉在？"对曰："今兹鲁多大丧，明年齐有乱，君将得诸侯而不终。"退而告人曰："君失问。是阴阳之事，非吉凶所生也。吉凶由人。吾不敢逆君故也。"

周内史叔兴碍于面子，敷衍了宋襄公几句，私下却表白了他的真实思想：陨石以及"六鹢退飞"等现象都是"阴阳之事"，即自然的变化，人事的"吉凶"取决于人的所为，与自然变化没有关系。史官具有朴素唯物主义的天人思想，对诸子产生了深刻影响。据《荀子·天论》："星坠木鸣，国人皆恐。曰：是何也？曰：无何也！是天地之变，阴阳之化，物之罕至者也。"这段话，俨然是内史叔兴所论的翻版；《荀子·天论》又说："天行有常，不为尧存，不为桀亡。应之以治则吉，应之以乱则凶。"这段话，也似乎就是叔兴"吉凶由人"观点的诠释。

3. 重"礼"的意识

在礼崩乐坏的时代，史官一方面看到，这是一种不可避免的趋势；另一方面，又希望维持礼制社会的关系，维持周天子的统治。先秦的礼既包括礼仪制度，也包括人们的礼的观念。礼是一个历史的范畴，它并非从来就有的，而且，它也随着历史的变化而呈现着盛衰变动的迹象。对礼的看法，其中也凝聚着人们的史学观念。

先秦史官表现出重视礼的思想，据《左传·僖公十一年》：

> 天王使召武公、内史过赐晋侯命，受玉惰。过归，告王曰："晋侯其无后乎！王赐之命，而惰于受瑞，先自弃也已，其何继之有？礼，国之干也；敬，礼之舆也。不敬，则礼不行；礼不行，则上下昏，何以长世？"

内史过奉周襄王之命，前往晋国，赐晋惠公命，结果却目睹了晋惠公君臣的非礼行径，愤愤而还。是什么非礼行径呢？《左传》没有记载，参《国语·周语上》："襄王使召公过及内史过赐晋惠公命，吕甥、郤芮相晋侯不敬，晋侯执玉卑，拜不稽首。"可谓君臣上下皆失礼。内史过因而抨击晋惠公"自弃""无后"，并在此基础上抒发了对礼的看法，认为礼对于国家来说是至关重要的，是“国之干”。“干”，据《说文解字》，“一曰本也”。可见，国之干即为国之根本之意。并且他认为，若礼不行，上下昏乱，社稷就不能维持，不能长久。史官重礼的思想，对先秦诸子产生了较深的影响。据蔡尚思的观点，孔子思想体系的中心是礼。[1]这是有道理的。孔子说：“不知礼，无以立。”[2]又说：“兴于《诗》，立于礼，成于乐。”[3]认为礼是人们立足于社会的基本依据，作为君子，则更应该以礼来约束自己，这样，才不至于离经叛道。“君子博学于文，约之以礼，亦可以弗畔矣夫。”[4]又认为，统治者也要重视与实行礼，才能使百姓听命：“上好礼，则民易使也。”[5]又据《礼记·礼运》：“孔子曰：夫礼，先王以承天之道，以治人之情，故失之者死，得之者生。”孔子认为，礼之得失，甚至关系到人的生死存亡。孟子也重礼，说：“不信仁贤，则国空虚。无礼义，则上下乱。无政事，则财用不足。”[6]他认为不讲礼义，就会造成统治秩序的混乱。荀子对礼也十分强调，杜国庠认为荀子的思想最突出的就是礼，[7]可谓抓住了荀子思想的要害。《荀子》一书中，专设《礼论》篇以论礼，说：“礼者，人道之极也。”《王霸》篇说：“国无礼则不正，礼之所以正国也。”说明“礼”的意义。墨子既以主持郊庙之礼的史官后代为师，就使他不能不受有关礼的意识的影响。墨子说：“无君臣上下长幼之节，父子兄弟之礼，是以天下乱焉。”[8]

4. 记史方法与“直笔”观念

先秦史官对记史工作极为重视，在记载史事时，他们表现出两重性的特点，这又对诸子的史学实践产生了影响。在春秋战国时期，史官的史学自觉意识及责任感进一步增强，他们认真地履行着记言记事等史学

[1] 蔡尚思：《孔子思想体系》，上海人民出版社1982年版，第238页。
[2]《论语·季氏》。
[3]《论语·泰伯》。
[4]《论语·雍也》。
[5]《论语·宪问》。
[6]《孟子·尽心下》。
[7] 杜国庠：《先秦诸子思想概要》，生活·读书·新知三联书店1949年版。
[8]《墨子·尚同中》。

方面的职责，敢于秉笔直书，留下了一些为后人所称道的事迹。据《左传·襄公二十五年》记载，齐国的崔杼杀害了其国君，“大史书曰：‘崔杼弑其君。’崔子杀之，其弟嗣书而死者二人，其弟又书，乃舍之。南史氏闻大史尽死，执简以往，闻既书矣，乃还”。为如实地记载史事，齐史兄弟前赴后继，视死如归，三人惨遭杀害，四弟仍坚持直书，南史闻讯也赶来加入到直书的队伍，最终将史实记载了下来。此事迹真可谓是惊天地而泣鬼神，中国史学直笔的优良传统因此得以开创。但与此同时，我们也应该看到这种直笔所体现出的两重性。据《左传·宣公二年》：

> 乙丑，赵穿攻灵公于桃园。宣子未出山而复。大史书曰“赵盾弑其君”，以示于朝。宣子曰：“不然”。对曰：“子为正卿，亡不越竟，反不讨贼，非子而谁？”宣子曰：“呜呼！‘我之怀矣，自诒伊戚’，其我之谓矣。”孔子曰：“董狐，古之良史也，书法不隐。赵宣子，古之良大夫也，为法受恶。惜也，越竟乃免。”

这段记载，历来被视为古代史官坚持直书的典型材料，实际上，这是一种简单化的看法。董狐的这种做法，其实体现出直书和曲笔的双重性质。固然，晋灵公的被杀，作为晋国权臣的赵盾不能说没有一点责任，而敢于将握有生杀大权的赵盾以“弑君”的恶名载入史简，这甚至不是一般的直笔史官所能做到的，这似乎表现出了大史的“直”，这是问题的一个方面。另一方面，杀灵公的凶手，事实上已经很清楚就是赵穿，但史官却放掉凶手，揪住赵盾不放。依大史本人的说法，赵盾的问题有二：一是“亡不越竟”，二是“反不讨贼”。如何来看待这两个问题？关于“亡不越竟”，晋灵公是历史上有名的暴君，他聚敛钱财，大兴土木，还在高台上用弹弓射人，并以观看人们躲避弹弓的情景来取乐。他甚至因熊掌煮得不够熟而残忍地把厨师杀死。后来，他又要害死赵盾，在这种情况下，赵盾逃亡。显然不能因赵盾逃亡而还没有出境，就把他说成是杀害国君的凶手。关于“反不讨贼”，灵公死后，赵盾自然要回到国都，回来之后，他没有讨伐赵穿，其中原因可能是多方面的，也许他认为赵穿所为是为民除害，或者，要讨伐赵穿有种种阻力，抑或还有其他原因，但不管怎么说，因“反不讨贼”就把赵盾定为杀人凶手，这个推论在逻辑上是不能成立的。由此可知，既不能证明赵盾是杀害晋灵公的凶手，却硬要把“赵盾弑其君”载入史册，这实际上是“误判”，属于曲笔性质。从齐太史、南史和晋史官董狐的记史方式中，可看出先秦史官记载史事所表现出的两重性特点：一方面，他们表现出一种对所担任的史官职责的敬业精神，以及“威武不能屈”的独立人格、视死如归的大无畏精神，敢于顶着压力，秉笔直书。另一方面，他们在记载历史时，有时会采取一种貌似直笔的曲笔，或直中有曲的写法，这种写法，是他们出于某种观念或“书法”的非客观的判断，往往是一种主观的误判。

先秦史官记载史事的两重性特点，对孔子产生了一定的影响。上引《左传》中孔子的话也十分耐人寻味，这番话表面上很公道，既称赞董狐为“古之良史”，因为他“书法不隐”即坚持直笔；又赞扬赵盾为“古之良大夫”，并以惋惜的口吻说他“为法受恶”。这里出现了两个矛盾。孔子既认可了董狐的书法为直笔，认可了赵盾为弑君者，无论是根据周礼，还是按照孔子的思想，弑君者都是大逆不道的，是恶臣和罪人，而对赵盾孔子竟又称之为“良大夫”，这是矛盾一。矛盾二，孔子既认定董狐的写法是“书法不隐”的直笔，又为董狐宣判的结果表示遗憾，认为赵盾是“为法受恶”，亦即成了“法”的牺牲品。“法”在这里是“书法”，也即史家撰史的原则方法的意思。依孔子的说法，赵盾是良大夫，董狐宣判的结果又有令人遗憾的地方，那么，“赵盾弑其君”的记载就不是很合理，因此，也就有着“曲”的意味，而不是真正的“直”。[1]

总之，孔子认同此事中史官的做法，深受史官的影响，这种影响，已具体体现在孔子的史学实践中。在《春秋·宣公二年》中，他写道：“秋，九月乙丑，晋赵盾弑其君夷皋。”与《左传》所载对读可以发现，孔子在这里几乎是照抄董狐的记述，只是补充写进了晋的国名以及晋灵公的名字而已。这表明孔子不仅赞扬董狐“书法不隐”，而且完全赞同董狐对此事的记载方式。从《春秋》一书的编著中可以看出，孔子既有如

[1] 这个案例在史学史上具有典型意义，它涉及历史的真实和史学的真实问题、直笔和曲笔的标准问题、撰史的“书法”问题乃至对历史人物的评价以及评价标准诸问题。

实记载的一面，又有曲笔记载的一面。后来，《春秋》上升为“经”，地位大大提高，影响也随之加大，因而，孔子的这种写法，又反过来深深地影响了中国史学的发展。

三、诸子与经及史

章学诚指出：“盈天地间，凡涉著作之林，皆是史学。六经特圣人取此六种之史以垂训者耳。子集诸家，其源皆出于史。”[1] 在这里，章学诚基于其史学经世致用的思想，对史学内涵做出了新颖的理解，提出了泛史学的释义，认为一切著作皆是史学，可谓是振聋发聩。其中所述“子集诸家”，当然包括先秦诸子及其著作，他认为其源皆出于“史”（“史”在这里是指包括六经在内的史书）。刘家和说：“史学是一门涉及面很广的学科，同很多学科有着这样或那样的关系。”[2] 他的《史学与经学》以及金景芳的《经学与史学》等文章，都说明中国史学与经学的关系，为我们研究中国传统史学开启思路。而经学与子学、史学又有着密切的关系。所以，此处从另一角度，谈诸子与史学关系，是为一种补充。

（一）经子关系

经、史、子在很长时间是在相互联系中发展的，之后才分成不同学术门类。《隋书·经籍志》说“经籍源于史”是合乎事实的。宋文帝时，儒玄文史分立，目录学的分类，反映了学术的变化，但史学的发展，仍与经、子等有着密切关系。

经史关系的讨论是史家史学思想最重要的内容，但“从史学思想的角度看，六经皆史，同样，六经亦是子”[3]。在先秦时期，经、史、子并没有分立，后世所说的六经，在先秦时期，有的也可作为子来认识。例如，孔子所编著的《春秋》本是史书，后来才成为六经之一。孔子是先秦诸子之一，《春秋》为孔子所著且体现出孔子的思想，从这个角度

[1] 章学诚：《报孙渊如书》，《文史通义新编新注》，浙江古籍出版社 2005 年版。
[2] 刘家和：《史学和经学》，见《古代中国与世界》，武汉出版社 1995 年版，第 211 页。
[3] 吴怀祺：《中国史学思想史》，安徽人民出版社 1996 年版，第 40 页。

看，也可说它是子的内容之一，是为“经中有子”。又如，《周易》之经的起源与传的形成是一个很漫长的过程，《易传》形成于战国中后期，其中有大量诸子的内容。刘勰说：“《礼记·月令》，取乎《吕氏》之纪；《三年问》丧，写乎《荀子》之书。”[1] 他也认识到“经中有子”这一事实。又，墨家尹佚所作的《洛诰》编入《尚书》中的《周书》，荀子《礼论》《劝学》《宥坐》诸篇内容被载入《大戴礼记》，是为“子中有经”。江瑔说：“子中有经，经中亦有子”[2]，这是很有见识的。

诸子对六经的评述与大量的引用，也表明经子之间的紧密关系。

据《庄子·天下》：

> 其明而在数度者，旧法世传之史尚多有之。其在于《诗》《书》《礼》《乐》者，邹鲁之士搢绅先生多能明之。《诗》以导志，《书》以导事，《礼》以导行，《乐》以导和，《易》以导阴阳，《春秋》以导名分。其数散于天下而设于中国者，百家之学，时或称而道之。天下大乱，贤圣不明，道德不一，天下多得一察焉以自好。

作者叙述了六经各自的功能：或导志，或导事，或导行，或导和，或导阴阳，或导名分，这是诸子对六经最早的系统评点。并且，作者以“百家之学时或称而道之”肯定了六经在中国文化传承系统中的重要地位，叙述了诸子之学对六经的吸收和继承，说明了诸子之学与六经的渊源和传承关系。

关于先秦诸子的著述中对六经的引用或评述情况，罗根泽进行了部分统计，其统计情况如下：

> 《论语》引《诗》者四，论《诗》者九，引《书》者二，论《礼》者二，论《乐》者三。
>
> 《墨子》引《诗》者十二，引《书》者三十二，引各国《春秋》者四。

---

[1] 《文心雕龙·诸子》。

[2] 江瑔：《读子卮言》，华东师范大学2012年版。

《孟子》引《诗》者三十三，引《书》者二十一，论《书》者一，引《礼》论《礼》者二十三，说《春秋》者三。

《荀子》引《诗》者八十二，论《诗》者十一，引《书》者十五，论《书》者五，引《易》者三，论《春秋》者五，至《礼》《乐》为荀子所传，篇中论述极多，惟《礼经》《乐经》亡佚殆尽，不知何为引书，何为立论，故宁阙焉。[1]

另，又据统计，《管子》引《尚书》六次，《庄子》引《尚书》三次，《韩非子》引《尚书》七次。可见，在其著述和言论中引用六经的内容或对六经进行评述，是先秦诸子中的普遍现象。引用和评述，实际上就是对一种知识的运用。要运用一种知识，一般先要经过学习和理解两个阶段，此后，方能达到运用的程度。对于六经，先秦诸子已经能普遍地达到学习—理解—运用环节中“运用”这一较高的层次，可见六经对于他们影响之深刻。

另外，陈梦家认为，“似孟子时《尚书》或者已编成课本，孔子雅言《诗》《书》，孟子用《书》授徒”[2]。先秦诸子不仅自己研读六经，还以《尚书》作教材来教授弟子，这进一步说明了诸子与六经之间的密切关系。

“六经皆史”，子与经的关系也反映了子与史的关系。

（二）子学、经学与古代史学思想

诸子思想学说与六经有着密切关联。班固认为：“诸子十家，其可观者九家而已……今异家者各推所长，穷知究虑，以明其指，虽有蔽短，合其要归，亦六经之支与流裔。”[3] 颜师古注曰：“裔，衣末也。其于六经，如水之下流，衣之末裔。”说明诸子之论虽各有其特色，但皆源于六经，为六经之衍流。胡应麟说：“百家之学，亡弗本于经也。”[4] 也指出了诸子学术思想“本于经”的情况。

---

[1] 罗根泽：《诸子考索·诸子从考旧序》，人民出版社1958年版。

[2] 陈梦家：《尚书通论》，中华书局1985年版，第14页。

[3] 《汉书·艺文志》。

[4] 胡应麟：《少室山房笔丛》卷三八《华阳博议上》，上海书店2001年版。

章学诚对诸子思想学说与六经的关系进行了阐述，他说：

> 战国之文，其源皆出于六艺。何谓也？曰：道体无所不该，六艺足以尽之。诸子之为书，其持之有故而言之成理者，必有得于道体之一端，而后乃能恣肆其说，以成一家之言也。所谓一端者，无非六艺之所该，故推之而皆得其所本，非谓诸子果能服六艺之教，而出辞必衷于是也。[1]

章学诚认为，诸子学说之所以成一家之言，也是由于各得六经“道体之一端”。他还说：

> 《老子》说本阴阳，《庄》《列》寓言假象，《易》教也。邹衍侈言天地，关尹推衍无行，《书》教也。管、商法制，义存政典，《礼》教也。申、韩刑名，旨归赏罚，《春秋》教也。其他杨、墨、尹文之言，苏、张、孙、吴之术，辨其源委，挹其旨趣，九流之所分部，《七录》之所叙论，皆于物曲人官得其一致，而不自知为六典之遗也。[2]

由此他具体地叙述了各子思想学说与六经的关系。

诸子与六经在思想上的关联是显著的，兹以“孝”的思想为例。孝，《说文解字》称：“善事父母者，从老省，从子，子承老也。”可见，孝的基本含义是“善事父母”。《尚书》中表现出重视孝的思想，对“孝养厥父母”的德行加以称赞，对“矧惟不孝不友”的行为予以谴责，斥之为“元恶大憝”，即招人大怨的首恶。孝后来成为孔子伦理道德规范中的一个十分重要的概念，他要求“弟子入则孝，出则悌”[3]。《论语·为政》：“孟懿子问孝，子曰：‘无违。’樊迟御，子告之曰：‘孟孙问孝于我，我对曰：“无违。”’樊迟曰：‘何谓也？’子曰：‘生，事之以礼；死，葬之

---

[1]《文史通义·诗教上》。

[2]《文史通义·诗教上》。

[3]《论语·学而》。

以礼，祭之以礼。’”孔子又说：“孝弟也者，其为仁之本与!”[1] 把孝悌视为实行仁的基础。有人问孔子为什么不参与政治，孔子引用《尚书》说：“《书》云：‘孝乎！惟孝，友于兄弟，施于有政。’”[2]《论语·宪问》：“子张曰：‘《书》云：“高宗谅阴，三年不言”，何谓也?’子曰：‘何必高宗？古之人皆然。君薨，百官总已以听于冢宰三年。’”这里，“谅阴”即守孝，孔子的弟子子张就《尚书》中殷高宗守孝之事请教孔子，孔子结合古代的礼制予以解释。从孔子对《尚书》中有关孝的内容的引用以及理解，可知，《尚书》中孝的思想对孔子的影响是很大的。孟子对孝给予高度的重视，提倡对民众要“申之以孝梯之义”[3]。又说：“尧舜之道，孝弟而已矣。”[4] 他引《诗经》曰：“永言孝思，孝思惟则。”[5] 又引《尚书》曰：“祇载见瞽瞍，夔夔斋栗，瞽瞍亦允若。”[6] 可见，《诗》《书》孝的观念深入孟子之心。荀子也提倡“兴孝弟”“趋孝弟”，多次引用《诗经》中赞颂孝的诗句，如在《仲尼》篇写道：“媚兹一人，应侯顺德，永言孝思，昭哉嗣服。”在《大略》篇写道：“孝子不匮，永锡尔类。”可见六经中孝的思想对他的影响。

对历史上先王的认识，是先秦史学思想中的一个重要方面。先秦诸子都不同程度地存在着先王的观念，探其源，可追溯到《尚书》《诗经》。“先王”一词，最早应出现在《尚书·盘庚》。在《尚书·盘庚》中，有不少赞颂先王之语，如“先王有服，恪谨天命”，“克从先王之烈”，“绍复先王之大业”等等，这说明早在殷商时期，统治者就有了强烈的先王观。在《周书》中，这类词语就更多了，如“先王既勤用明德”，“皇天既付中国民越厥疆土于先王”，“矧曰其有听念于先王勤家”等等。《诗经》中也有反映先王观念的诗句，如《鹿鸣之什·天保》：“吉蠲为饎，是用孝享；禴祠烝尝，于公先王。”《荡之什·抑》：“弗念厥绍，罔敷求先王，克共明刑。”《荡之什·召旻》：“昔先王受命，有如召公，日辟国

[1]《论语·学而》。
[2]《论语·为政》。
[3]《孟子·梁惠王上》。
[4]《孟子·告子下》。
[5]《孟子·万章上》。
[6]《孟子·万章上》。

百里，今也日蹙国百里。”在《尚书》《诗经》中，还有许多具体叙述五帝、三王事迹，颂扬其美德和美政的内容。《周易》中有“王用亨于岐山，吉，无咎”之爻辞，所谓“王用享于岐山”是说周王在岐山进行祭祀先王的活动。[1]《周礼》中记载了许多有关祭祀先王的制度章法，例如在“大宗伯”一职中写道：“以肆献祼享先王，以馈食享先王，以祠春享先王，以禴夏享先王，以尝秋享先王，以烝冬享先王。”[2] 表现出浓厚的先王观念。可以说，六经中浓厚的先王观予先秦诸子以深刻影响。

孔子继承了《诗》《书》的先王观，推崇尧、舜、禹、文、武等先王，《论语》中有不少赞颂这些先王的内容。孟子言必称尧舜，自称“我非尧舜之道不敢陈于王前”[3]，又说：“为政不因先王之道，可谓智乎?”[4] 他赞美先王之道，且赋予先王之道以非常丰富的内涵，孟子以弘扬先王之道为已任，并通过宣传先王之道来提出自己的政治主张。荀子虽主张“法后王”，但实际上其后王主要指“近世之王”，包括文王武王等人，他们相对尧、舜等远古君王来说是后王，而在孔孟等人眼中仍然是先王，荀子法后王与尊先王其实是一致的。墨子亦重先王，以“上本之于古者圣王之事”[5] 来衡量人们的言行是否正确。墨子是以赞扬先王之道的方式，来表述他的治理社会的观点。

韩非子的思想中，虽然存在着一种反先王的倾向，但值得注意的是，他也有不少赞美先王之辞，如“古者先王尽力于亲民，加事于明法”，“故先王以道为常，以法为本，本治者名尊，本乱者名绝”，[6] 等等。

总之，在先秦诸子的著述中，“先王”一词出现的频率是相当高的，有关先王的议论是非常丰富的，无论是颂扬先王，拟或是批判先王，都说明诸子对先王的关注，体现出其浓厚的先王观念。这种先王观念，其渊源在于六经，先秦诸子先王观的形成，与六经所大力宣传的先王观有

[1] 20世纪70年代，考古工作者在陕西岐山发掘出西周宗庙遗址，证实了《周易》此语是有所据的。

[2]《周礼·春官宗伯》。

[3]《孟子·公孙丑下》。

[4]《孟子·离娄上》。

[5]《墨子·非命上》。

[6]《韩非子·饰邪》。

着密不可分的联系。

重民观念反映出人们对历史创造者的看法，也是史学思想的一个方面。重民观念并非自古就有的，侯外庐指出："卜辞中没有'民'字，周人才重视了'民'。"[1] 在殷商时期，统治者没有"民"的意识，更谈不上"重民"，至西周初年，统治者才开始产生了重民意识。《尚书》《诗经》中体现出了这一意识，并对先秦诸子的思想产生了深刻的影响。

《尚书》《诗经》中的重民意识具体表现为重视民意民心、保民、安民、惠民、哀民诸方面。《尚书》的《泰誓》说："民之所欲，天必从之""天视自我民视，天听自我民听"，是为重视民意民心的思想；《康诰》说："用保乂民"，"用康保民"，是为保民的思想；《皋陶谟》说："在知人，在安民"，是为安民的思想；《盘庚上》说："施实德于民"，是为惠民思想；《召诰》说"天亦哀于四方民"，是为哀民思想。

孔子是先秦诸子中继承《书》《诗》重民思想的第一人，他提倡"修己以安百姓"，弘扬《书》《诗》的安民思想。孔子又提出了"庶民""富民""教民""利民"的观点，这是对《尚书》"惠民"思想的继承和发展。又据《论语·雍也》："子贡曰：'如有博施于民而能济众，何如？可谓仁乎？'子曰：'何事于仁，必也圣乎！尧舜其犹病诸？'"在孔子心目中，能广泛地给民众以实惠，又能帮助人民过得很好的人，不仅做到了仁，简直达到了圣的境地。孟子多次引用《书》《诗》来说明民心的重要性。如引《尚书》说："天降下民，作之君，作之师，惟曰其助上帝，宠之四方。有罪无罪惟我在，天下曷敢有越厥志？"[2] 又引《诗·大雅·灵台》："经始灵台，经之营之。庶民攻之，不日成之。经始勿亟，庶民子来。王在灵囿，麀鹿攸伏。麀鹿濯濯，白鸟鹤鹤。王在灵沼，于牣鱼跃。"[3] 此诗叙述文王筑灵台之事，颂扬文王与民同乐的情景，孟子引来说明统治者应重视民心、与民同乐。孟子重民思想还有一个重要特点，即重视民生，他认为，必须使民众有维持生计的资产，说："民事不可缓也。《诗》云：'昼尔于茅，宵尔索绹；亟其乘屋，其始播百谷。'民之为

[1] 侯外庐：《中国思想通史》第一卷，人民出版社 1957 年版，第 73 页。
[2]《孟子·梁惠王下》。
[3]《孟子·梁惠王上》。

道也，有恒产者有恒心，无恒产者无恒心。苟无恒心，放辟邪侈，无不为已。及陷乎罪，然后从而刑之，是罔民也。”[1] 应该怎样制民之产呢？孟子提出了一个具体方案，描绘了一幅自给自足的自然经济的蓝图。孟子的这种高度关注民生的重民思想，是将《书》《诗》惠民思想的具体化。

除儒家之外，其他先秦诸子也在不同程度上表现出重民思想。

墨子大力宣传“兼爱”，“兼爱”是一种无等差的泛爱的主张，其中就包括了爱民、重民的思想。在《墨子·兼爱下》，他引用《书》《诗》的内容，叙述古代圣王如何兼爱天下之民，还具体地论述了作为统治者应该怎样爱民，说：“为明君于天下者，必先万民之身，后为其身，然后可以为明君于天下。是故退睹万民，饥即食之，寒即衣之，疾病侍养之，死丧葬埋之。”能不能做到这些，他认为这是一个统治者能否成为明君的必要条件。对于统治者迫害民众的行为，墨子予以了揭露和抨击。对民众的悲惨遭遇，他表示了深切的同情，他说：“今天下为政者，其所以寡人之道多。其使民劳，其籍敛厚，民财不足，冻饿死者，不可胜数也。”[2] 指出统治者的“寡人之道”就是害民之道。他又写道：“天子杀殉，众者数百，寡者数十；将军、大夫杀殉，众者数十，寡者数人。”[3] 表现出其哀民的思想。此外，老子对统治者虐民行径的揭露及其哀民思想、《管子》“以人为本”的观点等等，这些，都直接或间接地受《书》《诗》的影响。

另外，诸子与六经皆有“以史为鉴”、总结历史盛衰等思想，这些都说明，诸子是受六经的思想影响的。

综上所述，先秦史官由于其职责的原因，他们所记所著是先秦诸子学说兴起所凭借的重要资料来源，同时，他们的思想观念还直接地、深刻地影响了先秦诸子，先秦诸子与史学的确有着极为密切的学术源流关系。正因为如此，有的学者提出了“诸子亦史”的观点。例如，李清在《绎史》序中说：“或曰：以经为史可欤？曰：奚不可！夫唐、虞作史而

---

[1] 《孟子·滕文公上》。

[2] 《墨子·节用上》。

[3] 《墨子·节葬下》。

综为经，两汉袭经而别为史，盖经即史也。或曰：以子为史可欤？曰：奚不可！夫诸志，史也，而错以经。小学，经也，而错以子。故子亦史也。”明确地提出了“子亦史”的观点，章学诚说：“子部列有类家，而会要典故之书，其例实通于史。法家之有律令，兵家之有武备，说家之有闻见，谱录之有名数，是子库之通于史者什之九也。”[1] 又说：“虽曰诸子家言，实亦史之流别矣。”[2] 章学诚这种诸子皆史的观念，与其“六经皆史”的提法一样，不仅对史学理论有新的贡献，而且对子书也有了新的认识。龚自珍也认为，“诸子也者，周史之小宗也”[3]，强调了子史关系，表明了其诸子亦史的观念。

经史、经子、子史关系密不可分，这构成了中国民族史学的一大显著特色。

[1] 《文史通义·史考释例》。

[2] 《文史通义·史考释例》。

[3] 龚自珍：《古史钩沈·论二》。

附二 先秦诸子著作的史料价值[1]

"先秦诸子著作"包含两层含义，既指先秦诸子撰写的著作，如《荀子》《韩非子》，也指诸子后学所编著，反映其思想学说的著作，如《论语》《管子》等等。先秦诸子著作中有着大量的历史资料，具有较高的史料价值。史料既是史学研究的前提，也是史学思想产生和依据的重要基础。

一、《论语》与《孟子》

（一）我国最早的孔子"实录"和"仲尼弟子传"

孔子堪称是中国古代影响最大的历史人物，也是世界级的历史文化名人，但对他的研究却常因资料少且真伪混杂而难以深入。在这方面，千万不能忽视《论语》。

《论语》是孔子后学所编，主要记载的是孔子的言论，为语录体文献。该书记得很零散，有时是三言两语，有时甚至就一句话，其内容又多为孔子的伦理和教育思想，故其在孔子研究方面的史料价值有时为人

[1] 此篇是林晓平博士论文《先秦诸子与史学》（中国社会科学出版社2009年出版）中的部分内容，兹略作修改，作为与本书内容相关的附录。

所忽略。其实，只要我们对它细心探赜，就会有颇丰的收获。关于孔子的生平历程，《论语》中载有两段孔子的自述：

> 吾少也贱，故多能鄙事。[1]
>
> 吾十有五而志于学，三十而立，四十而不惑，五十而知天命，六十而耳顺，七十而从心所欲不踰矩。[2]

这两段话实际上透露出了有关孔子生平的重要信息。据此我们知道，孔子小时候厄于穷困，干过许多低贱的活儿；十五岁立志于学习；至三十岁时学有所成，说话做事都有把握；四十岁时已掌握了各种知识而不致迷惑；五十岁时懂得了天命；六十岁时，听别人言语，便可以分别真假，判明是非；到了七十岁，便可随心所欲，任何念头不越出规矩。这是从纵的方面，粗线条而又清晰地勾勒出了孔子一生成长的轨迹。横的方面，诸如孔子办学、从政、周游列国、绝粮于陈、遇险于宋，困于匡、蒲等事迹，《论语》中都有一定的记载。尽管这些记载并不完整，也不系统，但却是多角度、多侧面地反映出孔子一生活动的大致情况，是关于孔子生平事迹的原始资料。

在汉武帝之后，随着儒家思想被独尊为统治思想，孔子的地位也被愈抬愈高，由布衣而被追封为“公”“王”。他被描绘成不食人间烟火、只有仁爱之心的无个性的圣人。而真实的孔子，又是怎样的一个人呢？

1. 喜怒哀乐溢于言表。

“享礼，有容色。私觌，愉愉如也”[3]是其喜；“孔子谓季氏：‘八佾舞于庭，是可忍也，孰不可忍也？’”[4]是其怒；“颜渊死，子曰：‘噫！天丧予！天丧予！’”[5]是其哀；“子在齐闻《韶》，三月不知肉

---

[1]《论语·子罕》。

[2]《论语·为政》。

[3]《论语·乡党》。

[4]《论语·季氏》。

[5]《论语·先进》。

味。曰：‘不图为乐之至于斯也！’”[1]是其乐。

2. 讲究饮食。

据《论语·乡党》：

> 食不厌精，脍不厌细。食饐而餲，鱼馁而肉败，不食。色恶，不食。臭恶，不食。失饪，不食。不时，不食。割不正，不食。不得其酱，不食。肉虽多，不使胜食气。唯酒无量，不及乱。沽酒市脯，不食。不撤姜食，不多食。祭于公，不宿肉。祭肉不出三日。出三日，不食之矣。食不语，寝不言。虽疏食菜羹，瓜祭，必齐如也。

孔子不愧为两千多年前的美食专家，色、香、味、形、时、节，中国古代饮食文化的精华和特色，他几乎都论及了。

3. 开开玩笑。

据《论语·阳货》：

> 子之武城，闻弦歌之声。夫子莞尔而笑曰：‘割鸡焉用牛刀？’子游对曰：‘昔者偃也闻诸夫子曰：“君子学道则爱人，小人学道则易使也。”’子曰：‘二三子！偃之言是也。前言戏之耳’。

孔子微笑而戏言，弟子子游当真，以孔子的话反过来批评孔子，孔子表扬子游说得对，并解释说，我不过是开开玩笑而已。

4. 要要“滑头”。

据《论语·阳货》：

> 阳货欲见孔子，孔子不见，归孔子豚。孔子时其亡也，而往拜之，遇诸涂。

阳货想要孔子来拜会他，孔子却不愿见他，于是，阳货就派人送给

[1]《论语·述而》。

孔子一头小猪，根据当时的礼俗，孔子是应当前往致谢的。孔子既不愿违礼，又不愿见阳货，怎么办呢？孔子便耍了一个小滑头，探听到阳货不在家时，就去他家“拜会”和“道谢”，但想不到，却在路上遇见了阳货，其尴尬可想而知。

据上可见，《论语》中所记载的孔子，是一个世俗的、有血有肉的、富有个性的、真实的孔子，正因为如此，称该书为孔子“实录”可也。又由于《论语》是记载孔子事迹的最早的、最原始的资料，因而，它为有见识的史学家所重视。司马迁在写《孔子世家》时，引用《论语》的有关资料多达45条，说明这部“实录”的史料价值的确是很高的。

对孔子弟子的研究，是孔子研究的自然延伸，也是儒家学派研究的重要一环。《论语》中有不少有关孔子弟子的资料。

《论语》一书共记载或提及孔子弟子32人，孔子的主要弟子几乎都在《论语》中出现过。孔子往往用精练而准确的语言来概述其弟子的特征，读后给人留下师从一人而个性纷异的深刻印象。例如，“日三省乎己”的曾子、“告诸往而知来者”的子贡、被孔子誉为“起予者”的子夏、“仁而不佞”“可使南面”的冉雍、“夫人不言，言必有中”的闵子骞、“千室之邑、百乘之家，可使为宰”的冉求，也有因要求学习稼穑而被孔子称为“小人”的樊迟、大白天睡懒觉而被孔子讥为“朽木不可雕”的宰予等等，可谓是千姿百态、栩栩如生。尤其是性情刚烈、疾恶如仇的子路、“一箪食，一瓢饮，在陋巷，人不堪其忧，回也不改其乐”的颜渊，更给人们留下了极为深刻的印象。

《论语》中关于孔子弟子的资料，也为后世司马迁所重视，他在《仲尼弟子列传》中所引用《论语》的有关资料达40条之多。其中，冉耕、冉雍、子夏、公冶长、曾皙、公西赤等人的传，几乎全部抄录自《论语》。《论语》为《史记·仲尼弟子列传》奠定了坚实的资料基础，从某种意义上可以说，《论语》是中国最早的“仲尼弟子列传”。

（二）反映春秋“礼崩乐坏”时代特点的纪实

“礼崩乐坏”是春秋时期显著的时代特点，对这一时代特点，《论语》一书中有许多反映。

在春秋时期，“僭礼”之事层出不穷，《论语·八佾》对此多有记载。

孔子谓季氏："八佾舞于庭，是可忍也，孰不可忍也？"

八佾之舞是一种由 64 人表演的大型乐舞，按照礼制，只有天子才能享用。本来，作为大夫的季氏只能用 16 人表演的四佾之舞，而他却公然僭用天子之礼，在自己的庭院令人表演八佾之舞，这就惹得素以维护礼制为己任的孔子发了脾气。

三家者以《雍》彻。子曰："'相维辟公，天子穆穆'，奚取于三家之堂？"

仲孙、叔孙、季氏三家大夫，在他们祭祀祖先时，也用天子之礼，唱着《雍》这篇诗来撤除祭品，因此，也遭到孔子的谴责。

季氏旅于泰山。子谓冉有曰："女弗能救与？"对曰："不能！"子曰："呜呼！曾谓泰山不如林放乎？"

季氏要到泰山去行祭祀礼，而按照礼制，只有天子和诸侯才有资格这样做，这再次激起了孔子的不满，他试图通过冉有对季氏此行予以阻止。而冉有明确地告诉孔子，自己对此事无能为力，于是，孔子只好发出"呜呼"的哀叹。

《八佾》还记载了"废礼"之事：

子贡欲去告朔之饩羊。子曰："赐也，尔爱其羊，我爱其礼。"

以前，每逢初一，国君就要杀一只羊祭于祖庙，然后回朝廷听政，这种祭庙就是"告朔"礼。后来，鲁国国君不亲临祖庙，也不回朝廷听政，只是杀一只羊做做样子而已，"告朔"之礼形同虚设。因而，子贡认为，既然只是形式，这羊就不必再杀了，但子贡因此而遭到孔子的批评，他认为，即使是残存一点礼的形式，也比完全没有要好。这段叙述，既记载了当时的一些礼遭到废弃的重要情况——鲁国是周公的封国，其礼仪制度相对还是保持得较好的，鲁国尚且如此，其他各诸侯国的情况更可想见；同时，它也反映了孔子对于礼的高度重视和执着的追求。

《论语》又记载了礼官流失之事。据《微子》：

> 大师挚适齐，亚饭干适楚，三饭缭适蔡，四饭缺适秦。鼓方叔入于河，播鼗武入于汉，少师阳、击磬襄入于海。

上述这些人是鲁国的乐官，当时礼乐相关，故也是礼官，由于社会动荡、礼制荒废，乐官们只得流散于异国他乡。礼乐之官流失，是“礼崩乐坏”局面出现的结果，而反过来，又加剧了这种局面。

由上可见，《论语》从不同的侧面记载了春秋时期“礼崩乐坏”的史事，并且，《论语》的记载具体、生动，就这方面来说，它不是史书，却胜似史书。

(三) 从史料角度看《孟子》

我国上古的历史，由于年代久远，历史文献残缺，许多问题都成了千古之谜，而孟子在这方面却掌握了不少的资料，并且有一定的研究。他对古史的一些叙述具有一定的史料价值。例如，商周土地制度的特点如何，这是关系到商周社会性质研究以及我国古代史分期的重要问题。在先秦史籍中，对这方面的记载极为罕见，孟子根据他的研究，得出了有影响的见解：

> 方里而井，井九百亩，其中为公田，八家皆私百亩，同养公田，公事毕，然后敢治私事。[1]

孟子的这段叙述的真实性如何，引起了后人长达两千多年的讨论。商周赋役土地制度问题，是关系到商周社会性质研究以及我国古代史分期的重要问题，因此，在20世纪二三十年代，我国学术界出现的中国社会史论战中，这一问题的争论呈现高潮，许多著名学者卷入其中，争论的余波至今尚未完全平息。商周是否出现过所谓“井田制”，“井田制”的具体情况如何，这是治中国经济史及先秦史的学者们所关注的问题。

---

[1] 《孟子·滕文公上》。

笔者在这里无意介入这方面的争论，只是想提示两点：其一，孟子自视颇高，他宣称“如欲平治天下，当今之世，舍我其谁也?”[1] 其一生以宣扬和推行以“先王之道”为核心的仁政，从而达到治国平天下的目的为己任。而要推行仁政，就要研究包括古代土地及赋役制度在内的“先王之道”。孟子说，“夫仁政，必自经界始”[2]，经界，即丈量土地，可见，孟子对商周井田制的研究有其强烈的内在驱动力。其二，孟子之时，于西周时代相距并不甚远，接触到一些与井田制有关的文献资料或口碑、实物资料，并进行整理和研究，也是极有可能的。孟子的这段话，能得到许多学者的赞同，而且，直到现在研究中国先秦经济与制度史，无论观点如何，都还不得不面对孟子的井田论，这也说明了孟子这段叙述所包含的史料价值。

孟子还谈到相关的赋税制度，说：“夏后氏五十而贡，殷人七十而助，周人百亩而彻，其实皆十一也。”[3] 对于古代的商税制度，孟子提出了“关市讥而不征”的看法，认为政府在关卡和市场，只稽查，不征税，实行“零关税”。他还指出：“古之为市也，以其所有易其所无者。”[4] 认为我国古代早期的贸易是以货易货，这个观点无疑是正确的。至于说到向商人征税的原因，孟子讲了一个故事，说从前有一个“贱丈夫”（意为卑鄙的人），想一个人独吞所有做买卖的好处，人们都认为这家伙卑劣，因此征他的税，向商人征税由此开始。这种说法当然不足为凭，但是，这是否也含有这样一种意蕴，即上古时期贸易由小到大，乃至于后来出现了巨商大富。若此，则又与上古史实相去不远了。

此外，孟子对西周的官爵和俸禄制度，也进行过考察和研究，在回答北宫锜所提出的这方面的问题时，孟子谦虚地说，“轲也尝闻其略也”，但实际上，孟子对西周官爵等级的划分、各等级（包括农夫）享有土地、俸禄的情况都做了较为详细的介绍。尽管其所叙的真实程度如何，还有待于做进一步的考证，但至少可以看出，孟子在这方面的确是做过一番

[1]《孟子·公孙丑下》。
[2]《孟子·滕文公上》。
[3]《孟子·滕文公上》。
[4]《孟子·公孙丑下》。

认真研究的，他的叙述值得重视。

在《孟子》一书中，孟子用了大量的篇幅来叙述历史上君王和杰出人物的事迹，几乎每一篇都有叙及。其中，尤以《万章》篇谈得最为详细，该篇从唐尧、虞舜一直谈到孔子、百里奚，显示出他在这方面丰富的历史知识。其中，尤以对舜的叙述最为详细，从舜小时所遭受的父亲和弟弟的迫害，谈到他的发迹，以及后来他如何协助尧治理国事，在当上天子之后又如何管理国家等等，几乎可视为一篇虞舜传。这些叙述的可靠程度如何，能否作为信史，对这些问题，我们应该持慎重态度，进行客观的分析。在封建时代，出于维护儒家统治思想与圣人地位的需要，对孟子的这些叙述，往往不加辨析，全盘肯定，这当然不是科学的态度。而在20世纪出现的几次疑古、批儒思潮中，又每每不分青红皂白，将孟子有关上古君王事迹的叙述，斥为编造，似乎也言之过激。其实，孟子的这些叙述，有的是有文献依据的，包括他当时尚能见到而现在已经失传的一些资料；有些则是采用了口耳相传的资料（即口碑史料）。就连以撰写信史著称的大史学家司马迁，在其《史记》中也引用了孟子的部分叙述。可见，简单地全盘否定，理由并不是很充足的，应进行具体细致的辨证考析。

中国古代很早就设立了史官，他们掌管国家的典章制度，记言记事，编著史书。因此，按理说先秦的历史文献应该是颇为丰富的。然而，它们流传下来的仅仅是一鳞半爪，热爱祖国文化的人无不为之扼腕痛惜，但在谈到先秦古籍湮失的原因时，人们又几乎是异口同声地将之归咎于秦火之劫。其实，这是不全面的，孟子在回答北宫锜有关周朝制度的询问时说，“其详不可得闻也，诸侯恶其害己也，而皆去其籍”。[1] 这就叙述了先秦典籍失传的另一个重要原因，即各国诸侯为了维护其统治而纷纷清除不利于己的典籍，“去其籍”三字，可谓一语道破了天机，揭示出了一个历史之谜的谜底。

可见，从史料的角度来对《孟子》一书进行研究，能时有收获。

[1]《孟子·万章下》。

二、《老子》与《庄子》

《老子》与其他先秦诸子的著作不同，一是它以高度抽象思辨的形式出现，与其他诸子著作“史论结合”的形式不同；二是它篇幅极短，仅有区区五千文，不像其他诸子著作那样大段地引用历史资料、讲述历史故事。非但如此，《老子》一书中不仅没有历史故事，就连历史人物的名字也未出现过。然而，这并不意味着《老子》一书没有史料价值，如果对《老子》五千文进行斟酌，仍然可读出作为史官的老子所作的历史画卷中的意蕴。在春秋战国时期，战争不断，给社会经济和人民的生命财产造成极大的破坏，《老子》书中对此进行了描述和谴责。说：

> 师之所处，荆棘生焉，大军之后，必有凶年。
> 兵者不祥之器，非君子之器……而美之者，是乐杀人。
> 杀人之众，以悲哀泣之。战胜，以丧礼处之。
> 天下有道，却走马以粪；天下无道，戎马生于郊。

在春秋战国时期，国与国之间相互争斗、尔诈我虞，关系非常微妙，而大国与小国，由于国力的不同，各自对外策略的指导思想也不一样，《老子》对此进行了概括，说：“大国不过欲兼畜人，小国不过欲入事人。”可谓深刻。对于春秋战国时期统治者对于人民的剥削及社会的不公平现象，《老子》书中也予以了揭露：“民之饥，以其上食税之多也，是以饥。”又说：“天之道，损有余而补不足，人之道则不然，损不足而奉有余。”“上食税之多”和“损不足而奉有余”，这是对统治阶级的贪婪性及其对人民剥削行径的真实描述。

《庄子》一书所讲述的故事，虽然大部分是寓言，但也有一些记载历史的资料；就是在其寓言中，有的也蕴涵着一些真实历史的蛛丝马迹，要注意进行甄别。

《庄子·盗跖》记述了远古社会的状况，说：“古者禽兽多而人民少，于是民皆巢居以避之，昼拾橡栗，暮栖木上，故命之曰‘有巢氏之民’。”是当时生产力水平十分低下的写照。至于“知其母，不知其父”，则是远古婚姻制度下社会状况的写照。《庄子》还记载了上古时期的历史或历史人物，如在《秋水》中记载“禹之时十年九潦”“汤之时八年七旱”，反映了夏初和商初严重的自然灾害情况。在《人间世》中写道：“昔者尧攻丛枝、胥敖，禹攻有扈”，记述了尧和禹时期的征伐。《在宥》中记“尧于是放驩兜于崇山”，反映了尧与其他部族之间的激烈斗争。《庄子》中所记述的上古历史人物的事迹值得注意，例如，关于大禹治水之事，《天下》记载道：“昔禹之湮洪水，决江河而通四夷九州也……禹，大圣也。”这段记载，具体而生动地描述了大禹的治水工作和业绩，不失为大禹研究的重要资料。《外物》中说：“尧与许由天下……申徒狄因以踣河”，记载了上古政权逊让与推辞方面的逸事，可供参考。《天下》还记载了古代丧礼的情况：“古之丧礼，贵贱有仪，上下有等。天子棺椁七重，诸侯五重，大夫三重，士再重。”反映了古代丧礼的等级制度特色。文中又写道，“黄帝有《咸池》，尧有《大章》，舜有《大韶》，禹有《大夏》，汤有《大濩》，文王有辟雍之乐，武王、周公作《武》”，记载了古代的音乐篇章，这些篇章后来基本上已失传，这段记载，对我们了解古代音乐发展和流传的情况是很有用的。

《庄子》还记载了春秋战国时期社会动荡、新旧势力斗争、政权更迭的历史。如叙述齐国的田氏政权，说田成子篡夺了齐国的政权，虽然名声不好：“有乎盗贼之名”，但却能“身处尧、舜之安”，长期维持其田氏政权的稳定，“小国不敢非，大国不敢诛，十二世有齐国”[1]。在春秋战国时期，类似田氏政权这样“篡夺”而来的新兴政权，只要具有一定的实力和统治国家的有效方法，就能出现庄子所说的“小国不敢非，大国不敢诛”的局面，并长期维持政权的稳定，庄子的记述使我们更为深刻地了解春秋战国时期的时代特点。对于春秋战国时期统治者的昏庸腐朽，《庄子》一书也多有揭露，如在《则阳》中，作者以“仲尼问”的形式写道：“夫卫灵公饮酒湛乐，不听国家之政，田猎毕弋，不应诸侯之际。其所以为灵公者何邪？”又借伯常骞的口说“夫灵公有妻三人，同滥而浴”。一个终日醉生梦死、寻欢作乐的昏君形象跃然纸上。在《盗跖》中，庄子借满苟得之口说“小盗者拘，大盗者为诸侯。诸侯之门，义士存焉”。

[1] 《庄子·胠箧》。

在《胠箧》中说："彼窃钩者诛，窃国者为诸侯，诸侯之门，而仁义存焉，则是非窃仁义圣知邪?"入木三分地揭露了真正的大盗是那些窃国的统治者。

《庄子》对历史人物的记载同样值得注意。例如，《庄子》中有不少关于孔子事迹的记载，其中，虽有不可靠的故事，但也有真实的成分。如《天运》篇写道，孔子的弟子颜渊请师金对孔子的行为进行评价，师金回答说："惜乎！而夫子其穷哉?"颜渊问为什么，师金于是陈述了他的观点：

> 夫刍狗之未陈也……今而夫子，亦取先王已陈刍狗，聚弟子游居寝卧其下。故伐树于宋，削迹于卫，穷于商周，是非其梦邪？围于陈蔡之间，七日不火食，死生相与邻，是非其眯邪？

在这里，师金不仅一针见血地批评了孔子不能应时而变，固执地抱住先王之道不放的做法，而且，叙述了孔子一生中所经历过的几起重要事件，这些事件，基本上可从其他历史文献资料中得到佐证。例如，"伐树于宋"，据《论语·述而》："子曰：'天生德于予，桓魋其如予何?'"司马迁在《史记·孔子世家》中对此有一段记载：孔子去曹适宋，与弟子习礼大树下。宋司马桓魋欲杀孔子，拔其树。孔子去。弟子曰："可以速矣。"孔子曰："天生德于予，桓魋其如予何！"其他如"削迹于卫""围于陈蔡之间"等语，都可在《论语》《史记》等书中找到佐证。可见，《庄子》中所记载的师金的这番话，实际上是可信的，是反映孔子一生重要事迹的真实史料。又如，跖是春秋末期的一个重要人物，他领导着一只起义队伍横行于天下，在当时引起了很大的震动，《盗跖》篇对跖有较为详细的记载。该篇写道："柳下季之弟名曰盗跖。盗跖从卒九千人，横行天下，侵暴诸侯……"由此可知，跖统领着一只九千人的大规模起义队伍，这支队伍攻城略地，战斗力非常强，以至能够"横行天下，侵暴诸侯"，引起统治者的恐慌，在春秋时期的历史上留下特殊的一页。他又写道："跖之为人也，心如涌泉，意如飘风，强足以距敌，辩足以饰非"，可见非等闲之辈。文中还以孔子之口说道：

丘闻之，凡天下有三德：生而长大，美好无双，少长贵贱见而皆悦之，此上德也；知维天地，能辩诸物，此中德也；勇悍果敢，聚众率兵，此下德也。凡人有此一德者，足以南面称孤矣。今将军兼此三者，身长八尺二寸，面目有光，唇如激丹，齿如齐贝，音中黄钟，而名曰盗跖，丘窃为将军耻不取焉。

这段话写得很有意思，它具体而形象地描述了跖的美男子形象及其智勇双全之“德”。在该篇文中，跖谈古论今，口若悬河，表现出其渊博的学识与强辩的口才。跖的事迹，在《孟子》《荀子》等先秦诸子的著作中也有记载，而在《庄子》一书中，记载得最为详细，这对了解跖以及春秋末期阶级斗争的历史有着重要的史料价值。

《庄子》也反映了当时商业活动的某些情况。《庄子·外物》讲述了这样一个小故事：“庄周家贫，故往贷粟于监河侯。监河侯曰：‘诺。我将得邑金，将贷子三百金，可乎？’”庄子听后很恼火，遂给监河侯说了一个寓言以表达自己的不满。庄子这段经历的真假无法考证，但这段叙述透露出了关于战国时期经济和商业活动的重要信息，即当时不仅出现了商贷活动，而且，所贷之物也较为广泛，既可贷粮食，也可贷金钱。

《庄子》一书在史学史、学术史上还有一定价值。例如，关于孔子是否整理六经的问题，自古就有不同的看法，在《天运》篇中有这样一段话：“孔子谓老聃曰：‘丘治《诗》《书》《礼》《乐》《易》《春秋》六经，自以为久矣。’”这段话，或者真是孔子之语，抑或是庄子（或庄子后学）假借孔子之口所言，都清楚地表达了一个意思，即孔子整理了六经。庄子生活的年代去孔子的时代并不很久，该书中的观点当更为接近历史的真实。又如，老子是什么人，这是一个有争议的问题。《庄子》中常常论及老子。他在《天道》篇中，以子路之口说，“由闻周之征藏史有老聃者”，在《寓言》篇写道：“阳子居南之沛，老聃西游于秦。邀于郊，至于梁而遇老子。”可知，庄子的观点是：老聃为周之征藏史；老聃即老子。《庄子》的记述是值得重视的。《庄子》一书还对六经的特点、功能进行了简要的叙述，《天下》说：

《诗》以道志，《书》以道事，《礼》以道行，《乐》以道和，

《易》以道阴阳，《春秋》以道名分。其数散于天下而设于中国者，百家之学，时或称而道之。

这是中国历史上对六经最早的系统性的评价。其中，以“道事”概括了《尚书》记载古代帝王事迹的特点，以“道名分”，概括了《春秋》维护礼制的特点和史学功能。作为最早对这两部史书的特点与功能进行概述的著作之一，《庄子》在中国史学史上也有其价值和地位。另《天下》篇还对春秋战国时期百家争鸣的学术情况进行了论述，其学术史的史料价值不可忽视。

《庄子》一书本身也是研究庄子的重要资料。张岱年说：“《庄子》书虽然‘寓言十九’，但所讲关于庄子的故事，应该不是寓言，至少其大部分是可信的，应该承认这些都是关于庄子的重要史料。”[1] 孙以昭也认为，《庄子》外、杂篇中“有关庄子生活的资料应是基本可信的，因为这是在写他们的老师，他们这一学派的创始人，至多有所夸张，而不可能过于失真”[2]。

在《庄子》一书中，还有一些有关孔子与其弟子、惠子与庄子、管仲与齐桓公等相互关系的记载，其中在时代上绝对可能与大概可能的问对与交往，有79次之多，而在时代上绝对不可能者只有2次。[3]

三、《墨子》

《墨子》一书是春秋战国时期墨子及其弟子们的著述，该书作者虽无意著史，却在不经意中留下了许多史料，使得《墨子》一书具有重要的史料价值。其史料价值表现在如下几个方面。

1. 为上古史研究添砖加瓦。

《墨子》一书，为上古史的研究提供了不少零散史料。例如《辞

[1] 张岱年：《中国哲学史史料学》，生活·读书·新知三联书店1982年版。

[2] 孙以昭：《试论庄子哲学的基本倾向及其积极因素》，《安徽大学学报》1981年第1期。

[3] 黄方刚：《老子年代之考证》，载《古史辨》第四册，上海古籍出版社1982年版。

过》说：

> 古之民未知为宫室时，就陵阜而居，穴而处，下润湿伤民，故圣王作为宫室。

记载了上古人民的穴居生活以及后来“宫室”的出现和建筑情况。其中，关于上古人民“就陵阜而居，穴而处”的记述很重要，此可与《周易》“需于血，出自穴”“入于穴”等记载相佐证，证明上古人类的确经历过漫长的穴居生活。又：

> 古之民未知为衣服时，衣皮带茭，冬则不轻而温，夏则不轻而清。圣王以为不中人之情，故作诲妇人治丝麻，梱布绢，以为民衣。为衣服之法：冬则练帛之中，足以为轻且暖；夏则絺绤之中，足以为轻且清。谨此则止。

记载了上古时期人们从“未知为衣服”到能够“治丝麻，梱布绢”，是衣服的进步。又：

> 古之民未知为饮食时，素食而分处，故圣人作诲男耕稼树艺，以为民食。其为食也，足以增气充虚，强体适腹而已矣。故其用财节，其自养俭，民富国治。

记载了原始先民起初像动物一般到处寻找食物，后来发明了“耕稼树艺”的农业的情况。又：

> 古之民未为知舟车时，重任不移，远道不至，故圣王作为舟车，以便民之事。其为舟车也，全固轻利，可以任重致远，其为用财少，而为利多，是以民乐而利之。故法令不急而行，民不劳而上足用，故民归之。

记载了古代舟车的发明。又《节葬下》说：

故古圣王制为葬埋之法，曰：棺三寸，足以朽体；衣衾三领，足以覆恶。以及其葬也，下毋及泉，上毋通臭，垄若参耕之亩，则止矣。死者既以葬矣，生者必无久丧，而疾而从事，人为其所能，以交相利也。

记载了上古时期的葬埋之法。

据上，《墨子》一书所用笔墨不多，却将上古时期先民的衣、食、住、行、葬情况的大致轮廓勾勒了出来，可作为我们研究上古历史的参考。

此外，《墨子》一书还记载了三代政治方面的一些情况，尤其是对“昔之圣王禹汤文武，兼爱天下之百姓”的事迹以及“暴王桀纣幽厉，兼恶天下之百姓”的劣行记载较多。书中对有些上古历史事件的记述值得注意，例如，《非攻下》有一段关于禹征三苗的描述，其文曰：

昔者有三苗大乱，天命殛之，日妖宵出，雨血三朝，龙生于庙，犬哭乎市，夏冰，地坼及泉，五谷变化，民乃大振。高阳乃命玄宫，禹亲把天之瑞令，以征有苗，四电诱祇，有神人面鸟身，若瑾以侍，搤矢有苗之祥，苗师大乱，后乃遂几。禹既已克三苗，焉磨为山川，别物上下，乡制大极，而神民不违，天下乃静。则此禹之所以征有苗也。

后来一些古代文献如《开元占经》《太平御览》等都纷纷引用《墨子》的这一段记述，引用者们把《墨子》的这段文字视若信史。此段文字记述了禹征三苗前自然界的异常现象以及伐三苗的经过，剔除其神秘的部分，应该有一定的参考价值。

我国古代结婚年龄是中国人口史研究的一个重要问题。据《周礼·媒氏》：“令男三十而娶，女二十而嫁。”可见，男子三十、女子二十曾经被规定为法定结婚年龄。而据《墨子·节用上》：“昔者圣王为法曰：‘丈夫年二十，毋敢不处家，女子年十五，毋敢不事人’，此圣王之法也。”可知，在我国上古时期，也曾将男二十、女十五作为合法的结婚年龄。据《韩非子·外储说》，“（齐桓公）下令于民曰：‘丈夫二十而室，妇人十五而嫁’”，证明墨子所说是有一定根据的。后来，王肃在《圣证论》中说的“前贤有言：‘丈夫二十不敢不有室，女子十五不敢不有其家’”，就是将《墨子》的这段叙述作为依据。

尽管《墨子》中的有些记载较为零散，且往往语焉不详，然而，对于资料稀少的上古史研究来说，该书所提供的线索都是弥足珍贵的。

2. 为历史文献及古代音乐研究拾遗补缺。

先秦历史文献的研究，历来是先秦史和史学史研究的难题。由于先秦经济文化的不发达，历史文献资料本来就不多，加上年代久远，失传、湮没的现象较为严重，尤其又遭秦焚书之劫，使得本来就稀少的先秦历史文献更是雪上加霜，残缺之况愈甚。

《墨子》一书，记载了先秦时期的一些佚书、佚文的情况。

在佚书方面，据《墨子·七患》：“故《夏书》曰：‘禹七年水。’《殷书》曰：‘汤五年旱。’……《周书》曰：‘国无三年之食者，国非其国也；家无三年之食者，子非其子也。’”上所引《夏书》《殷书》《周书》等都是已经亡佚之先秦古书，当为史书。又据《墨子·明鬼》篇，其中有“著在周之《春秋》”“著在燕之《春秋》”“著在宋之《春秋》”“著在齐之《春秋》”等语及相关内容。可知在墨子时，周王室以及宋燕齐等诸侯国都编有史书，其书名皆为“春秋”。此外，《墨子》一书中，还有诸如“禽艾”“黄径”“总德”等名称及有关内容，它们或为佚书名，或为佚篇名。由此，可丰富我们对先秦历史文献的认识。

在佚文方面，在《墨子》一书中，有不少先秦古籍的佚文，这些佚文可分为三种情况。第一种是佚书的佚文，如上所引佚书，都留下了或长或短的佚文。第二种情况是佚篇中的佚文，有的先秦古籍，经磨历劫，虽然流传了下来，但是出现了残缺，有的篇章仅有篇名而其文已佚。在《墨子》一书中，保存了一些这类佚文，例如，《尚书》中的《泰誓》《仲虺之诰》等篇，有篇名而无文，现在所见其文，系后人伪作，即《伪古文尚书》的一部分内容。在《墨子》一书中，保存了这两篇中的部分佚文，这是非常难得的。第三种情况是传世之篇的佚文，例如，《汤誓》一般被人认为是《尚书》中历经流传保存得较为完整的篇章，但据《墨子·尚贤中》的“《汤誓》曰：‘遂求元圣，与之戮力同心，以治天下’”，则知此段文句为传世《汤誓》中所没有的，或为《汤誓》的佚文。

关于古礼的记载有《周礼》《仪礼》《礼记》等文献，保存得相对较完整，而关于古乐的记载却非常稀少。《墨子》一书中有一些这方面的记载。例如：

> 子墨子曰：昔者尧舜有第期者，且以为礼，且以为乐。汤放桀于大水，环天下自立以为王，事成功立，无大后患，因先王之乐，又自作乐，命曰《护》，又修《九招》。武王胜殷杀纣，环天下自立以为王，事成功立，无大后患，因先王之乐，又自作乐，命曰《象》。周成王因先王之乐，又自作乐，命曰《驺虞》。[1]

据《墨子》我们可知，商周时期的统治者曾经制作了《护》《象》《驺虞》等乐章，并修改了古乐《九招》。这段内容，为后世的《吕氏春秋》《风俗通义》《白虎通义》等文献引用或论证，可见其重要性。

3. 为墨子所处时代的研究提供资料。

在《墨子》一书中，有许多内容为作者对所处时代即其“当代史”的客观描写，为我们研究这段时期的历史提供了资料。首先，《墨子》一书描写了作者所处时代战争的破坏性和残酷性，书中写道：军队在攻战中，“入其国家边境，芟刈其禾稼，斩其树木，堕其城郭，以湮其沟池，攘杀其牲牷，燔溃其祖庙，劲杀其万民，覆其老弱，迁其重器，卒进而柱乎斗”[2]。又说：“今攻三里之城，七里之郭，攻此不用锐，且无杀而徒得，此然也。杀人多必数于万，寡必数于千，然后三里之城、七里之郭，且可得也。”[3] 对于当时战争的残酷性，孟子有一句著名的陈述，他说：“争地以战，杀人盈野，争城以战，杀人盈城。”[4] 他们的描绘是何其相似。

其次，《墨子》一书对统治者进行了无情的揭露，书中写道：“今天

[1] 《墨子·三辩》。
[2] 《墨子·非攻下》。
[3] 《墨子·非攻中》。
[4] 《孟子·离娄上》。

下为政者，其所以寡人之道多，其使民劳，其籍敛厚，民财不足，冻饿死者不可胜数也。”[1] 对统治者的寡人之道予以抨击。他还写道：“天子杀殉，众者数百，寡者数十；将军、大夫杀殉，众者数十，寡者数人。”[2] 对统治者的残暴行径予以谴责。他又写道：“当今之君其蓄私也，大国拘女累千，小国累百，是以天下之男多寡无妻，女多拘无夫，男女失时，故民少。”[3] 对统治者的荒淫生活予以痛斥，并揭示出当时人口减少的一个重要原因。《墨子》一书中还以较大的篇幅叙述了当时大大小小统治者的奢侈无度的生活：

当今之主，其为宫室则与此异矣。必厚作敛于百姓，暴夺民衣食之财，以为宫室台榭曲直之望，青黄刻镂之饰。为宫室若此，故左右皆法象之……

当今之主，其为衣服则与此异矣。冬则轻暖，夏则轻凊，皆已具矣，必厚作敛于百姓，暴夺民衣食之财，以为锦绣文采靡曼之衣。铸金以为钩，珠玉以为珮，女工作文采，男工作刻镂，以为身服。此非云益暖之情也，单财劳力，毕归之于无用也。以此观之，其为衣服，非为身体，皆为观好。是以其民淫僻而难治，其君奢侈而难谏也……

今则不然，厚作敛于百姓，以为美食刍豢，蒸炙鱼鳖，大国累百器，小国累十器，前方丈，目不能遍视，手不能遍操，口不能遍味，冬则冻冰，夏则饰饐。人君为饮食如此，故左右象之……

当今之主，其为舟车与此异矣。完固轻利皆已具，必厚作敛于百姓，以饰舟车，饰车以文采，饰舟以刻镂。女子废其纺织而修文采，故民寒，男子离其耕稼而修刻镂，故民饥。人君为舟车若此，故左右象之，是以其民饥寒并至，故为奸邪。[4]

卫，小国也，处于齐、晋之间，犹贫家之处于富家之间也。贫

---

[1] 《墨子·节用上》。

[2] 《墨子·节葬下》。

[3] 《墨子·辞过》。

[4] 《墨子·辞过》。

家而学富家之衣食多用，则速亡必矣。今简子之家，饰车数百乘，马食菽粟者数百匹，妇人衣文绣者数百人……[1]

以上这些都为墨子时代的研究留下了难得的资料。

4. 为墨子和墨学本身的研究提供了重要资料。

墨子是中国古代杰出的思想家，墨学也曾经是“显学”，然而，有关墨子及墨学的资料却并不多见。《墨子》一书，不仅系统地介绍了墨子的思想和政治主张，还记载了不少有关墨子的事迹。例如，墨子游于楚、卫、齐之事，墨子阻止齐伐鲁、鲁伐郑、楚攻宋之事，墨子与弟子们的问答以及其他一些有关墨子的事迹。这些，都是用以研究墨子及墨学的第一手资料，它们不仅内容丰富，而且可信度相对较高，对于墨子及墨学研究来说，具有十分重要的意义。

5. 记载了当时的民俗文化现象。

历史上曾经出现的民俗，也是历史研究中不可忽视的对象之一，因为民俗是民间文化的重要表现，与政治史相比，它往往更具体更真实地反映了一定历史时期的社会生活以及人们的心理和精神风貌。在《墨子》一书中，有不少关于当时民俗的记载。例如：

今唯无以厚葬久丧者为政，君死丧之三年，父母死丧之三年，妻与后子死者，五皆丧之三年，然后伯父、叔父、兄弟、孽子其，族人五月，姑姊、甥舅皆有月数，则毁瘠必有制矣。使面目陷陬，颜色黧黑，耳目不聪明，手足不劲强，不可用也。[2]

此段记载了当时的守丧礼俗。又：

鲁阳文君语子墨子曰：“楚之南，有啖人之国者焉，其国之长子生，则解而食之，谓之宜弟。美，则以遗其君，君喜则赏其父。岂不恶俗哉?”子墨子曰：“虽中国之俗，亦犹是也。杀其父而赏其子，

[1]《墨子·贵义》。

[2]《墨子·节葬下》。

何以异食其子而赏其父者哉？苟不用仁义，何以非夷人食其子也？”[1]

子墨子曰：此所谓便其习而义其俗者也。昔者越之东有輆沐之国者，其长子生，则解而食之。谓之“宜弟”。其大父死，负其大母而弃之，曰“鬼妻不可与居处”。此上以为政，下以为俗，为而不已，操而不择。则此岂实仁义之道哉，此所谓便其习而义其俗者也。楚之南有炎人国者，其亲戚死，朽其肉而弃之，然后埋其骨，乃成为孝子。秦之西有仪渠之国者，其亲戚死，聚柴薪而焚之，熏上，谓之登遐，然后成为孝子。此上以为政，下以为俗，为而不已，操而不择。则此岂实仁义之道哉，此所谓便其习而义其俗者也。[2]

书中叙述了当时一些未开化民族的食子等落后风俗。这些记载，都是中国民俗史研究中的重要资料。

四、《荀子》与《管子》

(一)《荀子》一书的史料价值

清代学者王先谦说：“荀子论学论治，皆以礼为宗。”在《荀子》一书中，礼的思想始终贯彻其中，同时，书中还记载了古代礼仪制度的一些细节。《大略》篇记载古代自天子以下，由于地位的不同，其服饰、用具也有别。如冠冕：“天子山冕，诸侯玄冠，大夫裨冕，士韦弁。”如弓：“天子雕弓，诸侯彤弓，大夫黑弓。”本篇还记载了玉在礼仪上的用法：“聘人以珪，问士以璧，召人以瑗，绝人以玦，反绝以环。”这里，荀子简明扼要地记述了不同玉器在不同礼节上的用法，这对我们了解先秦时期玉的用法是很有裨益的。宗庙和祭祀制度是国家最重要的礼制之一，《礼论》篇记载道：

故王者天太祖，诸侯不敢坏，大夫士有常宗，所以别贵始。贵

[1]《墨子·鲁问》。
[2]《墨子·节葬下》。

始，得之本也。郊止乎天子，而社止于诸侯，道及士大夫，所以别尊者事尊，卑者事卑，宜大者巨，宜小者小也。故有天下者事十世，有一国者事五世，有五乘之地者事三世，有三乘之地者事二世，持手而食者不得立宗庙，所以别积厚，积厚者流泽广，积薄者流泽狭也。

这里，荀子不仅叙述了古代祭祀和宗庙制度的一些具体情况，而且揭示出了这一制度的最重要特征——强调尊卑贵贱的区别，重视等级和身份。

除此以外，《荀子》一书还记载了上古其他一些情况。对于上古的葬俗，《正论》篇写道："太古薄葬，棺厚三寸，衣衾三领，葬田不妨田，故不掘也。"记述了上古时期薄葬的习俗。在同篇，荀子还提到了古代曾经实行过的"象刑"："世俗之为说者曰：'治古无肉刑而有象刑：墨黥，慅婴；共，艾毕；菲，对屦；杀，赭衣而不纯。治古如是。'"。刘台拱对荀子的这段话解释说："共"当作"宫"，"菲"当作"剕"，杀当如字读，言犯墨黥之罪以草缨代之，宫罪以艾毕代之，刖罪以屦代之，杀罪以赭衣不纯代之。参诸其他先秦典籍及古代学者的考证、评述可知，在我国上古的特定时期，曾经出现过以墨画和象征性的衣饰即其他器物来代替肉刑的情况，如《尚书·舜典》有"象有典刑"的说法，《尚书·益稷》也写皋陶"方施象刑"。又据《慎子》："有虞氏之诛，以画跪当黥，以草缨当劓，以屦扉当刖，以艾毕当宫，此有虞之诛也。"又，《尚书大传》曰："唐虞之象刑，上刑赭衣不纯，中刑杂屦，下刑墨幪。"尽管荀子本人并不怎么相信这种刑罚，但荀子的记述还是为我们了解上古时期的刑罚实施情况提供了重要的线索。

荀子在《君道》中提到了古代邦国的情况，说："古有万国，今有数十焉。""万"在此当为虚指，但揭示出上古时期邦国、部落林立之情景。在《儒效》篇中写道："周公……兼制天下，立七十一国，姬姓独居五十三人。"即周初分封了71国，姬姓之国共有53个，占据了其中的绝大部分，这真实地记载了周初统治者施行以宗法制为核心的分封制的历史情况。荀子在《正论》篇中叙述了商周时期，王朝与远近诸侯国及民族地区的关系："故诸夏之国同服同仪，蛮、夷、戎、狄之国同服不同制……

是王者之至也。”按照荀子的说法，诸侯国与民族地区，随着其与王畿距离的远近，对王室祭祀活动所做的贡献也有区别。一般说来，距离愈近的贡献愈多，反之愈少。

《荀子》的记载，还披露了一些历史事件的细节。例如，武王斩纣王后，将其首级悬挂于何处，历来有不同的说法。《逸周书·克殷解》：“武王答拜。先入，适王所，乃克射之三发，而后下车，而击之以轻吕，斩之以黄钺，折悬诸大白。”即将首级挂在白旗上。《荀子·正论》则说：“昔者武王伐有商，诛纣，断其首，悬之赤旆。”据《礼记·明堂位》，旗的颜色是“殷之大白，周之大赤”，可认为，纣之首级应悬挂于赤旗，即周之旗，因而，荀子对这一细节的记载当更接近于历史的真实。

《荀子》记载历史的一个特色是，它记载了一些重要历史人物的相貌特征。据《非相》篇所载，在个子的高矮方面：“帝尧长，帝舜短；文王长，周公短；仲尼长，子弓短。”在相貌特征方面：“徐偃王之状，目可瞻焉。仲尼之状，面如蒙倛。周公之状，身如断菑。皋陶之状，色如削瓜。闳夭之状，面无见肤。傅说之状，身如植鳍。伊尹之状，面无须麋。禹跳汤偏。尧舜参牟子。”这些记载，对我们了解上述重要历史人物的体态相貌是有帮助的。尤为可贵的是，荀子记载上述历史人物的身高相貌，并非宣扬唯心主义的迷信观点，相反，他对这方面的错误观点进行了驳斥。他认为：“事不揣长，不揳大，不权轻重，亦将志乎耳。长短、大小、美恶形相，岂论也哉！”即事之成否关键在人之意志是否坚定，而与人的相貌无关。他还特意举了几个历史人物的事例来说明其观点：

> 昔者卫灵公有臣曰公孙吕，身长七尺，面长三尺，焉广三寸，鼻目耳具，而名动天下。楚之孙叔敖，期思之鄙人也，突秃长左，轩较之下，而以楚霸。叶公子高，微小短瘠，行若将不胜其衣。然白公之乱也，令尹子西，司马子期，皆死焉；叶公子高入据楚，诛白公，定楚国，如反手尔，仁义功名善于后世。

可见，不同的身高、相貌，都可成就功名。他又举反面的例子：“古者桀、纣长巨姣美，天下之杰也。筋力越劲，百人之敌也，然而身死国亡，为天下大僇，后世言恶，则必稽焉。”可见身材高大的美男子，也可能成为历史的罪人。因此，不能把人的身高相貌与人的功名事业联系起来。

荀子还描绘了他所处时代的情况，写道：

> 夫乱今而后反是：上以无法使，下以无度行；知者不得虑，能者不得治，贤者不得使。若是，则上失天性，下失地利，中失人和。故百事废，财物屈，而祸乱起。王公则病不足于上，庶人则冻馁羸瘠于下。于是桀纣群居，而盗贼击夺以危上矣。安禽兽行，虎狼贪，故脯巨人而炙婴儿矣。[1]

他还对当时社会混乱的状况进行了揭露，写道：

> 今之世而不然，厚刀布之敛以夺之财，重田野之税以夺之食，苛关市之征以难其事。不然而已矣，有掎挈伺诈，权谋倾覆，以相颠倒，以靡敝之。百姓晓然皆知其污漫暴乱而将大危亡也。是以臣或弑其君，下或杀其上，粥其城，倍其节，而不死其事者，无它故焉，人主自取之。[2]

荀子谴责了当时统治者对民众横征暴敛的行径，并大胆地得出臣弑君、下杀上的原因是"人主自取之"的结论。这对于我们了解战国时期阶级矛盾和社会矛盾的尖锐性、复杂性是很有帮助的。

荀子还叙述、分析了当时齐、魏、秦三国军队战斗力的强弱、特点及其形成原因，认为齐国军队"隆技击，其技也，得一首者则赐赎锱金，无本赏矣。是事小敌毳则偷可用也，事大敌坚则涣然离耳。若飞鸟然，倾侧反复无日，是亡国之兵也"。魏国军队，"以度取之，衣三属之甲，操十二石之弩，负服矢五十个，置戈其上，冠軸带剑，赢三日之粮，日中而趋百里，中试则复其户，利其田宅，是数年而衰而未可夺也，改造则不易周也。是故地虽大，其税必寡，是危国之兵也"。而秦国军队由于

[1] 《荀子·正论》。

[2] 《荀子·富国》。

国家赏罚制度得当，故“众强长久”，战斗力最强，他由此得出“故齐之技击不可以遇魏氏之武卒，魏氏之武卒不可以遇秦之锐士”的结论。[1]荀子的描写和分析，使人们能够更清楚地了解战国时期的军事特点。

在《劝学》篇中，荀子对儒家五经做了评价，说：“故《书》者，政事之纪也；《诗》者，中声之所止也；《礼》者，法之大分，类之纲纪也，故学至乎《礼》而止矣。夫是之谓道德之极。《礼》之敬文也，《乐》之中和也，《诗》《书》之博也，《春秋》之微也，在天地之间者毕矣。”“《书》者，政事之纪也”，说明了《尚书》与历史的关系；“《诗》者，中声之所止也”，指出了《诗》与乐的关系；“《礼》者，法之大分，类之纲纪也”，叙述了礼与法的关系；“《春秋》之微也”，以一个“微”字来概括《春秋》一书特征。王先谦解释说：“微，谓褒贬沮劝，微而显，志而晦之类也。”荀子在同篇中又说道：“《春秋》约而不速”，再次指出了《春秋》隐约而不易速知其意的特点。荀子毕竟是生在距孔子的时代不甚久远的学者，他对五经尤其是对《尚书》《春秋》的评论，可作为我们研究这些历史文献与史学著作的重要参考资料。在《非十二子》中，荀子还对部分先秦诸子的学术进行了非议与批判，这对了解我国春秋战国时期百家争鸣的情况有重要价值。

（二）可作为“史部之书”的《管子》

《管子》一书中的史料价值不可忽视，著名学者赵俪生曾经说过：《管子》一书，“我倒觉得，把它当作‘史部之书’，仿佛更实际些”[2]。

《管子》一书并非管仲亲撰，这已成为学界共识。著者也非一人一时，其大部分当是战国管仲学派（及其他稷下学者）的作品。书中记载了管子的事迹和思想以及春秋史事，是人们研究管仲及春秋时期政治、军事史的重要资料。在《大匡》篇中，作者先记载了鲍叔接受管仲的建议，辅佐公子小白之事；接着，记述了齐襄公的即位、昏暴、被杀以及公子小白与公子纠争夺王位的情况；然后，详细地叙述了齐桓公任用管仲为相，管仲辅助齐桓公修明政治、发展经济、轻征薄赋、笼络人心，终于国富兵强而称霸诸侯的事迹。值得注意的是，在叙述公子小白与公

[1] 《荀子·议兵》。

[2] 赵俪生：《管子的史料价值》，《史学史研究》1988 年第 4 期。

子纠争夺王位之事后，该篇以“或曰”的方式，引用了一段与前述不尽相同且更为详细的材料，这说明，当时人们对于此事，流传着不同的说法，而作者则广泛地搜集了有关资料并录于文篇中，这更增加了本书的史料价值。《中匡》《小匡》《霸形》《戒》诸篇记载了管子的治国举措、齐桓公与管子间的君臣问答，还记载了管子之死及其临终遗言。综合这几篇的内容，实际上就是一篇管仲传记，同时，也是一部齐桓公时期齐国的称霸史。其中，有的内容不见于先秦史书的记载；有的内容史书中虽有载但语焉不详，因而可补充和丰富史书的内容；有的内容与史书的记载有出入，可做进一步的考证以辨正误。总之，其史料价值是应引起重视的。

《管子》在思想史方面也有重要价值。这部书反映了战国时期诸子各家之间既排斥又融合的趋势。

在《管子》一书中，道家思想占据重要的地位，其《心术上》《乘马》《白心》《内业》等篇对道家思想有比较集中的阐释。老子认为，“道”是世界万物产生的根源，是最高的实体范畴，无处不在。《心术上》写道：“道，不远而难极也，与人并处而难得也”，“道在天地之间也，其大无外，其小无内，故曰‘不远而难极也’，虚之与人也无间，唯圣人得虚道，故曰‘并处而难得’”。这是对老子“道”的思想的继承和发挥。《乘马》说：“无为者帝，为而无以为者王。”《白心》说：“孰能法无法乎？始无始乎？终无终乎？弱无弱乎？”这是对老子“无为而治”观点的阐释。同时，《管子》一书中又推崇法家思想，其《法禁》《法法》《任法》《明法》《明法解》诸篇几乎可说是论法的专篇。《任法》提出：“法者天下之至道也，圣君之实用也。”把法视为天下的最高准则。《禁藏》说：“夫不法法则治，法者天下之仪也，所以决疑而明是非也，百姓所悬命也。”认为不废弃法才能治理好国家，法是天下的准则，是用来疑难、明辨是非的，百姓的生命与此息息相关。在《管子》一书中，儒家思想的成分也很浓，其首篇《牧民》中就强调“四维”，提出：“一维绝则倾，二维绝则危，三维绝则覆，四维绝则灭”，“四维不张，国乃灭亡”。“四维”是指什么呢？作者解释说：“何谓四维？一曰礼，二曰义，三曰廉，四曰耻。”礼义廉耻是儒家学说的重要内容。此外，“仁”是孔子思想的的核心，是儒家学说的重要范畴，《管子》对“仁”也颇为重视，《幼官》

提出："身仁行义，服忠用信则王"，主张"通之以道，蓄之以惠，亲之以仁"。由上可见，《管子》一书既吸收了春秋战国时期不同学派的思想，又对它们融会贯通，进行整合，而这正反映了当时的学术大势，即从"道术为天下裂"又将复归为"一"。这个"一"非纯一、单一，而是在吸取了各家学术特点之后的百川归海。可见，从学术史研究的角度来看，《管子》一书的史料价值是很高的。实际上，《管子》既不是单纯的道家、法家或儒家，也不是杂家，而是在吸收、融合各家学说的基础上，形成了自己的特色而自成一家，这个特色就是重视经济，重视民心，礼、法并举，探寻强国之道。

《管子》中有《弟子职》一篇，该篇在中国教育史方面的史料价值应引起重视。有的学者认为，《管子》一书的编写，与战国时期稷下学宫的学者关系密切。例如，赵守正认为：举尽先秦诸子，我们还没有看到像《管子》这样面面俱全、百家荟萃的著作。显然，这是众多稷下先生议政、讲学作品的汇合。他指出，《管子·弟子职》就是对稷下学宫学生的管理规则。也有学者认为，《弟子职》所记录的是当时小学的学生守则。无论是哪一种说法更符合实际情况，其性质都是相同的，即《弟子职》记录的的确是学生守则。该篇的内容非常具体，包括对学生学习态度、学习纪律的要求，以及对学生的生活、作息、洒扫等方面的规定。《弟子职》用较大的篇幅，强调了学生应遵守的尊师礼仪，包括如何恭敬地听先生讲课，如何侍奉先生吃饭，如何侍候先生休息等等。这当是我国现存最早的学生守则，对于研究我国古代早期教育的形式、特点以及师生关系等方面，都有很重要的参考价值。另，《管子》还具有经济史和社会史方面的史料价值。

五、《韩非子》

《韩非子》一书不仅据史发论、史论紧密结合，而且还有大量的历史资料，其所引用的历史资料的丰富性，是其他先秦诸子著作所无法比拟的。无论是对原始社会末及夏、商、西周的上古历史，还是对春秋战国的"当代史"，《韩非子》一书都有许多的记载和叙述，其中，有不少可作为我们研究先秦历史的重要资料。

（一）对上古历史的记述

韩非子的历史视野颇为广阔，其视野包括尚未文明开化的原始时期的历史。他在《五蠹》中写道：

> 上古之世，人民少而禽兽众，人民不胜禽兽虫蛇。有圣人作，构木为巢以避群害，而民悦之，使王天下，号之曰有巢氏。民食果蓏蚌蛤，腥臊恶臭而伤害腹胃，民多疾病。有圣人作，钻燧取火，以化腥臊，而民说之，使王天下，号之曰燧人氏。

从中我们可以得知，人类曾经经历过如此艰难的时期：人少兽多，人不胜兽；构木为巢以居；生食蔬果肉类；钻燧取火等等。其中，“民悦之，使王天下”这句话很值得注意。在这句话中，“民”是主语，“王”是名词作动词用，它记载了原始社会末期的民主制度以及统治者产生的形式。郭沫若对此评价说：“王是人民选举出来的这种《民约论》的见解，确实是道破了原始社会的实际。”[1]《五蠹》还说：“古者丈夫不耕，草木之实足食也，妇人不织，禽兽之皮足衣也。”描述了远古时期，种植业（农业）尚未出现、手工纺织技术尚未发明，人们靠采集植物和狩猎维持生活的情景。在尧的时期，“尧之王天下也，茅茨不翦，采椽不斲，粝粢之食，藜藿之羹，冬日麑裘，夏日葛衣，虽监门之服养，不亏于此矣”。据此可知，到尧的统治时期，尽管生产力水平仍然低下，但与以前靠采集植物和狩猎维持生活的情景相比已有了长足的进步，有了茅草房，有了粗米饭，有了粗布衣。这就透露出在此时社会已由采集与狩猎时代进化到耕织时代的重要信息。

《韩非子》一书，还记录了上古时期一些历史人物和历史事件。例如，《五蠹》写道：“禹之王天下也，身执耒臿以为民先，股无胈，胫不生毛，虽臣虏之劳不苦于此矣。”这就形象地描述了禹身为民先、辛劳治水的事迹。《饰邪》还记述道：“禹朝诸侯之君会稽之上，防风之君后至而禹斩之。”这是夏朝初期的一个重要的历史事件。防风之君传说是夏朝统治下的东南滨海地区的一个部落首领，禹将他斩首，表面上是对他

[1] 郭沫若：《十批判书》，科学出版社1962年版。

“后至”的惩罚，实际上，这是禹为树立其权威、巩固其统治的一项“杀鸡给猴看”的重要举措，因此，《韩非子》的记载是有意义的。《国语·鲁语下》有类似记载，内容略有所异。

《韩非子》还对商周法律有所记载，《内储说上·七术》叙述道：

> 殷之法，刑弃灰于街者。子贡以为重，问之仲尼。仲尼曰：“知治之道也。夫弃灰于街必掩人，掩人人必怒，怒则斗，斗必三族相残也。此残三族之道也，虽刑之可也。且夫重罚者，人之所恶也；而无弃灰，人之所易也，使人行之所易，而无离所恶，此治之道。”
>
> 一曰：殷之法，弃灰于公道者断其手。子贡曰：“弃灰之罪轻，断手之罚重，古人何太毅也？”曰：“无弃灰所易也，断手所恶也，行所易不关所恶，古人以为易，故行之。”

从这两段记述中可知，商代的法律是非常严酷的，把灰洒于街上竟要遭到断手的处罚，韩非子举此例子的本意是为了论述其轻罪重罚以严肃法制、以法治国的主张，但由此披露的殷商酷法，对于我们了解殷商历史特点以及中国早期法制史是有重要意义的。值得注意的是，韩非子在叙述这件事时，同时引用了两段大同小异的材料，这说明，关于殷商“刑弃灰于街”的材料，在当时有不止一种记载或传说，作者将这两种材料兼收并蓄，表明了他对史料的慎重态度。

（二）对春秋战国历史的记载

对于春秋战国大变动时期历史变化的特点、春秋战国时期错综复杂的各种矛盾和斗争，《韩非子》中也有着非常丰富的记载。

在春秋末期，许多诸侯国中出现了新兴地主阶级的夺权斗争，其中，“田氏代齐”是较为典型的事件。韩非子对这一重大事件的有关情况进行了记述，他在《二柄》中写道：“田常上请爵禄而行之群臣，下大斗斛而施于百姓，此简公失德而田常用之也，故简公见弑。”这里，韩非子记载了田常为夺取政权而采取的讨好大臣、笼络民心的手段，同时揭示出政变成功、政权易姓的深刻原因。在《外储说左上》中，韩非子对田氏笼络民心的手法叙述得更为详细。他记载道，有一次，齐景公与齐相晏婴游于渤海之滨，齐景公登上高台，回望齐国美景，不由得发出赞叹并引起联想，问道：今后谁将拥有齐国美丽的山河？晏婴回答说，田成氏（即田常）将拥有，齐景公就此提出疑问，晏婴遂对此进行了分析，说：

> 夫田成氏甚得齐民，其于民也，上之请爵禄行诸大臣，下之私大斗斛区釜以出贷，小斗斛区釜以收之。杀一牛，取一豆肉，余以食士。终岁，布帛取二制焉，余以衣士。故市木之价不加贵于山，泽之鱼盐龟鳖蠃蚌不加贵于海。君重敛，而田成氏厚施。齐尝大饥，道旁饿死者不可胜数也，父子相牵而趋田成氏者不闻不生。

这就具体而深刻地分析了田成氏之所以得民心，齐景公之所以失民心的原因。接着，晏婴还援引了当时齐国都城流传的一首民歌："讴乎，其已乎！苞乎，其往归田成子乎！"生动地揭示了民众向往田成氏的心理。在《内储说下·六微》中，韩非子记载了"三桓逼公"的史事：

> 鲁孟孙、叔孙、季孙相戮力劫昭公，遂夺其国而擅其制。鲁三桓公偪，昭公攻季孙氏，而孟孙氏、叔孙氏相与谋曰："救之乎？"叔孙氏之御者曰："我，家臣也，安知公家？凡有季孙与无季孙于我孰利？"皆曰："无季孙必无叔孙。""然则救之。"于是撞西北隅而入，孟孙见叔孙之旗入，亦救之，三桓为一，昭公不胜，逐之死于乾侯。

这段关于"三桓逼公"过程的详细记载，对我们了解这一重大历史事件是很有用的资料。

在春秋战国时期，国君被杀之事可谓是层出不穷，在《内储说下·六微》中，韩非子列举了一系列的例子，如春秋时晋国"诸卿作难，遂杀厉公而分其地"，卫桓公弟州吁杀兄自立，楚太子商成杀其父楚成王而即位；战国时韩哀侯被严遂所派刺客杀害，皇喜（即司城子罕）杀宋桓侯而夺其政等等。韩非子的这些记载，正是战国史官史墨的名言"社稷无常奉，君臣无常位"的绝妙注脚。韩非子并非局限于简单地记载春秋战国国君被杀的史事，他还注意在记载的同时，分析这些事件之所以发生的原因，例如，他在《十过》篇中记载了楚灵王被杀一事：

昔者楚灵王为申之会，宋太子后至，执而囚之，狎徐君，拘齐庆封。中射士谏曰："合诸侯不可无礼，此存亡之机也。昔者桀为有戎之会而有缗叛之；纣为黎丘之搜而戎、狄叛之，由无礼也。君其图之。"君不听，遂行其意。居未期年，灵王南游，群臣从而劫之，灵王饿而死乾溪之上。

最后，韩非子总结道："故曰：行僻自用，无礼诸侯，则亡身之至也。"

《韩非子》一书还揭露了当时统治者的昏庸和社会风气的败坏。例如，《五蠹》中披露了买官卖官之风，说："今世近习之请行，则官爵可买；官爵可买，则商贾不卑也矣。"说明当时"官爵可买"的情况。在《外储说左下》，韩非子更是举了一个买官的具体例子：齐国有个隐士名叫钜，魏国有个隐士叫孱，由于齐、魏两国的国君很昏庸，不自己洞察国内的情况，而是偏听亲信的话，因而，"二子费金璧而求入仕也"，即用花费金钱玉璧的办法去求官做。

在《韩非子》一书中，还记载了春秋战国时期刑罚的一些情况，例如，刖刑是当时的一种残酷刑罚，即将犯人的脚割去，对该酷刑的施行情况，书中多次述及。在《说难》中记载道，"卫国之法，窃驾君车者罪刖"，即私自使用国君御车的，要受到砍脚的刖刑。楚国也施行刖刑，楚人卞和是刖刑的受害者，韩非子在《和氏》篇中记述了卞和的悲剧。卞和在山中获得宝玉，他将宝玉献给楚王，却被怀疑所献的是假玉石，因此先后两次遭到刖刑，被楚厉王和楚武王分别砍掉左脚和右脚。后来，楚文王即位，才辨明了事情真相，使"和氏之璧"名扬于世。而在此前，文王派出的一名官吏所说的一段话却是非常值得注意的，他对卞和说："天下之刖者多矣，子奚哭之悲也?"好个"天下之刖者多矣"，这是当时各国统治者滥施刖刑的真实写照。"子奚哭之悲也"，表面上是劝慰卞和，但同时反映出这位官员对刖刑见多不怪，反而对遭刖刑的卞和的悲哀感到奇怪，这就更加说明了当时刖刑的施行是很普遍的。又据《外储说左下》："齐有狗盗之子与刖危子戏而相夸，盗子曰：'吾父之裘独有尾。'危子曰：'吾父独冬不失袴。'"这段话虽表面上以诙谐的语气说出来，实则包含着被施刖刑者及其后代的悲伤。《说林》记"公孙友自刖而尊百里”，可知，当时还有人为实现某种意愿而自施刖刑，这也从一个侧面反映出，在那时，刖刑的施行已成为一种很平常的事。这实际上解开了《左传》所描述的当时“屦贱踊贵”现象之谜。

《韩非子》一书中还保留有经济史方面的重要史料，例如，《外储说左上》写道：“夫买庸而播耕者，主人费家而美食，调布而求易钱者，非爱庸客也，曰：如是，耕者且深，耨者熟耘也。庸客致力而疾耘耕者，尽巧而正畦陌畦畤者，非爱主人也，曰：如是，羹且美，钱布且易云也。”这说明在当时，“买庸而耕”的现象已较为普遍。所谓“买庸而耕”，是指当时土地所有者出钱雇佣劳力为其耕种，这是一种新兴的生产关系，与奴隶制生产关系相比，劳动者对生产资料占有者的人身依附关系较松散，且“主人费家而美食”，为使劳动者更好地为其出力而提高了劳动者的待遇，因而，劳动者也“致力而疾耘耕”，有着一定的生产积极性。值得注意的是，按照韩非子的叙述，这种“买庸”是以货币的形式支付，这又反映出当时货币经济达到了一个较高的水平。《韩非子》中的这一记载，描述了战国时期新兴生产关系的发展情况及货币经济的发展水平，具有很高的史料价值，格外值得重视。

在文化学术方面，《韩非子》一书中也有一些重要的记载。在《显学》篇中，韩非子叙述了儒、墨两学派的情况，说：

> 世之显学，儒、墨也。儒之所至，孔丘也。墨之所至，墨翟也。自孔子之死也，有子张之儒，有子思之儒，有颜氏之儒，有孟氏之儒，有漆雕氏之儒，有仲良氏之儒，有孙氏之儒，有乐正氏之儒。自墨子之死也，有相里氏之墨，有相夫氏之墨，有邓陵氏之墨。故孔、墨之后，儒分为八，墨离为三，取舍相反不同，而皆自谓真孔、墨；孔、墨不可复生，将谁使定世之学乎？

这段议论，记载了儒家和墨家在孔子及墨子去世之后“儒分为八，墨离为三”的分派情况，叙述了儒、墨两家的各派，对孔子、墨子的思想“取舍不同”的重要学术现象，堪称中国学术史上的重要资料。在《外储说左上》中，韩非子有这么一段记述：

王登为中牟令，上言于襄主曰："中牟有士曰中章、胥己者，其身甚修，其学甚博，君何不举之？"主曰："子见之，我将为中大夫。"相室谏曰："中大夫，晋重列也。今无功而受，非晋臣之意。君其耳而未之目邪？"襄主曰："我取登，既耳而目之矣，登之所取又耳而目之，是耳目人绝无已也。"王登一日而见二中大夫，予之田宅。中牟之人弃其田耘，卖宅圃而随文学者，邑之半。

王登是战国初期晋国权臣赵襄子的家臣，当时担任了中牟的地方长官，由于他的举荐，赵襄子一日之内，任命了两位学识渊博而品行良好的中牟人为中大夫，并给予他们田地和住宅。这件事在中牟引起了轰动，以至于一半的中牟人抛弃农活、卖掉土地和房屋去追随从事私学的人。"邑之半"的人去追随私学者而接受教育，这种说法恐怕是夸张了，但这确实反映了春秋战国时期文化下移、私学发达的大势，对我们了解当时的文化情形是很有帮助的。

又《韩非子》一书还在内容中反映出春秋战国时期的民俗风情。例如，在《内储说下·六微》中有一段很有趣的记载：

燕人其妻有私通于士，其夫早自外而来，士适出，夫曰："何客也？"其妻曰："无客。"问左右，左右言无有，如出一口。其妻曰："公惑易也。"因浴之以狗矢。

一曰，燕人李季好远出，其妻私有通于士，季突至，士在内中，妻患之。其室妇曰："令公子裸而解发，直出门，吾属佯不见也。"于是公子从其计，疾走出门，季曰："是何人也？"家室皆曰："无有。"季曰："吾见鬼乎？"妇人曰："然。""为之奈何？"曰："取五牲之矢浴之。"季曰："诺。"乃浴以矢。一曰浴以兰汤。

可知，在当时的燕国，流传着对中邪迷惑的人以狗屎洗身以除邪的风俗。《说林上》还记载了战国时期越国民俗的一些情况："鲁人身善织屦，妻善织缟，而欲徙于越，或谓之曰：'子必穷矣。'鲁人曰：'何也？'曰：'屦为履之也，而越人跣行；缟为冠之也，而越人被发。以子之所长，游于不用之国，欲使无穷，其可得乎？'"又据《说林下》："公孙弘断发而为越王骑，公孙喜使人绝之，曰：‘吾不与子为昆弟矣。’公孙弘曰：‘我断发，子断颈而为人用兵，我将谓子何？’”这两段资料的史料价值有二，一是记载了当时越人的发饰和穿着习惯：与中原人士的长发、束发不同越人多披发、断发；与中原人着屦的习俗有异，越人多赤足而行。二是反映了当时中原人民与越国人民交流密切，从鲁国的夫妻俩“欲徙于越”，到魏国的公孙弘“断发”而成为越王的骑士，都反映了这种情况。

据《韩非子·六反》：“且父母之于子也，产男则相贺，产女则杀之。此俱出父母之怀衽，然男子受贺，女子杀之者，虑其后便，计之长利也。”这说明在战国时期，就已存在重男轻女、甚至杀害女婴的恶习。

《韩非子》一书还保存了一些历史人物的重要资料。

例如，在春秋末期，左史倚相是楚国很有影响的一个人物，据《国语·楚语》的记载，楚人对他评价很高。王孙圉认为他学识渊博，“能道训典，以叙百物”，称之为“楚国之宝”。但左史倚相在楚国的政治地位如何，他具体参与了哪些活动或事件，在史书中的记载却很少。《韩非子·说林下》载有两段值得注意的资料：

> 越已胜吴，又索卒于荆而攻晋。左史倚相谓荆王曰：“夫越破吴，豪士死，锐卒尽，大甲伤，今又索卒以攻晋，示我不病也。不如起师与分吴。”荆王曰：“善。”因起师而从越。越王怒，将击之。大夫种曰：“不可。吾豪士尽，大甲伤，我与战必不克，不如赂之。”乃割露山之阴五百里以赂之。
>
> 荆伐陈，吴救之，军间三十里，雨十日，夜星。左史倚相谓子期曰：“雨十日，甲辑而兵聚，吴人必至，不如备之。”乃为陈，陈未成也而吴人至，见荆陈而反。左史曰：“吴反覆六十里，其君子必休，小人必食，我行三十里击之，必可败也。”乃从之，遂破吴军。

从这两段资料中可知，第一，左史倚相参与国家军事谋略，这两段资料有一个共同的特点，即都记载了左史倚相在军事上为楚国出谋划策的事迹，这就为春秋时期史官职责的研究提供了一条重要信息，在春秋时期，有的史官还承担着军事谋略的职责。第二，根据这两条资料的记载，楚国采用倚相的计谋，“起师而从越”，使越国不得不向楚国割地求和；先“为陈”，即先做戒备，后追击而破吴军，使楚国获得胜利。这都反映出左史倚相不仅积极参与军事谋略，而且懂得军事，他知己知彼，料敌如神，具有很高的军事智慧。第三，倚相针对越国和吴国的这两条军事计谋，分别向楚王和楚国掌管军政的司马提出，并且，都获得了他们的采纳，这也说明左史倚相在楚国具有较高的地位和威望。由于反映史官与军事关系的资料，在春秋时期的历史文献中极为罕见，因而，《韩非子》中这两条记载具有较高的史料价值。

从以上的叙述中可以看出，先秦诸子著作具有重要的史料价值。从纵的方面来看，它们既有上古史研究的价值，也有其“当代史”研究的价值；从横的方面来看，它们涉及政治、法律、军事、经济、文化、民俗风情等领域，在历史研究方面的意义不可低估。但是，诸子著作毕竟不能与史书画等号，其中不乏真伪混杂、主观臆断的情况，因此，在把先秦诸子的著作当作史料来运用时也应格外注意，必须先对其可靠性进行具体的辨析。

在20世纪初，我国史学界出现了一股疑古思潮，它所提倡的科学精神、不盲目迷信古人的精神是可贵的，也的确廓清了不少迷雾，有值得称道的成果。但对诸子叙述的远古历史基本否定，是值得商榷的。笔者在这里提出“一个假设”“两个来源”的看法。“一个假设”是：先秦诸子著书立说、宣传自己的主张，无疑是希望别人理解并接受自己的观点，他们以史议论的目的亦然。假设他们所描述的古史全无根据，全是编造，自己不信，别人难信，岂不是画蛇添足、自找麻烦？反过来说，他们对古史所进行的描述，不可能尽出自虚构，至少有相当大的部分是有一定依据的。“两个来源”是：文献资料和口碑资料。殷商时有了文字，当时距虞夏时代未远，定能听到一些有关虞夏史事的传说，或可能目睹一些虞夏时代实物，史官把这些历史传说用文字记载下来，成为其“有典有册”的一部分，并流传至周。而先秦诸子距商周时代未远，一定能看到一些当时尚存而后世失传的资料，因而，不能因为我们现在已看不到原始文献资料，就断定先秦诸子对上古历史的叙述没有文献依据。而所谓口碑资料，是口耳相传的资料，这是历史研究中可资利用的重要资料。

在文字出现之前，世界各民族都经历过传说时代，传说时代的历史主要就是靠口耳相传得以保存；即使是在文字产生之后，口碑资料仍然是对文字资料的一种重要补充，历史研究的方式常常还是文字资料与口碑资料并用。例如，希罗多德的《历史》大量地采用了“他们说”的资料，司马迁在《史记》一书中也运用了许多他在实地调查采访中所获得的口碑资料。因此，先秦诸子距上古时代相对于后人略近，他们能听到的有关上古的历史传说也较后人略多。韩非子说：“上古之传言，春秋所记，犯法为逆以成大奸者，未尝不从尊贵之臣也。”[1] 韩非子这句话很值得品味，从这句话中可知，当时的历史资料中，不仅有“春秋所记”，即历史文献资料，而且还有“上古之传言”，亦即代代相传的口碑资料。著名《尚书》研究专家刘起釪在经过多年的考证之后指出，《尚书》中所谓《虞夏书》是根据一些流传到春秋战国时的商代遗存下来的材料写成的[2]。我们知道，大体上我国至商代时才有文字，虞夏时尚无有文字的确证，故所谓“商代遗存下来的材料”当为商代根据一些上古传说而追记、整理的文字资料。在古代的历史传说中，不排除其中一部分本来是以神话的形式流传的——当然，神话中也有历史的影子，并非毫无史料价值。先秦诸子（或者包括先秦史官）是将神话历史化的主体之一。同样，不能因为距先秦诸子几千年后，有些他们能听到的传说，我们现已听不到了，就不承认这些传说曾经在先秦诸子的时代流传过。民族学、人类学及考古学的研究已为先秦诸子关于上古时代的部分描述提供了有力的佐证。

在疑古思潮的影响下，人们易产生一种误解，认为先秦诸子的资料很不可靠。其实，这种理解是片面的，例如，顾颉刚在《古史辨》第四册的序言中指出：“中国的古籍，经和子占两大部分。普泛地说来，经是官书，子是一家之言。或者说，经是政治史的材料，子是思想史的材料。但这几句话，在战国以前说则可，在汉以下说则必不可。”他明确地肯定了诸子作为“思想史的材料”的史料价值，同时很清楚地划分了时间界限，即先秦以前的诸子是可作为思想史材料的，而汉以后的则

---

[1] 《韩非子·备内》。

[2] 刘起釪：《尚书学史》，中华书局1989年版，第484页。

不可。金景芳指出，在战国时期，“出现了一大批具有重要史料价值的诸子私家著述如《孟子》《荀子》《墨子》《庄子》《韩非子》《商君书》《吕氏春秋》等”[1]。这就更进一步地肯定了先秦诸子著作中所具有的“重要史料价值”。

[1] 金景芳：《中国奴隶社会史》，上海人民出版社1983年版，第476页。

本卷主要参考书目

《十三经注疏》，阮元校刻，中华书局 1980 年版
朱　熹　《四书章句集注》，中华书局 1983 年版
王　弼　《老子道德经校释》，楼宇烈校释，中华书局 2008 年版
吕惠卿　《庄子义集校》，汤君集校，中华书局 2009 年版
王先慎　《韩非子集解》，钟哲点校，中华书局 1998 年版
王先谦　《荀子集解》，沈啸寰、王星贤点校，中华书局 1988 年版
孙诒让　《墨子间诂》，孙启治点校，中华书局 2001 年版
《诸子集成》，国学整理社辑，中华书局 1954 年版
纪昀等　《四库全书总目》，中华书局 1965 年版
纪昀等　《四库全书简明目录》，上海古籍出版社 1985 年版
司马光等　《资治通鉴》，中华书局 1956 年版
杜　佑　《通典》，中华书局 1984 年版
郑　樵　《通志》，中华书局 1987 年版
马端临　《文献通考》，中华书局 1986 年版
刘知幾　《史通通释》，浦起龙注释，上海书店 1983 年版
章学诚　《文史通义校注》，叶瑛校注，中华书局 1985 年版
章学诚　《章学诚遗书》，文物出版社 1985 年版
余嘉锡　《四库提要辨证》，中华书局 1980 年版

黄宗羲 《宋元学案》，中华书局 1986 年版
黄宗羲 《明儒学案》，中华书局 1986 年版
程颐、程颢 《二程集》，中华书局 1981 年版
朱 熹 《朱子语类》，中华书局 1986 年版
朱 熹 《朱熹集》，四川教育出版社 1996 年版
顾炎武 《日知录集释》，黄汝成集释，上海古籍出版社 1985 年版
王夫之 《读通鉴论》，中华书局 1975 年版
王夫之 《宋论》，中华书局 1964 年版
王国维 《观堂集林（外二部）》，河北教育出版社 2003 年版
郭沫若 《郭沫若全集·历史编》，人民出版社 1982 年版
范文澜 《范文澜历史论文选集》，中国社会科学出版社 1979 年版
梁启超 《梁启超论清史学二种》，复旦大学出版社 1985 年版
陈寅恪 《隋唐制度渊源略论稿》，中华书局 1963 年版
柳诒徵 《国史要义》，华东师范大学出版社 2000 年版
钱 穆 《国学概论》，商务印书馆 1997 年版
胡 适 《胡适文存》，黄山书社 1996 年版
傅斯年 《傅斯年选集》，天津人民出版社 1996 年版
皮锡瑞 《经学历史》，中华书局 1959 年版
马宗霍 《中国经学史》，商务印书馆 1936 年版
杨鸿烈 《史学通论》，商务印书馆 1939 年版
蒋大椿主编 《史学探渊（中国近代史学理论文编）》，吉林教育出版社 1991 年版
吕振羽 《中国社会史诸问题》，华东人民出版社 1954 年版
侯外庐 《中国思想通史》第一卷，人民出版社 1957 年版
白寿彝 《中国史学史论集》，中华书局 1999 年版
白寿彝 《中国史学史》第一卷，上海人民出版社 2006 年版
吴怀祺 《中国史学思想史》，安徽人民出版社 1996 年版
汪荣祖 《史学九章》，麦田出版社（台北）2002 年版
杜维运 《与西方史家论中国史学》，东大图书公司（台北）1981 年版
杜维运、黄进兴主编《中国史学史论文选集》，台北华世出版社 1976 年版